Timo Leuders | Juliane Leuders

Mathe können

Ein Ratgeber für Eltern

Klett | Kallmeyer

Bibliografische Information der Deutschen Nationalbibliothek
Die Deutsche Nationalbibliothek verzeichnet diese Publikation in der Deutschen Nationalbibliografie; detaillierte bibliografische Daten sind im Internet über http://dnb.d-nb.de abrufbar.

Impressum

Timo Leuders, Juliane Leuders
Mathe können
Ein Ratgeber für Eltern

1. Auflage 2012

Zeichnungen: Marco Schreiner
Redaktion: Dorothee Landwehr, Köln
Druck: Mundschenk Druck- und Vertriebsgesellschaft mbH & Co. KG., Soltau
Printed in Germany

ISBN: 978-3-7800-1061-2

Timo Leuders
Juliane Leuders

Mathe können

Ein Ratgeber für Eltern

1 Mathe können? Mathe können!

Wozu dieses Buch? 8
Was man tun kann und was man lassen sollte 12
Kompetenzen, Bildungsstandards und all das ... 14

2 Kompetenzen

Zahlen beherrschen	Einblick	24
	Durchblick	28
	Ausblick	38
Raum und Form erfassen	Einblick	44
	Durchblick	46
	Ausblick	56
Abhängigkeiten verstehen	Einblick	62
	Durchblick	66
	Ausblick	74
Daten verstehen	Einblick	76
	Durchblick	78
	Ausblick	86

3

Über Mathe reden

Über Mathe reden!	146
Lernen und Üben zuhause	148
Nachhilfe und Förderunterricht	162
Rechenschwäche und Hochbegabung	173

Zufall berechnen	Einblick	88
	Durchblick	92
	Ausblick	98
Problemlösen	Einblick	102
	Durchblick	106
	Ausblick	112
Modellieren	Einblick	116
	Durchblick	120
	Ausblick	128
Argumentieren	Einblick	132
	Durchblick	136
	Ausblick	142

1 Mathe können? Mathe können!

(–1) · (–1) = ?

Mathe können? Mathe können!

Wozu dieses Buch?

„Ich kann Mathe!“ – wer wäre nicht froh, das von sich sagen zu können! Im eigenen Alltag oder in den Medien fühlt man sich immer wieder durch Zahlen oder Formeln überrumpelt und wünscht sich, ein bisschen sattelfester in Mathematik zu sein. Fragen kommen auf: Habe ich das nicht mal in der Schule gelernt? Warum habe ich so wenig davon behalten? Noch deutlicher wird einem, wie lückenhaft das eigene Mathematikverständnis ist, wenn die eigenen Kinder bei den Mathematikhausaufgaben oder beim Lernen Fragen haben. Dann würde man gern etwas selbstsicherer zu Hilfe kommen. „Du kannst mehr Mathe, als du denkst!“ – das war ein Slogan, im Wissenschaftsjahr 2008, dem Jahr der Mathematik, der Mut und Lust auf die Beschäftigung mit Mathematik machen sollte. Die Botschaft der Initiative des Bundesministerium für Bildung und Forschung: Mathematik durchdringt unseren Alltag, unsere Gesellschaft, unsere Technologie. Ohne Mathe würde heute nichts mehr laufen. Dieses Bewusstsein für die Bedeutung von Mathematik wird heutzutage auch immer stärker im Mathematikunterricht thematisiert. Als Eltern möchten wir unseren Kindern gegenüber überzeugt sagen können, warum Mathematik wichtig ist. Dieses Buch will Ihnen dabei helfen, eine bessere Einsicht in die heutige Schulmathematik und ihre Bedeutung in unserer Welt zu bekommen – und das, ohne dass Sie noch einmal die Schulbank drücken müssen. Sie werden feststellen: Auch Sie können viel mehr Mathe, als Sie denken.

All dies ändert nichts daran, dass Mathematiklernen eine anstrengende Angelegenheit ist – das gilt aber für jedes Lernen. Mathematikunterricht, der sich nur darauf zurückzieht, dass Mathe halt schwierig ist, tut zu wenig. Er muss auch Freude an der Mathematik vermitteln und den Sinn des Mathematiklernens deutlich werden lassen. Daher gab es im Jahr der Mathematik eine zweite Initiative, die an vielen Beispielen aufzeigte, wie ein Mathematikunterricht aussieht, in dem Lehrende und Lernende „mathemagische Momente" (so der Titel der Aktion) erlebten.

Hatten Sie in der Schule auch einen mathemagischen Moment? Hat Ihr Kind schon so ein Aha-Erlebnis gehabt, ob nun in der Schule oder daheim? Schön wäre es doch, wenn Sie auch im Alltag Gelegenheiten für das Staunen über Mathematik erkennen und ergreifen könnten. Auch hier will das Buch Anregungen geben. Der Mathematikunterricht entwickelt sich stetig weiter, und wenn Sie heute manche Schulbücher mit denen von vor zwanzig Jahren vergleichen, werden Sie erstaunliche Unterschiede feststellen. Auch in den Klassenzimmern geht es anders zu, wobei es hier sicherlich große Unterschiede von Schule zu Schule und Lehrkraft zu Lehrkraft gibt. Eines ist aber sicher: Auf Eltern von heutigen Kindern kommen Anforderungen zu, die mit den Erinnerungen an den eigenen Mathematikunterricht von früher nicht zu meistern sind.

Hier einige Beispiele: Ihr Kind kommt mit der Information nach Hause: In zwei Monaten gibt es eine landesweite Lernstandserhebung, da werden alle Klassen des Landes miteinander verglichen. Schwerpunkt in Mathematik wird die „Kompetenz Modellieren“ sein. Bei der schriftlichen Division hätten Sie vielleicht noch helfen können, wie aber bereitet man sein Kind auf „Modellieren“ vor? Was ist das überhaupt?

Wasserverbrauch beim Duschen

Wie viel Liter Wasser verbraucht deine Familie jedes Jahr fürs Duschen? Nutze den Problemlöseplan.

Ihre Tochter hat diese Hausaufgabe mit nach Hause bekommen. Wie soll das gehen? Welche Rechenmethode erwartet der Mathelehrer? Und wie soll er überprüfen, ob die Lösung richtig ist? Da hat doch hinterher jedes Kind etwas anderes heraus? Ist das noch Mathe?

Beim Üben für die Klassenarbeit stoßen Sie im Schulbuch auf diese Aufgabe:

Wie viel kostet das Urlaubshotel in Abhängigkeit von der Zahl der Tage? Merve und Till haben verschiedene Wege gefunden, mit Tabellen zu rechnen.

Tage	Kosten
1	
2	
3	
5	
10	360 €
12	
15	
20	

: 2 (von 10 zu 5) : 2

Tage	Kosten
1	
2	72 €
3	
5	
10	360 €
12	
15	
20	

\+ (von 2 und 10 zu 12) +

Ergänze die Rechnungen und Ergebnisse. Welche Werte lassen sich mit welchem Weg leichter berechnen? Zusatz: Wie würdest du eine Tabellenkalkulation verwenden?

Sie selbst haben solche Aufgaben damals doch mit Dreisatz gerechnet! Sollen Sie Ihrem Kind das so erklären? An wen wenden Sie sich, wenn Sie nicht herausfinden können, warum Ihr Kind mit dieser Art von Aufgaben nicht klar kommt?

Kompetenzen, Problemlösen, Modellieren, Tabellenkalkulation, ... – natürlich kann niemand von Eltern erwarten, dass Sie sich mit all diesen Dingen vertieft beschäftigen und sich zu einem zweiten Mathelehrer für daheim fortbilden. Die „Profis" für das Mathematiklernen sind und bleiben die Lehrerinnen und Lehrer. Trotzdem haben wir als Eltern ein Mitspracherecht und eine Mitverantwortung für das Lernen unserer Kinder. Wir müssen und wir wollen daheim sinnvoll das schulische Lernen begleiten. Wir müssen und wollen mit den Profis an der Schule über die Chancen und Schwierigkeiten unserer Kinder sprechen können. Bei solchen Aufgaben will dieses Buch unterstützen.

Sie sind hier richtig, wenn Sie

- konkrete Tipps suchen, was Sie als Eltern daheim unterstützend tun können, sei es bei den Hausaufgaben, bei der Suche nach Nachhilfelehrern oder bei der Einbindung von Lerngelegenheiten für Mathematik im Alltag.
- einen Überblick über das bekommen wollen, was im heutigen Mathematikunterricht von Ihrem Kind erwartet wird, und verstehen wollen, wozu das alles wichtig ist.
- Unterstützung und Hinweise brauchen, wie Sie mit Ihrem Kind und seinem Mathelehrer über den Mathematikunterricht sprechen können.

Warum schreiben ausgerechnet wir beide dieses Buch? Wir haben viele Erfahrungen zu der „Herausforderung Mathematikunterricht" sammeln können, weil wir den Unterricht über die Jahre aus den unterschiedlichsten Perspektiven erleben konnten: Natürlich waren auch wir Schüler mit mehr oder weniger Vorliebe für das Fach, vor allem aber sind wir beide ausgebildete Mathematiklehrkräfte und zwar sowohl im gymnasialen als auch im sonderpädagogischen Bereich. In den letzten zehn Jahren haben wir Lehrerinnen und Lehrer aller Schulformen aus- und fortgebildet und dabei immer wieder die unterschiedlichsten Erfahrungen mit der Lehrer-Eltern-Kommunikation gemacht. Und schließlich sind wir selbst Eltern und bemühen uns, den Dialog mit der Schule aus dieser Rolle heraus konstruktiv und respektvoll zu gestalten.

Wir wünschen uns, dass Sie als Leser von diesen Erfahrungen profitieren können.

- Wenn Sie Eltern sind, dann richten wir uns mit dem Buch in allen Kapiteln ganz direkt an Sie und versuchen, Ihnen den Umgang mit den Herausforderungen, die auf „schulpflichtige Eltern“ zukommen, zu erleichtern.
- Wenn Sie Lehrerin oder Lehrer sind, finden Sie in diesem Buch viele Anregungen für die Kommunikation mit Eltern, aber auch zu den aktuellen Themen, die von der Bildungspolitik in den letzten zehn Jahren besonders hervorgehoben wurden. Und das in einer Form, in der diese auch außerhalb des Lehrerzimmers verständlich gemacht werden können.
- Und ganz unabhängig davon, ob Sie Eltern oder Lehrer sind: In diesem Buch können Sie verstehen, worum es bei der Mathematik eigentlich so geht und was in Ihrer Schulzeit vielleicht an Ihnen vorbeigegangen ist.

Kurzum: In diesem Buch erfahren Sie, was „Mathe können“ bedeutet.

Was man tun kann und was man lassen sollte

Allgemeine Ratschläge sind gut, konkrete Hilfen sind besser. Daher wird es im Hauptteil des Buches auch ganz konkret: Was kann man für seine Kinder tun, wenn es ums Kopfrechnen geht oder ums Rechnen mit Unbekannten oder um das Üben und Vorbereiten auf Klassenarbeiten usw. Vorweg aber erlauben wir uns, einige allgemeine Tipps mit auf den Weg zu geben. Solche Rezepte sind vielleicht etwas pauschal, helfen aber trotzdem in vielen Situationen und sollen hier dazu dienen, eine grobe Orientierung zu bekommen: Was sind die schlimmsten Fehler, die man machen kann? Welche Wege führen oft – wenn auch nicht immer – zu kleinen Erfolgen? Im Folgenden sind die vier wichtigsten Ratschläge aufgeführt.

1 Sagen Sie Ihrem Kind nie: „In Mathe war ich auch immer schlecht.“ oder „In Mathe muss man halt begabt sein.“

Gehen Sie besser mit der Haltung heran: Die Mathematik, die in der Schule vermittelt wird, kann jeder lernen. Manche brauchen dafür nur etwas mehr Zeit und konkrete Beispiele. Natürlich ist es auch völlig in Ordnung, bei Schulfächern unterschiedliche Vorlieben und Interessen zu haben. Wenn Sie Ihrem Kind aber die „Ausrede“, dass es völlig in Ordnung ist, Mathematik nicht zu können, anbieten, betreten Sie womöglich eine gefährliche Spirale aus Leistungsschwäche und Abneigung.

2 Behaupten Sie nie: „Das muss man halt lernen, aber gebrauchen kann man das nicht. Das hab ich auch nie wieder gebraucht."

Die Inhalte der Lehrpläne sind zum allergrößten Teil sinnvoll ausgewählt. In den meisten Berufen werden heutzutage solide Mathematikkenntnisse vorausgesetzt und wer weiß, welche beruflichen Wege Ihr Kind einschlagen wird. Lassen Sie sich nicht irritieren, wenn vielleicht die Handwerkskammer andere Anforderungen stellt als der Mathematikunterricht. Was bei der Aufnahmeprüfung noch als traditioneller Dreisatz abgefragt wird, sieht in der Schule vielleicht etwas anders aus. Und wenn Sie einmal ratlos sind, warum der eine oder andere Inhalt wichtig ist („Warum muss meine Tochter Dreieckswinkel mit dem Sinus berechnen?"), schauen Sie doch mal ins Schulbuch – heutzutage findet man dort viel mehr Anwendungen als früher. Oder lassen Sie es sich beim Elternabend vom Lehrer oder von der Lehrerin erklären. Manchmal hat man allerdings schon den Eindruck, dass im Mathematikunterricht auch „auf Vorrat" gelernt wird und dass sich weder Schulbuch noch Lehrer der Mühe unterziehen, plausibel zu machen, warum beispielsweise Brüche oder quadratische Gleichungen nützlich sind. Wenn man dann aber seine Kinder damit trösten will, dass man das halt alles lernen müsse, auch wenn es nicht so wichtig ist, leistet man ihnen einen Bärendienst.

3 Sagen Sie Ihrem Kind nie: „Ich hab das so gelernt. Schau her, ich zeig dir, wie man das macht."

Die Lösungswege, die heute in der Schule vermittelt werden, sind manchmal ganz anders als die Verfahren von früher. Wenn Sie nun dem in der Schule erarbeiteten Lösungsweg noch einen weiteren eigenen hinzufügen, richten Sie vielleicht mehr Schaden an, als Sie denken: Die Ihnen möglicherweise unvertrauten Lösungswege aus der Schule sind durchaus so gewählt, dass sie ein besseres Verstehen ermöglichen und zu späteren Inhalten passen. Wenn ein Kind nun von den Eltern (oder einem Nachhilfelehrer) noch einen Weg lernt, kann es sein, dass es schon bei den nächsten Aufgaben damit scheitert, weil er nicht passt oder weil es ihn nur unverstanden nachgeahmt hat. Es lohnt sich also, mit dem Sohn oder der Tochter gemeinsam nachzudenken oder nachzuschauen: Wie wurde es denn in der Klasse oder im Schulbuch erklärt?

4 Geben Sie nie nach, wenn Ihr Kind fordert: „Sag mir doch einfach, was ich tun soll. Ich will das ja gar nicht verstehen."

Kinder, die an Mathematikaufgaben keine Freude haben, arbeiten so wie wir eigentlich alle: Wir wollen das Unangenehme schnell vom Tisch bekommen. Aber diesem Impuls sollten Sie nicht nachgeben. „Verstehen" ist nämlich wichtiger als „Erledigen". Es ist nicht nur nettes Beiwerk, sondern entscheidend für den Lernerfolg. Auswendig gelernte, unverstandene Formeln und Rechenverfahren bleiben nicht lange im Gedächtnis und stellen eine schwierige Ausgangsposition für das Verständnis der weiteren, folgenden Inhalte dar.

Fragen Sie lieber
- Wo ist das erklärt? Welche Hilfen habt ihr dazu?
- Wo habt ihr früher schon mal so etwas Ähnliches gemacht?
- Was bedeutet es denn, wenn ihr das so macht? Was bedeutet es für dich?

Kompetenzen, Bildungsstandards und all das ...

Verwirrt es Sie, wenn Sie solche Begriffe hören und das so gar nicht mit Ihrer Erinnerung an die eigene Schulzeit verbinden können? Wir möchten auf wenigen Seiten verständlich machen, was man zu dem Thema wissen muss, wenn man sich mitsprachefähig fühlen möchte.
Was will das „Mathe können" im Buchtitel genau ausdrücken? Bedeutet „Mathe können" etwa, dass man schnell im Kopf dreistellige Zahlen miteinander malnehmen kann? – Das können Taschenrechner heute besser. Geht es darum, dass man möglichst viele geometrische Formen beim Namen kennt? – Da gibt es sicherlich wichtigere Dinge, die man sich merken sollte! Lernt man in Mathematik logisch denken? Das wird immer behauptet. Aber wenn dem so ist, wo lässt sich das im Mathematikunterricht erworbene logische Denken auch außerhalb des Unterrichts anwenden?
Das klingt aber doch ganz so, als wäre der heutige Mathematikunterricht überflüssiger denn je. Das Gegenteil ist der Fall! Überflüssig ist nur ein Mathematikunterricht, der Schülerinnen und Schüler tonnenweise mit Stoff überschüttet, der ihre Geduld beim schriftlichen Rechnen auf die Probe stellt und der immer wieder behauptet, wie wichtig er ist, nur um diese Behauptung dann nie einzulösen.

Es gibt aber viele gewichtige und auch nachvollziehbare Gründe dafür, dass jeder Mathematik lernen und dann auch können sollte. Einer dieser Gründe ist: Mathematik durchdringt unsere Welt – mal mehr, mal weniger sichtbar. Wer mitkommen will, wer mitentscheiden will, muss etwas darüber wissen. Wer sich nicht durch Computerkassen betrügen lassen will, wer schiefen Statistiken in Zeitungen auf die Schliche kommen will, oder wer einschätzen möchte, wie sicher sein Online-Bankkonto ist, braucht bestimmte mathematische Grundkenntnisse und Fähigkeiten.
Dabei ist „Wissen“ eigentlich zu wenig. Die Kenntnis einer Vielzahl von Fakten mag hilfreich sein, um in einer Quizshow Geld zu gewinnen. Aber es ist doch eher die Frage, in welcher Weise junge Menschen nach ihrer Pflichtschulzeit Mathematik in privaten oder beruflichen Situation anwenden können. Es geht also nicht nur um Wissen und Können, sondern um das sinnvolle und flexible Anwendenkönnen. Für diese Fähigkeit verwendet man den Begriff der „Kompetenz“.
Was genau aber sind *mathematische* Kompetenzen? Was bedeutet es für einen Zehn- oder Fünfzehnjährigen, mathematisch kompetent zu sein? Das kann man vielleicht gut an einem konkreten Problem zeigen. Die folgende Aufgabe stammt aus dem PISA-Test des Jahres 2000, bei dem es auch um mehr als um Wissen und Rechenfertigkeiten ging. Machen Sie den Versuch und unterziehen Sie sich einem „Mini-PISA-Test“. Probieren Sie erst einmal, die Aufgabe selbst zu lösen, bevor Sie weiterlesen.

Tipp für Zuhause

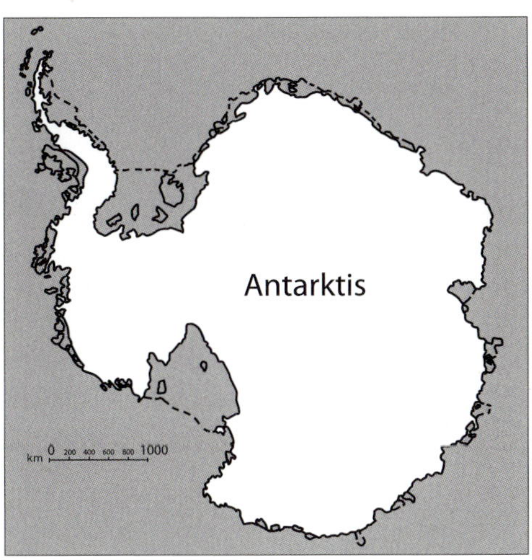

Hier ist eine Karte der Antarktis. Schätze die Fläche der Antarktis, indem du den Maßstab der Karte benutzt. Schreibe deine Rechnung auf und erkläre, wie du zu deiner Schätzung gekommen bist. (Du kannst in der Karte zeichnen, wenn dir das bei deiner Schätzung hilft.)

Diese Aufgabe richtete sich an Fünfzehnjährige aller Schulformen. Sie galt als gelöst, wenn der Schüler oder die Schülerin eine Methode zur Schätzung der Fläche erfolgreich anwenden konnte, also so wie in einem dieser Beispiele:

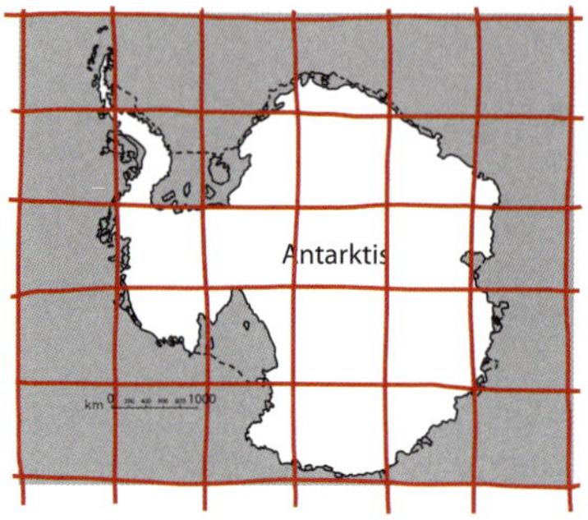

Raster (1000 · 1000 km²) darüberlegen und Kästchen zählen

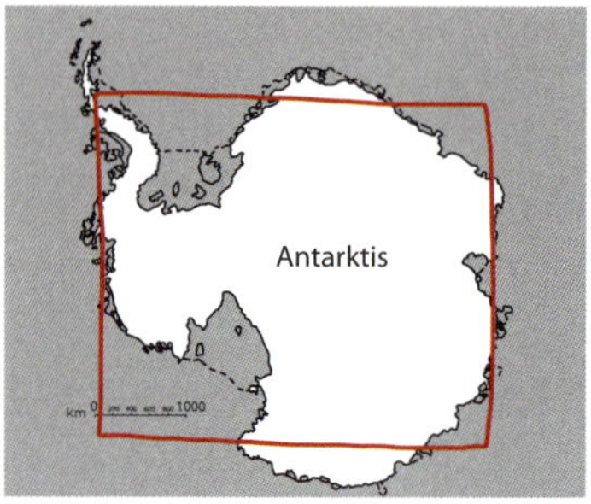

Auch ein einziges Rechteck reicht: Es sollte nur etwa gleich viel überstehen wie fehlen.

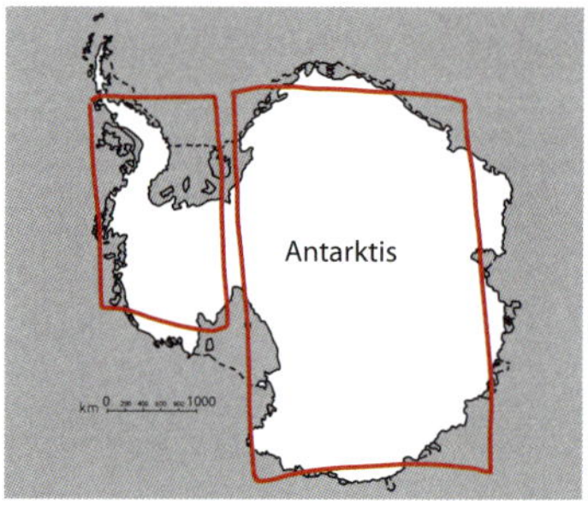

Wer es genauer liebt, zeichnet mehrere Rechtecke.

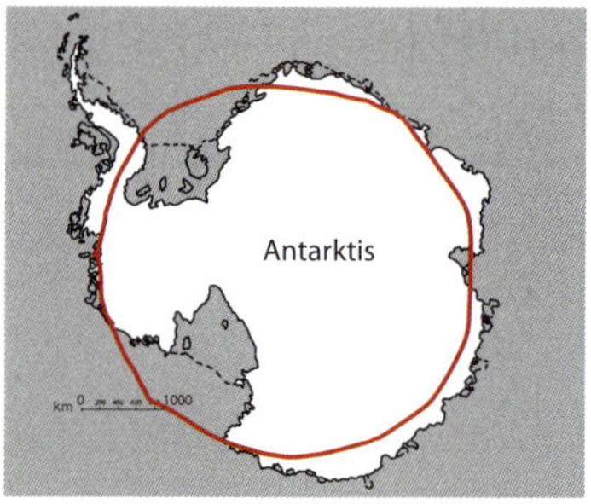

Vielleicht erscheint auch ein Kreis passender, dann muss man nur wissen, wie man seine Fläche berechnet.

Wenn die Schüler so eine Methode nur andeuteten, aber nicht zum Ergebnis kamen, so galt diese Aufgabe als teilweise gelöst. Nun ist es an Ihnen, zu schätzen, wie viele Schüler aus Deutschland (oder Österreich oder der Schweiz) diese Aufgabe ganz oder wenigstens teilweise gelöst haben:

	Meine Schätzung
falsch	%
ganz oder teilw. richtig	%
nicht bearbeitet	%

Hier kommen nun die tatsächlichen Ergebnisse. Wie gut haben Sie mit Ihrer Schätzung gelegen?

	Deutschland	Schweiz	Frankreich
falsch	21 %	21 %	16 %
ganz oder teilw. richtig	40 %	49 %	37 %
nicht bearbeitet	40 %	30 %	47 %

	Italien	Finnland	Niederlande
falsch	11 %	21 %	28 %
ganz oder teilw. richtig	20 %	44 %	62 %
nicht bearbeitet	69 %	35 %	10 %

Wie soll man ein solches Ergebnis interpretieren? Was fällt hier auf? Was bedeutet es, dass 40 % der Getesteten in Deutschland die Aufgabe gar nicht bearbeitet haben? Um diese Fragen zu beantworten, muss man sich zunächst ansehen, was die Schülerinnen und Schüler können müssen, um die Aufgabe zu lösen. Sie müssen

1. die Fläche eines Rechtecks (oder eines Kreises) berechnen können,
2. einen Maßstab ablesen und interpretieren können,
3. mit Kilometern rechnen können,
4. sich einen Weg ausdenken, wie man die Größe einer krummlinig begrenzten Fläche bestimmt.

1., 2. und 3. sind alles Kenntnisse und Fertigkeiten, die sie in der fünften oder sechsten Klasse bereits erworben haben. Beim PISA-Test haben wir es aber mit Neuntklässlern zu tun! Eine erste Interpretation der Ergebnisse lautet also: Viele Schülerinnen und Schüler haben Mathematikkenntnisse, die drei Jahre alt sind, bereits vergessen.

Aber so einfach ist es nicht. Ein Blick auf die Ergebnisse der Niederlande verrät mehr. Auffällig ist hier besonders der geringe Anteil der Schülerinnen und Schüler, die die Aufgabe überhaupt nicht bearbeitet haben (nur 10 %). Solche Schüler haben die Aufgabe angeschaut und ohne Idee, wie sie denn vorgehen könnten, weitergeblättert. Der Anteil dieser Schüler ist in Deutschland wesentlich höher (40 %). Ein Lehrer, der in den Niederlanden und in Deutschland unterrichtet, bekennt, dass ihn dieses Resultat nicht überrascht: „Die deutschen Schüler sagen: Kenn' ich nicht, kann ich nicht." Wenn eine Aufgabe nicht mit einer vorher erarbeiteten und eingeübten Methode zu lösen ist, dann erscheint sie unseren Kindern generell unlösbar. Niederländische Schüler kennen eine Aufgabe wie diese Antarktisaufgabe ebenso wenig, sie sind aber vom Unterricht her gewohnt, mit unbekannten Situationen konfrontiert zu werden, und sich dann einen Lösungsweg selbst zu erarbeiten. Deswegen fangen 90 % der niederländischen Schüler mit der Aufgabe an (in Deutschland 61%), und deswegen kommen auch 62 % zu einer Lösung (in Deutschland 40 %).

Zur „mathematischen Kompetenz" gehört also:

- das **Wissen**, das man erworben und behalten hat (also z. B. die Berechnung des Flächeninhalts eines Rechtecks)
- die **Fertigkeiten**, die man erworben und bis zur sicheren Beherrschung geübt hat (also z. B. das Rechnen oder Messen)
- die **Fähigkeit**, sein Wissen und Können in neuen Situationen flexibel einzusetzen sowie eigene Ideen und Lösungsverfahren zu entwickeln
- die richtige **Einstellung**, d. h., die Bereitschaft und das Durchhaltevermögen, all dies auch zu tun

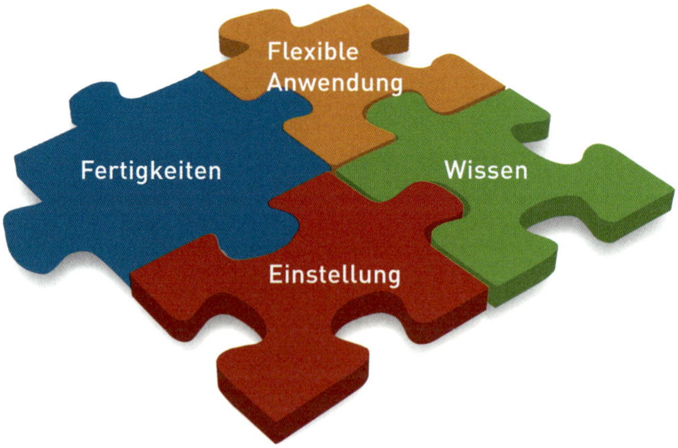

Tipp für Zuhause

Haben Sie übrigens bemerkt, dass in der Tabelle oben bei Deutschland mit 21% + 40% + 40% mehr als 100% herauskommen? Welche Prozentwerte könnten zu dieser Konstellation geführt haben? In der Schule haben Sie sicher kein Verfahren gelernt, um diese Frage zu beantworten. Aber wenn Sie oder Ihr Kind Ihre Kenntnisse über Runden verbinden können mit der Fähigkeit, eigene Lösungswege zu suchen, finden Sie sicher eine Lösung. Vielleicht ist Ihr Kind hier sogar kompetenter als Sie?

„Mathematische Kompetenzen“ sind also nichts Abwegiges, sondern nur ein Begriff für das, was wir uns schon immer wünschen: Während und nach der Schule etwas mit Mathematik anfangen zu können. Diese Sichtweise hat in den letzten zehn Jahren, wohl auch angestoßen durch den PISA-Schock, mit einer starken Konsequenz die Bildungspolitik beeinflusst. Früher bestanden Lehrpläne eher aus langen Stoffkatalogen, die vorgeschrieben haben, welche Inhalte in welchen Schuljahren zu bearbeiten sind. Heutzutage schaut man weniger auf den „Input“ des Unterrichts, als auf das, was am Schluss herauskommt, also auf das, was Schülerinnen und Schüler können sollen. Darum heißen Lehrpläne auch nicht mehr Lehrpläne, sondern „Bildungsstandards“, sie setzen die Standards dafür, was gekonnt werden soll. Von den Schulen und Lehrkräften wird erwartet, dass sie alles dafür tun, dass die Schülerinnen und Schüler diese Erwartung am Ende auch erfüllen. Das ist für die deutschsprachigen Bildungssysteme eine durchaus neue Denkweise und das Schulsystem kämpft bis heute mit den Schwierigkeiten, die sich aus diesem Perspektivwechsel ergeben.

Was genau wird nun in diesen Standards heutzutage von unseren Kindern und folglich vom Schulsystem erwartet? Experten und Praktiker haben sich zusammengesetzt und die wichtigsten mathematischen Kompetenzen zusammengetragen. Das Ergebnis ist in den verschiedenen Ländern und Bundesländern nicht immer wörtlich dasselbe, aber die Standards gleichen sich doch weitgehend. Und so sieht „Mathematik können“ heute in etwa aus:

Sie haben bemerkt, dass es auf der einen Seite Kompetenzen gibt, die sich auf das mathematische Denken und Tun ganz allgemein beziehen, also z. B. das **Problemlösen** und **Argumentieren**. Auf der anderen Seite steht der Umgang mit ganz konkreten Inhalten, also z. B. **Formen erfassen** oder **Zahlen beherrschen**. Immer wenn ein Schüler oder eine Schülerin eine mathematische Situation bearbeitet, greift sie auf mehrere Kompetenzen aus beiden Bereichen zurück. Bei der Aufgabe zur Antarktis ist konkretes Wissen aus der Geometrie gefragt, aber auch die allgemeine Fähigkeit, eine reale Situation zu vereinfachen, also „Modellieren“, und einen neuen Lösungsweg zu suchen, also „Problemlösen“.

Im nachfolgenden Teil dieses Buches können Sie sich mit diesen Kompetenzen vertraut machen. Jeder Abschnitt behandelt eine Kompetenz. Sie können die Abschnitte ganz nach Lust und Laune einzeln und in beliebiger Reihenfolge lesen. In jedem finden Sie wertvolle Hinweise und Antworten auf folgende Fragen:

- Die Kompetenz erwerben – was bedeutet das überhaupt?
- Was gehört alles dazu? Was wird von meinem Kind erwartet?
- Wie kann ich als Elternteil mein Kind dabei unterstützen?
- Was kann man in der Familie sonst noch alles tun?

Nach der Lektüre eines Abschnitts zur jeweiligen Kompetenz fühlen Sie sich hoffentlich selbst ein wenig „kompetenter". Sie haben einen besseren Überblick, auch ohne die Details zu verstehen (Sie sollen schließlich nicht Ersatzlehrer werden). Sie können Ihrem Kind gegenübertreten und sagen: Dafür brauchst du das! Sie können besser einschätzen, was von Ihrem Kind verlangt wird und Sie fühlen sich etwas sicherer, wenn Sie ihm beim Lernen helfen.

Die einzelnen Abschnitte sind unterschiedlich ausführlich, das hat nichts damit zu tun, wie wichtig ein Bereich ist. Es gibt Themen, da können Sie als Eltern viel unterstützen und andere, da reicht es, wenn sie im Groben verstehen, worum es geht. Lassen Sie sich auch nicht durch die vielen Vorschläge, was man alles daheim tun kann, abschrecken oder unter Druck setzen. Natürlich ist nicht alles für alle gleichermaßen geeignet. Kinder (und Eltern) sind sehr unterschiedlich: Die einen diskutieren gern mit ihren Eltern, die anderen wollen partout nicht durch gute Ratschläge belästigt werden. Die einen lesen gern, die anderen basteln, treiben Sport, wieder andere spielen lieber, mit oder ohne Computer. Bei den Anregungen in diesem Buch sollten Sie also immer kritisch fragen: Passt das zu meinem Kind? Passt das zu mir? Denken Sie daran, dass das Lernen in der Familie und im Alltag vom Erleben von Lust und Nützlichkeit im Hier und Jetzt gesteuert ist und nicht von einem Lehrplan oder Stundenplan. Anders ausgedrückt: Es sollte Spaß machen oder nützlich sein!

Ein Nachtrag: Haben Sie sich gefragt, was das für eine seltsame Figur ist? Dieses seltsam verflochtene Band hat ja erst einmal nichts mit Kompetenzen zu tun. Es handelt sich um eine erstaunliche mathematische Erfindung, das sogenannte Möbiusband – ein Stück Papier, das keine Vorder- und Rückseite hat, sondern nur *eine* Seite. Stellen Sie sich vor, sie wären eine Ameise und laufen auf dem Band herum. Sie müssen nicht über den Blattrand laufen und kommen überall hin. Das Bild soll daran erinnern, dass es nicht zwei Sorten von Kompetenzen gibt, inhaltliche (z. B. Geometrie) und allgemeine (z. B. Problemlösen). Immer sind beide Aspekte zusammen am Werk. Es gibt nicht zwei Seiten einer Medaille, sondern nur eine Seite eines Möbiusbandes.
Wie Sie und Ihre Kinder selbst ein solches Band herstellen können, sehen Sie auf Seite 58.

2 Kompetenzen – Praxisideen

$3^2 + 4^2 = 5^2$

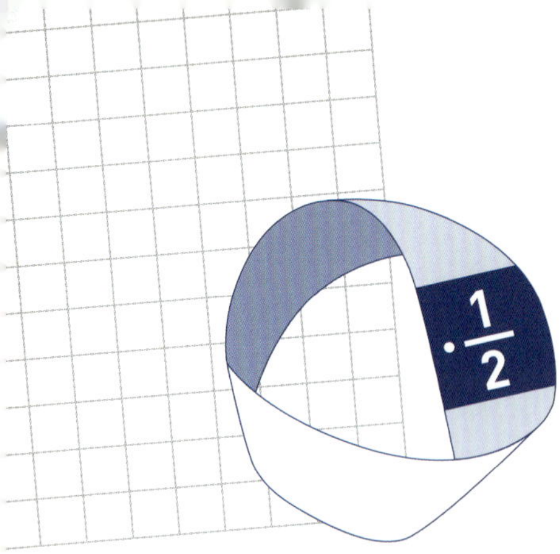

Zahlen beherrschen

Warum Fünfe manchmal gerade sind

„Zählen“ und „Rechnen“ – das sind wohl die ersten Begriffe, die einem einfallen, wenn man gefragt wird, was denn Mathematik ist. Aber „gut rechnen können“ hat ungefähr so viel mit Mathematik zu tun, wie „gut Zähne putzen“ mit Zahnmedizin. Dass Mathematik trotzdem so oft mit Rechnen gleichgesetzt wird, hat mehrere Gründe. Das Rechnen als Kulturtechnik ist zu Recht ein zentrales Bildungsziel – dazu würden allerdings ein paar Mathematikstunden in Klasse 5 bis 7 ausreichen. Dass „Mathematik“ und „Zahl“ gleichgesetzt werden, liegt aber natürlich auch daran, dass das Beschreiben unserer Welt mithilfe von Zahlen, das Quantifizieren, eine der großen Stärken der Mathematik ist. Es ist die Basis allen naturwissenschaftlichen und technischen Fortschritts.

Kinder betreten die Welt der Zahlen bereits lange, bevor sie in die Schule kommen. Sie erkunden die erstaunliche Kraft des Zählens. Sie lernen, wie sie Anzahlen bestimmen und Situationen mit Zahlen beschreiben können: Es gibt genau so viele Gabeln wie Messer auf dem Tisch und insgesamt doppelt so viele Besteckstücke wie Teller. Sie kämpfen zu Recht mit der manchmal etwas seltsamen Bezeichnung für Zahlen („Warum heißt es zwölf und nicht zweizehn?“). Der Grundschulunterricht hilft ihnen später dabei, Ordnung in die Zahlen hineinzubringen und sich sicherer beim Umgang mit ihnen zu fühlen. In der weiterführenden Schule begegnen Kinder den Zahlen dann immer wieder neu. Hier werden die Zahlen nicht mehr einfach nur größer, Rechnungen nicht einfach nur länger. Zahlen und Rechenarten verändern ihre Eigenschaften, verhalten sich ganz anders als früher. Wieso braucht man negative Zahlen? Warum ist Mi-

nus mal Minus Plus? Warum können Zahlen größer werden, wenn man sie teilt? In diesem Kapitel erfahren Sie, welche neuen Entdeckungen auf Kinder in der Welt der Zahlen warten, und wie Eltern sie dabei begleiten können.
Was ist eigentlich, haben Sie sich vielleicht gefragt, der genaue Unterschied zwischen Rechenunterricht und Mathematikunterricht? Möglicherweise haben Sie aus der eigenen Schulzeit noch das Bild eines Unterrichts mitgenommen, in dem es hauptsächlich darum ging, immer neue Rechenverfahren zu lernen – von der schriftlichen Division über die Bruchrechnung bis zur Vektor„rechnung".
Im Folgenden erhalten Sie – und auch Ihr Kind – die Gelegenheit, einen anderen Blick auf die Mathematik der Zahlen zu werfen: Mathematik als Erforschung von Mustern, also auch Mustern, die uns in den Zahlen begegnen. Das Rechnen ist dabei ein willkommenes Werkzeug. Die Suche nach Zahlenmustern ist eine Tätigkeit, die nicht nur Kinder in der Schule zum mathematischen Denken anregen soll. Muster bleiben im Zentrum mathematischen Tuns vom Kindergarten bis zur Universität. Das soll das folgende Bei-„Spiel" deutlich machen.

Tipp für Zuhause

Bingo „Mal" anders

Dieses Bingospiel funktioniert fast genauso wie ein richtiges Bingo, nur dass die Teilnehmer dabei Kopfrechnen müssen.
Alle Mitspieler suchen sich fünf verschiedene Zahlen aus dem Zahlenraum von 1 bis 100 und schreiben sie für sich auf. Sie können sie beispielsweise auf dem Hunderterfeld markieren. Der Spielleiter denkt sich nun zwei Zahlen zwischen 2 und 50 aus. Es darf auch zweimal dieselbe Zahl gewählt werden, aber wenn man sie multipliziert, muss das Ergebnis kleiner oder gleich 100 sein (also z. B. 10 und 10, aber nicht 9 und 13). Er gibt sie laut bekannt. Die Teilnehmer multiplizieren die beiden Zahlen. Wer das Ergebnis auf seinem Zettel markiert hat, darf es streichen. Wer zuerst alle seine gewählten Zahlen gestrichen hat, ruft „Bingo" und hat gewonnen.

1	2	3	4	5	6	7	8	9	10
11	12	13	14	15	16	17	18	19	20
21	22	23	24	25	26	27	28	29	30
31	32	33	34	35	36	37	38	39	40
41	42	43	44	45	46	47	48	49	50
51	52	53	54	55	56	57	58	59	60
61	62	63	64	65	66	67	68	69	70
71	72	73	74	75	76	77	78	79	80
81	82	83	84	85	86	87	88	89	90
91	92	93	94	95	96	97	98	99	100

Warnung: Lesen Sie jetzt nicht weiter,
wenn Sie sich den Spaß am Spiel nicht verderben wollen!

Wenn Schülerinnen und Schüler dieses Spiel spielen, machen sie nach einigen Runden Entdeckungen wie diese:

Julian: Diese Zahlen nehme ich nicht wieder: 11, 13, 17, 23, 41.

Mila: Meine Lieblingszahl: $24 = 2 \cdot 12 = 3 \cdot 8 = 4 \cdot 6$.

Es gibt gute Zahlen und schlechte Zahlen. Manche Zahlen werden nie erreicht, andere gleich auf mehreren Wegen. Pia hat sich gleich eine komplette Übersicht angelegt.

Pia: Zahlen, die nie kommen, und Zahlen, die besonders gut sind.

1	2	3	4	5	6	7	8	9	10
11	12	13	14	15	16	17	18	19	20
21	22	23	24	25	26	27	28	29	30
31	32	33	34	35	36	37	38	39	40
41	42	43	44	45	46	47	48	49	50
51	52	53	54	55	56	57	58	59	60
61	62	63	64	65	66	67	68	69	70
71	72	73	74	75	76	77	78	79	80
81	82	83	84	85	86	87	88	89	90
91	92	93	94	95	96	97	98	99	100

Was die Schülerinnen und Schüler hier getan haben, spiegelt wider, was den mathematischen Umgang mit Zahlen ausmacht: Die Welt der Zahlen ist voller Muster und Strukturen. Diese Welt zu erkunden, Muster zu erkennen und zu durchschauen ist der Teil der Mathematik, der sich **Arithmetik**, also die „Wissenschaft von den Zahlen" nennt. Dass dabei auch gerechnet wird, ist selbstverständlich.

Vielleicht haben Sie sich erinnert: Die Zahlen, die im Spiel nie vorkommen, heißen „Primzahlen". Aber wo liegen diese Zahlen? Kann man sie schnell erkennen oder vorhersagen? Wenn man im Hunderterfeld einmal alle Primzahlen markiert (weil man sie beim Bingospielen vermeiden sollte) ergibt sich ein unerwartetes Bild. Müsste das nicht irgendwie regelmäßiger sein? Welche Regel steckt hinter der Primzahlfolge 2,

1	2	3	4	5	6	7	8	9	10
11	12	13	14	15	16	17	18	19	20
21	22	23	24	25	26	27	28	29	30
31	32	33	34	35	36	37	38	39	40
41	42	43	44	45	46	47	48	49	50
51	52	53	54	55	56	57	58	59	60
61	62	63	64	65	66	67	68	69	70
71	72	73	74	75	76	77	78	79	80
81	82	83	84	85	86	87	88	89	90
91	92	93	94	95	96	97	98	99	100

3, 5, 7, 11, 13, 17, 19, 23, 29, …? Mit dieser Frage beschäftigen sich Mathematiker seit Jahrhunderten. Hier beginnt nun auch die Zahlenforschung für Sie und Ihr Kind: Sammeln Sie mit Ihren Mitspielern Vermutungen darüber, wie und wo man Primzahlen finden kann.
Die meisten Primzahlen stehen in bestimmten Spalten, sie enden auf 1, 3, 7 und 9, aber niemals auf 2 oder 5. Warum ist das so? Warum gibt es keine gerade Primzahl außer der 2? Die Primzahlen scheinen in den Spalten mit einer gewissen Regelmäßigkeit, aber auch nicht völlig regelmäßig aufzutreten. Warum ist in der Neunerspalte zwischen 29 und 59 beispielsweise eine doppelte Lücke?

Und hier noch eine Frage, die ganz einfach klingt: Kann man durch Addieren von zwei Primzahlen jede andere Zahl erzeugen? Nebenstehend einige Versuche:

- Für ungerade Zahlen (25, 27, 29, …) geht es entweder nicht oder man braucht die 2. Es klappt zwar nicht immer, aber immer wieder mal – gibt es eine obere Grenze?
- Für gerade Zahlen (26, 28, 30, …) scheint es besser zu klappen. Geht es vielleicht immer? Probieren Sie es aus!

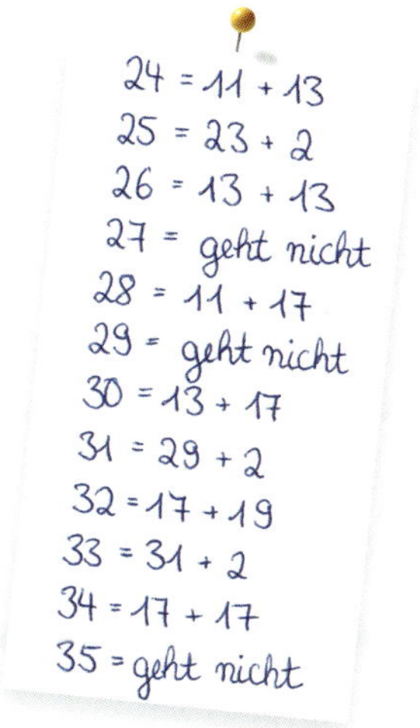

Manche solcher scheinbar einfachen Fragen können von der Mathematik bis heute nicht beantwortet werden: Beispielsweise die Frage, ob es unendlich viele Primzahlzwillinge gibt (11 und 13, 17 und 19 usw., also Primzahlen, die sich nur um zwei unterscheiden), oder die eben aufgeworfene Frage nach der Möglichkeit der Aufteilung in zwei Primzahlen (30 = 13 + 17). Dass dies bei geraden Zahlen immer geht, hat Christian Goldbach 1742 in einem Brief erstmals formuliert. Generationen von Mathematikern haben sich hier bis heute die Zähne ausgebissen.

Erstaunlich ist, dass solche Fragen, die weit jenseits jeder praktischen Verwendbarkeit zu stehen scheinen, oft irgendwann wieder den Weg in unsere reale Welt zurückfinden. Die Frage nach der Erzeugung und Überprüfung großer Primzahlen (ist 348457364747 eine Primzahl?) ist nämlich die Grundlage der meisten Verschlüsselungsverfahren im Bankenwesen und im Internet. Wenn Sie künftig in einem Webshop ihre Kreditkartennummer eingeben, denken Sie daran, dass es Primzahlen sind, die die Übermittlung dieser Daten sicher machen!

$\cdot \frac{1}{2}$

Was sollte jeder wissen und können?

- ☒ *... Zahlenmuster durchschauen*
- ☒ *... überschlagen und sinnvoll den Taschenrechner einsetzen*
- ☒ *... mit negativen Zahlen und Brüchen sinnvoll umgehen*
- ☒ *... schriftlich und im Kopf sicher und geschickt rechnen*

◯ *... Zahlenmuster durchschauen*

Sie haben im einführenden Text erfahren, worin der Unterschied zwischen „Rechnen" und „Mathematik" besteht. Rechnen ist nicht weniger als ein Werkzeug für das Finden und Begründen von Zahlenmustern, aber eben auch nicht mehr. Im heutigen Mathematikunterricht spielt das praktische Rechnen weiterhin eine Rolle, da die Teilhabe an der Gesellschaft hier grundlegende Fähigkeiten voraussetzt. Die forschende Herangehensweise, die hier deutlich wurde, dient aber noch weitergehenden Zielen: Lernende zu befähigen, sich mit Interesse und Engagement Problemen zu stellen, die erkundendes Arbeiten und problemlösendes Denken nötig machen. Diese Doppelfunktion von Mathematik – Lebensbewältigung und geistige Tätigkeit – ist nicht auf die natürlichen Zahlen aus der Grundschule beschränkt. Sie erstreckt sich auf alle Bereiche der Schulmathematik und insbesondere auch auf die Zahlen, die in der weiterführenden Schule erarbeitet werden. Die Herausforderungen, vor die dies Kinder stellt, werden im Folgenden das Thema sein.

◯ *... mit negativen Zahlen und Brüchen sinnvoll umgehen*

Während in der Grundschule die sogenannten natürlichen Zahlen (1, 2, 3, ...) die Aufmerksamkeit der Kinder beanspruchen, treten in der weiterführenden Schule neue Zahlen auf den Plan: Negative Zahlen, Brüche und Dezimalzahlen sind dabei besonders herausstechend. Auch diese neuen Zahlen haben wieder zwei Seiten: eine praktische und eine theoretische. Weitere nützliche Anwendungen kommen hinzu, aber es gibt auch Zusammenhänge zwischen diesen neuen Zahlen zu entdecken. Manchmal handelt es sich nämlich wirklich um neue Zahlen (wie z. B. bei den negativen), manchmal aber sind es dieselben Zahlen in verschiedenen Darstellungen (wie z. B. 0,5 und $\frac{1}{2}$). Auf den folgenden Seiten sollen Sie sich auf eine Entdeckungsreise im Zeitraffer eingeladen fühlen! Dabei gibt es nicht nur Zahlen zu entdecken, sondern vor allem auch, vor welchen Herausforderungen Schülerinnen und Schüler in dieser vielfältigen Welt der neuen Zahlen stehen und wie man ihnen helfen kann.

Negative Zahlen

Zunächst zu den negativen Zahlen. Sie haben eine **praktische Seite**: Manchmal reicht es nicht, bis Null herunterzugehen, weil die Realität anderes erfordert. Am vertrautesten sind da wohl noch die Temperaturen unter Null, Schulden auf dem Konto oder die Aufzüge, die ins erste, zweite und dritte Kellergeschoss fahren. Aber schon stellt sich die Frage, wie man mit diesen neuen Zahlen umgeht. $3+5=8$ kann bedeuten: Wer vom 3. Stock fünf Stockwerke hochfährt, ist im 8. Stock. Können Sie sich auch $3-5$ vorstellen?

Um herauszufinden, um wie viel Grad es wärmer geworden ist, bildet man Differenzen: Ein Anstieg von 13 auf 40 Grad bedeutet eine Temperaturzunahme um $40-13=27$ Grad. Was aber bedeutet $10-(-15)$ Grad und was wäre ein sinnvolles Ergebnis? Diese Frage kann man beantworten und verstehen, indem man die praktische Anwendung, ein Thermometer, betrachtet. Die Rechnung $10-(-15)$ lässt sich z. B. so übersetzen: Was ist der Unterschied zwischen 10 und –15 Grad? Um wie viel Grad ist die Temperatur gesunken? Die Antwort lautet 25 Grad und ist mithilfe der konkreten Sachsituation vielleicht besser zu verstehen als mit der unverstandenen Regel „Minus Minus ist Plus“ (steht ein Minus als Rechenzeichen und als Vorzeichen da, wird ein Plus daraus).

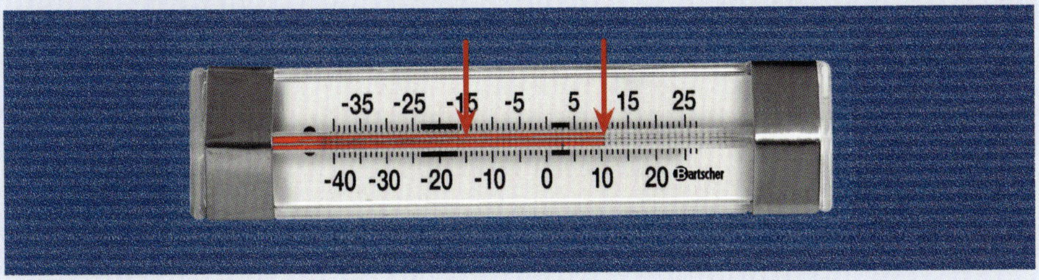

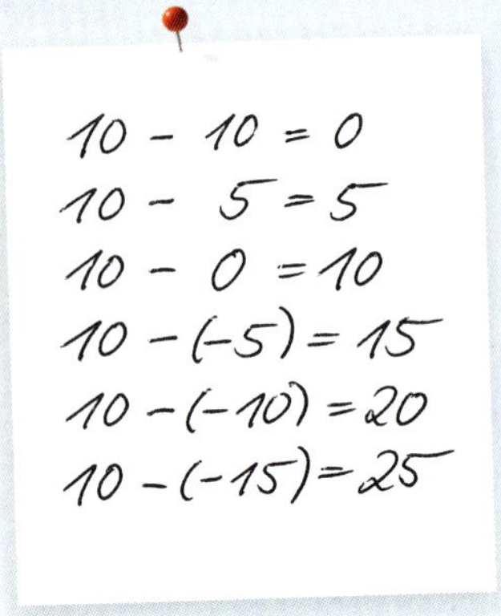

Auch so, wie der Zettel eines „Nachhilfevaters“ am Rand zeigt, kann man es sich erklären (mit oder ohne Blick auf das Thermometer). Jedes Schulbuch enthält heutzutage solche Erklärungen. Der Mathematikunterricht unterscheidet sich nur dadurch, wie lange im Buch und in den Mathematikstunden systematisch auf solche Vorstellungen zurückgegriffen wird und ab wann erwartet wird, dass Schülerinnen und Schüler Aufgaben auch ohne Vorstellungen lösen können. Wenn man merkt, dass der Sohn oder die Tochter bei einer Regel unsicher ist oder nicht genau weiß, welches der richtige Rechenweg ist, dann ist es für die Unterstützung daheim auf jeden Fall sinnvoll, zu den entsprechenden Einführungsbeispielen zurückzuspringen. Dabei sollte nicht gefragt werden „Wie war nochmal die Rechenregel?“, sondern „Warum ist das nochmal so? Wo steht das erklärt?“.

Tipp für Zuhause

Wenn Sie mit Ihrem Kind Aufgaben mit negativen Zahlen üben, nutzen Sie anschauliche Beispiele. Sie können immer, wenn Plus oder Minus gerechnet wird, fragen:

- Was würde die Aufgabe für einen Aufzug bedeuten?
  (Wenn die Aufgabe nur ganze Zahlen enthält.)
- Wie sähe das an einem Thermometer aus?
  (Wenn auch Kommazahlen vorkommen.)
- Formuliere erst eine ähnliche Aufgabe mit weniger Minuszahlen!
  (Also sich statt $(-5)-(-2)$ erst $5-(-2)$ und $(-5)-2$ vorstellen und rechnen.)

Nun zur **theoretischen Seite** der negativen Zahlen, zu den neuen Zahlenmustern, die es zu verstehen gilt. Mithilfe von Temperaturen oder Schulden kann man das Addieren (Plus) und Subtrahieren (Minus) verstehen. Was aber ist mit $(-5)\cdot(-3)$? Hier scheinen Anschauung und Mathematik auseinanderzulaufen. Wir stoßen an eine Stelle, wo Mathematik anscheinend nicht mehr direkt veranschaulicht werden kann – übrigens eine der ganz wenigen Stellen in der Sekundarstufe I, in der das tatsächlich schwierig ist. Zwar kann man auch beim Multiplizieren und Dividieren noch Veranschaulichungen versuchen, zum Beispiel, indem man sich „Minus mal Minus“ als das Aufheben von Schulden vorstellt. Viel überzeugender ist aber folgendes Argument, das sich ganz auf die Forderung stützt: „Mathematik muss in sich stimmig sein.“ Können Sie sich oder Ihr Kind mit dem folgenden Beispiel überzeugen?

Ole rechnet so: $(7+(-5)) \cdot (-3) = 2 \cdot (-3) = -6$
Mila rechnet so: $7 \cdot (-3) = -21$, $(-5) \cdot (-3) = 15$, $-21 + 15 = -6$
Jona rechnet so: $(7+(-5)) \cdot (-3) = 7 \cdot (-3) + (-5) \cdot (-3) = -21 - 15 = -36$

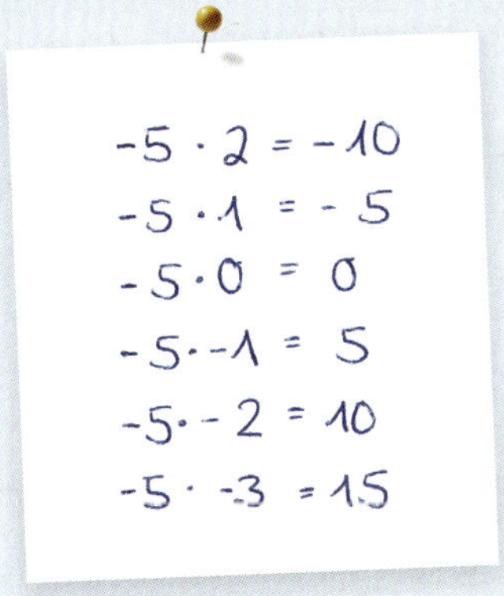

Jona hat sich entschieden, dass Minus mal Minus Minus ist. Damit bekommt er aber etwas anderes heraus als Ole, der einen unproblematischen Rechenweg gewählt hat. Offensichtlich ist Milas Entscheidung, $(-5) \cdot (-3) = 15$ zu rechnen, die günstigere. Am Rand sehen Sie, wie sich Pia überzeugt, dass $(-5) \cdot (-3) = 15$ ein vernünftiges Ergebnis ist.

Dieses Beispiel zeigt auch die Grenze für elterliche Hilfe auf. Wenn ein Schüler oder eine Schülerin diese Situation nicht interpretieren kann, wenn er oder sie auch bei den hier vorkommenden Rechnungen schon verunsichert ist, ist die Unterstützung von Profis notwendig, die die Probleme diagnostizieren und flexibel darauf reagieren können. Es ist wenig hilfreich, sich selbst als Eltern zusammen mit den eigenen Kindern verrückt zu machen. Wenn selbst die gemeinsame Lektüre des Schulbuches nicht weiter hilft (und das ist leider manchmal der Fall, denn deutsche Schulbücher sind oft keine schülergerechten Erklärbücher), braucht es die Unterstützung des Lehrers.

Brüche
Im nächsten Schritt soll ein Blick auf die Bruchzahlen geworfen werden. Zunächst auch hier die **praktische Seite**: Wenn man Dinge zählt, reichen ganze Zahlen aus. Will man aber Dinge messen, so ergibt sich immer wieder die Notwendigkeit, zu verfeinern: Euro und Meter werden mit Cent und Zentimetern in Hundertstel geteilt, Liter und Kilometer mit Millilitern und Metern in Tausendstel.

Aber oft reichen auch gröbere Unterteilungen aus: Ein Liter Wein wird in Achtel aufgeteilt, die Stunde in Halbe, Viertel und Sechzigstel. Brüche eignen sich also für genaue Maßangaben und lassen sich beliebig verfeinern. Kinder sind mit diesen Verfeinerungen schon in der Grundschule vertraut und können mit ihnen umgehen, solange sie eine anschauliche Bedeutung haben.

Im Alltag kommen Bruchzahlen (jenseits von $\frac{1}{2}$ und $\frac{3}{4}$) gar nicht übermäßig oft vor, aber dennoch gibt es Gelegenheiten, sich mit Brüchen zu beschäftigen.

Tipp für Zuhause

Wann immer Ihnen und Ihrem Kind eine Bruchzahl begegnet, sprechen Sie darüber, was sie bedeutet.

- Im Rezept steht: Drei achtel Liter Milch – wie viel ist das?
- Wenn ich ein viertel Liter Milch pro Person benötige, wie viele Tüten Milch brauche ich dann für 10 Personen?
- Wie viele Minuten hat eine Viertelstunde? Wie viele eine Dreiviertelstunde? Welcher Bruch entspricht 10 Minuten?

Der Grund für die intensive Arbeit mit Brüchen in der Schule liegt in den Vorzügen ihrer **theoretischen Seite**: Hat man erst Brüche (und die negativen Zahlen) zur Verfügung, gibt es kaum mehr Beschränkungen bei den Grundrechenarten: 9 : 7 ist dann nicht mehr eine Divisionsaufgabe mit Rest oder mit ungewissem Ende (1,285714...) sondern schlicht $\frac{9}{7}$ oder $1\,\frac{2}{7}$. Damit kann man dann beliebig weiterrechnen, z. B. in späteren Klassen, wenn mit Variablen gearbeitet wird und Gleichungen umgeformt werden.

Die Art der Zahldarstellung mit Brüchen ist eine wichtige Errungenschaft der Mathematik, aber leider bringen Brüche Eigenschaften mit, die den Kindern bis dahin unbekannt waren und die zuweilen paradox erscheinen. Hier einige Wunderlichkeiten aus der Bruchrechnung:

Mila: Wieso ist denn $\frac{1}{3}$ kleiner als $\frac{1}{2}$?
Die Drei ist doch viel größer!

Jona: $\frac{1}{6}+\frac{1}{3}=\frac{1}{2}$. Das ist schon eine komische Art, zwei Zahlen zu addieren!

Ole: $5 : \frac{1}{2} = 10$. Wie kann denn da 10 herauskommen?
Wenn ich etwas teile, wird es doch kleiner!

In der Schule nähert man sich den Brüchen daher behutsam und vor allem über Anschauungsbeispiele: Beliebt sind vor allem Pizzas, Torten und Schokolade. Leider werden diese Veranschaulichungen oft schon in der ersten Woche wieder über Bord geworfen und es bleiben Rechenregeln wie diese:
Man addiert zwei Brüche, indem man beide auf den gemeinsamen Hauptnenner erweitert und dann die Zähler addiert. Beispiel: $\frac{1}{4}+\frac{3}{10}=\frac{5}{20}+\frac{6}{20}=\frac{11}{20}$

Viele Kinder (und Erwachsene) verweigern sich solchen Regeln. Sie fragen zu Recht: „Wieso ist das so? Was ist der Sinn? Wie kann man sich das merken? Woher weiß man, wann man so rechnen muss?“ Man kann diese Schrittfolge zwar auswendig pauken, bis man sie im Blindflug abliefert, aber leider ist es dann schwierig, sich auch noch zu merken, bei welchen Aufgaben man so rechnen darf, und bei welchen nicht. Wie geht das z. B. bei $\frac{1}{4} \cdot \frac{3}{10}$? Und nach ein bis zwei Wochen, in denen man das Verfahren nicht angewendet hat, ist es meist auch schon wieder vergessen. Das intensive Üben immer derselben unverstandenen Handlungsschritte ist also nur wenig wirksam. Wie geht es aber dann? Wenn man zwei Brüche addieren will, muss man sich vorstellen, was sie bedeuten.

$\frac{1}{4}$

$\frac{3}{10}$

Wie könnte man mit diesen beiden Anteilen rechnen? Die Aufteilung muss so verfeinert werden, dass man beide Brüche gleichzeitig darin wiederfindet.

$\frac{1}{4} = \frac{10}{40}$

$\frac{3}{10} = \frac{12}{40}$

Dann kann man beide addieren. Und danach eventuell sogar wieder vergröbern.

$\frac{1}{4} + \frac{3}{10} = \frac{22}{40}$

$\frac{22}{40} = \frac{11}{20}$

Tipp für Zuhause

Wenn Sie mit Ihrem Kind Bruchrechnung üben, orientieren Sie sich vor allem an folgenden Punkten:

- Lange anschaulich bleiben. Bruchrechnungen durch Bilder veranschaulichen. Achten Sie darauf, welche Veranschaulichungen im Schulbuch zu finden sind, und nutzen Sie diese.
- Sich unter Brüchen konkrete Anteile vorstellen: Ist der Bruch größer oder kleiner als 1? Ist er größer oder kleiner als $\frac{1}{2}$?
- Für das Addieren und Subtrahieren Veranschaulichungen heranziehen (Schokoladentafeln, Pizzas, Zahlenstrahl).
- Beim Dividieren, z. B. bei $\frac{3}{4} : \frac{1}{8}$ kann man fragen: Wie oft passt $\frac{1}{8}$ in $\frac{3}{4}$?
- Regeln immer wieder an einem einfachen Beispiel erklären lassen.

Natürlich sind die Möglichkeiten für Eltern auch hier begrenzt. Das anschauliche Umgehen mit Brüchen ist ein komplexes Thema und sollte ausgiebig in der Lehrerausbildung behandelt werden, damit die Lehrperson flexibel auf die jeweilige Situation und den Schüler reagieren kann.

Tipp für Zuhause

Wenn Kinder beim Arbeiten mit Dezimalzahlen oder Prozentzahlen Schwierigkeiten haben, kann es helfen, nicht die Rechenregeln zu pauken, sondern in einfachen Aufgabensituationen das Verständnis durch bildliche Darstellungen zu unterstützen. Die Aufforderung lautet: Kannst du dazu ein einfaches Bild malen? Oft finden sich im Schulbuch (vor allem auf den Anfangsseiten zum Thema) hilfreiche Beispiele.

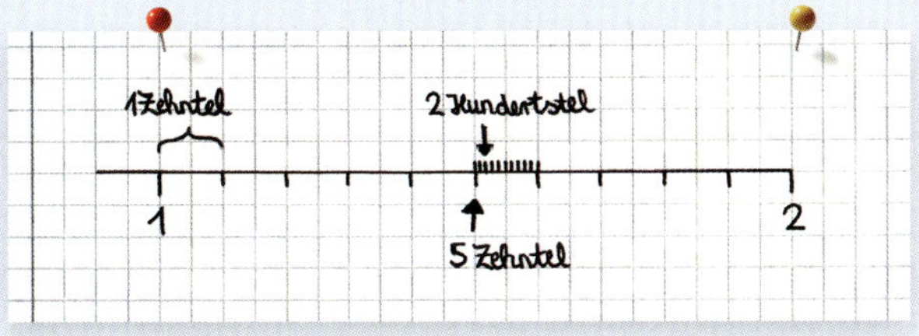

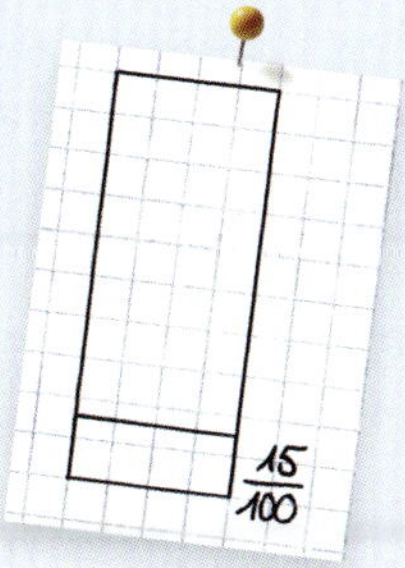

Auf Dauer ist es wichtiger, grundlegende Vorstellungen zu besitzen, als Rechenregeln auswendig zu lernen. Auf der Basis von solchen Vorstellungen lassen sich viele Aufgaben lösen, Rechenregeln geraten dagegen schnell in Vergessenheit.

○ ***… schriftlich und im Kopf sicher und geschickt rechnen***

○ ***… überschlagen und sinnvoll den Taschenrechner einsetzen***

Kopf, Hand oder Maschine? – Die Meinungen darüber, welche Rechentechniken man noch beherrschen muss, gehen weit auseinander. Jeder Mathematiklehrer muss sich die Fragen stellen: Wie früh dürfen die Schülerinnen und Schüler den Taschenrechner verwenden? Welche Rechnungen sollen sie mit der Hand und im Kopf ausführen? Wann ist es sinnvoll, zum Taschenrechner zu greifen?

Eines ist dabei klar: Der Taschenrechner ersetzt das Denken, er entlastet von mühevollen Rechenarbeiten. Das ist einerseits erwünscht, weil man sich so anspruchsvolleren Problemen widmen kann, andererseits besteht die Gefahr, das Kopfrechnen ganz zu verlernen. Haben Sie Ihr Kind (oder sich selbst) schon dabei erwischt, bei Rechnungen wie 10 mal 12 zum Taschenrechner gegriffen zu haben?
Auf die Frage, ab wann der Taschenrechner im Mathematikunterricht verwendet werden sollte, gibt es keine eindeutige Antwort. Manche Mathematiklehrer schieben den Taschenrechner so weit wie möglich auf, manchmal bis in die siebte Klasse, um die grundlegenden Rechenfähigkeiten nicht zu gefährden. Andere nutzen ihn bereits in der fünften Klasse, achten dann aber darauf, dass er nicht unbedacht eingesetzt wird. Im Unterricht und in der Klassenarbeit kann ein pädagogisch überlegter Umgang mit dem Taschenrechner umgesetzt werden, außerhalb der Schule sieht es aber anders aus: Kinder haben schon früh Zugang zum Taschenrechner – in den unterschiedlichsten Formen, ob als Handyfunktion oder im Internet. Nichts liegt näher, als manche mühsame Aufgabe auf dem Schulweg noch schnell mit dem Taschenrechner zu erledigen. Taschenrechner beherrschen heutzutage mehr als ihre Vorgängergenerationen: Sie können mit Brüchen rechnen, ja manchmal sogar Gleichungen auflösen. Dafür wird es aber auch immer schwieriger, sie richtig zu bedienen. Wie man die Rechnungen eingibt, lernen Kinder meist hochmotiviert und schnell. Weniger gut lernen sie, wie man überprüft, ob die Ergebnisse, die ein Rechner auswirft, auch tatsächlich stimmen.

Tipp für Zuhause

Umgang mit dem Taschenrechner:

- Im Unterricht gibt es klare Regeln, wann und wie der Taschenrechner eingesetzt werden soll. Unterstützen Sie Ihr Kind darin, diese Regeln zu beachten. Erkundigen Sie sich nötigenfalls beim Lehrer oder der Lehrerin.
- Wenn Ihr Kind in Ihrem Beisein einen Taschenrechner benutzt, verhindern Sie, dass es jede Rechnung damit ausführt. Haken Sie an passenden Stellen nach: Kannst du das auch ohne Rechner herausfinden? Manche Aufgaben lassen sich im Kopf sogar schneller berechnen, als man sie eintippen kann.
- Taschenrechnerergebnisse können trügen. Animieren Sie Ihr Kind dazu, immer wieder die Ergebnisse zu überprüfen: Kann das sein? Was hätte ich erwartet?

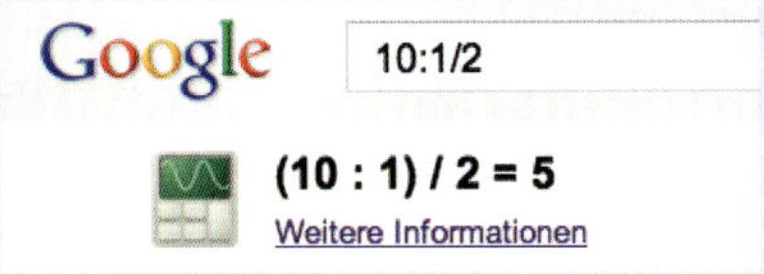

Wie kann ich herausbekommen, ob es stimmt, wenn Google antwortet, $\frac{1}{2}$ passt 5-mal in die 10?

Rechnen hat auch im Alltag seinen Platz. Es gibt zwei immer wiederkehrende typische Rechenanlässe: Entweder sind wir in einer Situation, in der es gar nicht auf das genaue Ergebnis ankommt – dann muss man schnell überschlagen und schätzen und hat auch nicht unbedingt einen Taschenrechner dabei. Oder man braucht genaue Werte, dann greift man eher zum Taschenrechner oder zum Computer.

Situationen, bei denen Überschlagen reicht:

- Beim Bäcker hat man 11 Brötchen zu 39 Cent und ein Brot zu 3,99 € gekauft. Nun soll man 8,95 € zahlen, kann das in etwa stimmen?
- Auf der Autobahn kann man durchschnittlich 120 km/h fahren. Der Zielort ist 450 km entfernt. Wie lange brauchen wir ungefähr noch?
- Im Restaurant sollte man immer ca. 10 % Trinkgeld geben. Wie viel ist das bei einer Rechnung von 24,50 €?

Würden Sie hier Ihren Taschenrechner herausholen?

Situationen, bei denen man es eher genau wissen will:

- Beim Internetbuchversand stehen zwei Bücher auf der Rechnung, eins zu 12,45 € und eins zu 13,11 €, die Mehrwertsteuer ist aber nur für die Summe der beiden Preise ausgewiesen. Was soll ich beim ersten Buch als Bruttopreis angeben, wenn ich es bei der Steuererklärung angeben möchte?
- Der Finanzberater rät mir, das Zehnjahresdarlehen über 15 000 € schnell aufzunehmen, weil vermutlich übermorgen der Zinssatz von 5,5 % auf 5,65 % ansteigt. Lohnt sich das?

Was können Eltern noch tun?

Sich Brüche vorstellen

Fordern Sie Ihr Kind immer wieder auf, sich etwas unter Brüchen vorzustellen.

Tipp für Zuhause

Oft sieht man geometrische Muster, in denen Teile einer Fläche verschieden gefärbt sind. Fragen Sie nach dem Bruchteil!

- Welcher Bruchteil des Spielbretts ist grün?
- So etwas geht bei vielen Flaggen: Welcher Bruchteil ist blau?

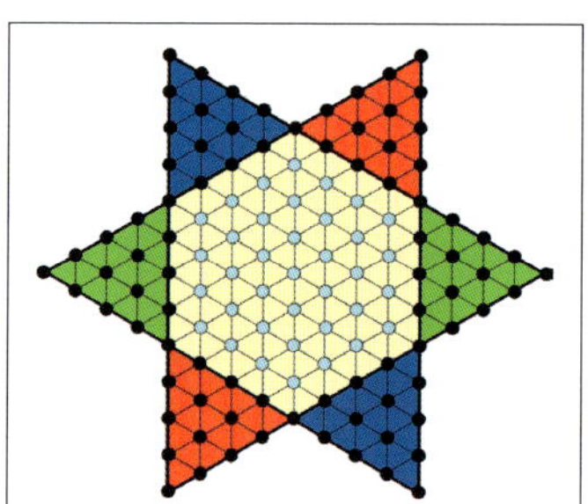

Mit Brüchen rechnen

Ein natürlicher Umgang mit Brüchen stellt sich bei der Beschäftigung mit Zeitspannen ein. Eine halbe Stunde und eine Viertelstunde sind Kindern wohl bekannt. Sie können auch mit etwas Nachdenken Fragen wie die folgenden beantworten:

- Eine Viertelstunde weniger als eine Dreiviertelstunde – wie viel ist das? Warum?
- Wie viel ist eine Sechstelstunde? Eine Zehntelstunde? Welche gibt es noch?
- Wie viel ist eine Sechstelstunde plus eine Drittelstunde?
- Wie viel ist eine Dreiviertelstunde plus eine Drittelstunde?

Tipp für Zuhause

Sie und Ihr Kind können sich einen Spaß daraus machen, in der alltäglichen Kommunikation über Zeit möglichst fantasievoll Sechstel-, Fünftel- und andere Stunden zu nutzen, z. B. so: „Du darfst gern noch vier Zwanzigstel Stunden aufbleiben!"

Prozentfehler suchen

Was für Brüche gilt, dass nämlich Verstehen wichtiger ist als Rechnen, gilt für Prozente ebenso. Prozente kommen sogar weitaus häufiger in unserem Alltag vor, wenn man Anteile ausdrücken will. Das liegt daran, dass man sich Hundertstel praktisch gut vorstellen kann, während man bei Siebteln doch meist nicht so schnell durchblickt. Trotzdem findet man immer wieder Zeitungsmeldungen wie diese:

Viele Raser
Flensburg Fuhr vor einigen Jahren noch jeder zehnte Autofahrer zu schnell, so ist es mittlerweile „nur noch" jeder fünfte. Doch auch fünf Prozent sind noch zu viele, und so wird weiterhin kontrolliert, die Schnellfahrer haben zu zahlen.

Es macht viel Spaß, nicht nur darüber zu lachen, sondern sich gemeinsam mit seinen Kindern zu überlegen, wie man dem Mann oder der Frau, die hier schreibt, helfen könnte. Das gilt auch für die folgende Befragung, die man vor einigen Jahren im Radiosender Ö3 hören konnte.

Radioreporter: Guten Morgen, Kitzbühel!
Seit gestern spricht das ganze Land über eine Hundertstelsekunde!
Aus wie viel Hundertstelsekunden besteht denn eine Sekunde?

A: Eine Sekunde? Wie viel Hundertstelsekunden?
Moment … Eine Sekunde … äh … Sechzig!

B: Hundert? Nein, Tausend? Nein! Weiß ich nicht?!

C: Da hab ich gefehlt in der Schule!

D: Wie viel Hundertstelsekunden? Zehn Hundertstel!

E: Das ist verschieden! Normalerweise hat ein Hundertstel, also eine Minute ist ja sechzig Sekunden normal. Aber bei Rennen, glaub ich, ist es hundert.

Reporter: Also eine Minute hat im Sport hundert Sekunden?

E: So ist es?

Reporter: Und wie viele Hundertstel sind dann eine Sekunde?

E: Na das geht dann, das muss das Zehnfache haben. Ist das eine Zehnerpotenz?

Reporter: Woher wissen sie das alles?

E: Na hörst, ich bin ja mal in die Schul gegangen!

Tipp für Zuhause

Schauen Sie sich mit Ihrem Kind Zeitungsartikel, in denen Prozentzahlen vorkommen, aufmerksam an.

- Wurden die Prozentzahlen richtig interpretiert?
- Wie sind Denkfehler zustande gekommen?

Fast 1000 von 100 000.
Also fast einer von Hundert!

Steuerschummler
Bonn Jeder fünfte Deutsche ist bei der Steuererklärung nicht ehrlich.

Gefangenenzahlen in den USA
Washington Die USA haben mit 751 Inhaftierten pro 100 000 Einwohnern (2006) – abgesehen von China, dessen Zahlen nicht eindeutig sind – die höchste Inhaftierungsrate der Welt.

Anteile und Prozente vorstellen

Natürlich reicht es nicht, sich über Fehler anderer zu amüsieren. Was kann man tun, damit man selbst, also Eltern wie Kinder, nicht in solche Fallen tappt? In der sechsten oder siebten Klasse wird in der Schule die Prozentrechnung intensiv behandelt. Trotzdem kann man daheim viel mithelfen, dass die wichtigsten Kenntnisse nicht verlorengehen.

Tipp für Zuhause

Betrachten Sie mit Ihrem Kind die Zeitung (oder die Speisekarte im Restaurant oder einen Werbeprospekt ...) und fragen Sie sich gemeinsam bei den Brüchen und Prozenten, auf die Sie treffen: Verstehe ich das?
Konkret können Sie sich und Ihrem Kind immer wieder eine dieser Fragen stellen:

- Wie viel Prozent sind das?
- Welcher Bruchteil ist das? Wenigstens ungefähr?
- Wie kann man sich den Anteil vorstellen?

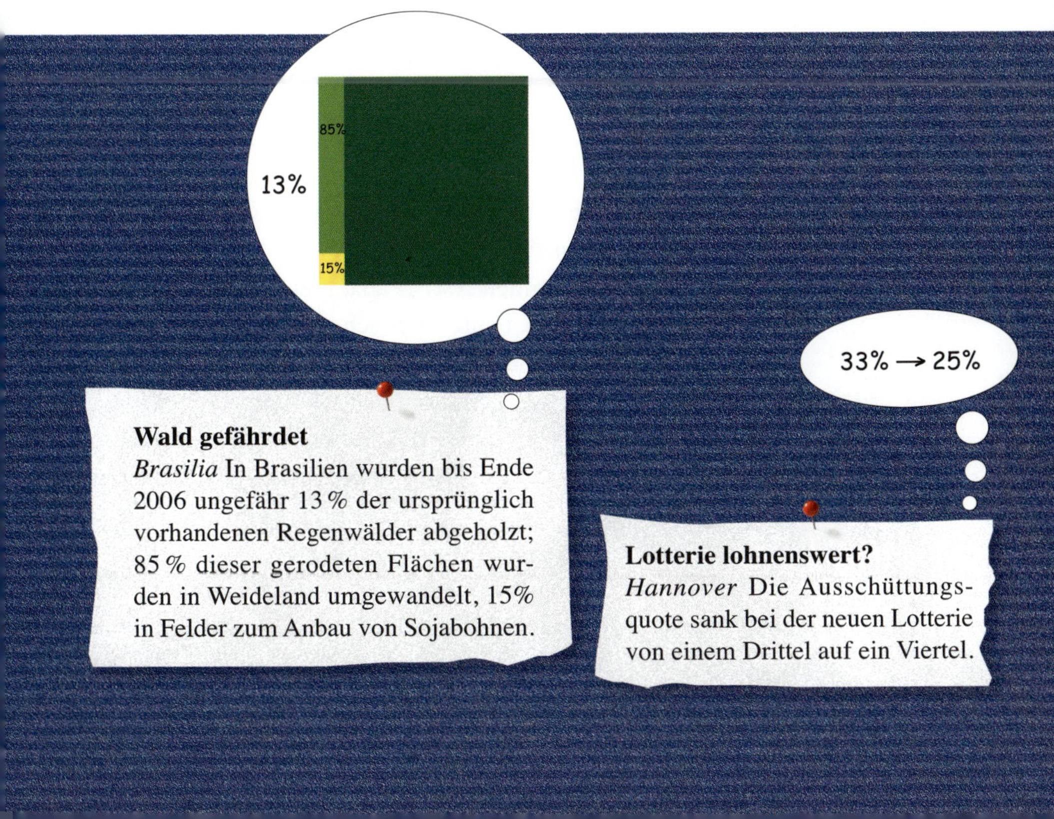

Wald gefährdet
Brasilia In Brasilien wurden bis Ende 2006 ungefähr 13 % der ursprünglich vorhandenen Regenwälder abgeholzt; 85 % dieser gerodeten Flächen wurden in Weideland umgewandelt, 15% in Felder zum Anbau von Sojabohnen.

Lotterie lohnenswert?
Hannover Die Ausschüttungsquote sank bei der neuen Lotterie von einem Drittel auf ein Viertel.

Kopfrechengelegenheiten nutzen

So sehr wir wissen, wie nützlich es ist, sich im Kopfrechnen fit zu halten – allzuleicht gehen wir den bequemeren Weg. Überlegen Sie einmal, was Sie tun würden, wenn Sie tatsächlich im Supermarkt vor der folgenden Situation stehen:

Lohnt es sich, die Sparpackung Kakaopulver mit 300 g für 4,50 € zu kaufen, wenn die normale Packung mit 200 g für 3,10 € zu haben ist? Wie viel spart man dabei?

Es reizt uns schon, zu erfahren, ob wir übers Ohr gehauen werden. Wir könnten überlegen: „300 g sind hundert mehr als 200 g, also genau die Hälfte mehr. Die Hälfte von 3,10 € sind 1,55 €. Also würden 300 g 3,10 € + 1,55 € = 4,65 € kosten.“ Aber wenn wir so etwas selten machen und uns deshalb nicht sicher sind, wie wir rechnen sollen, entscheiden wir einfach, dass es ohnehin nur um ein paar Cent geht und der Rechenaufwand sich nicht lohnt.

Tipp für Zuhause

Wie wäre es mit einem Familienprogramm in Kopfrechenfitness?
Weichen Sie, wenn Sie mit Ihrem Kind zusammen sind, solchen Situationen nicht aus, sondern stellen Sie sich ihnen gemeinsam.
Niemand erwartet, dass Sie es besser können als Ihr Kind!

317 km

Tankstelle
Höllental GmbH
79123 Hinterzarten
Tel. 07661/079023

QUITTUNG

19 MAI 2012 08:45 H.Dold TN:89372

EU/Liter 1,599 EUR SUPER E10
* 22,27 Liter 35,61 EUR

GESAMTBETRAG 35,61 EUR
19 % MWST inkl. 5,69 EUR
NETTO: 29,92 EUR

Im Folgenden finden Sie einige Beispiele, wie Sie Ihr Kind einbeziehen können:
Jona stellt beim Tanken fest: „Papa, gestern hat das Benzin noch 1,58 € gekostet, heute ist es schon zwei Cent teurer.“ – „Wie viel hätten wir denn gespart, wenn wir gestern getankt hätten?“.
Oder anspruchsvoller: „In der Stadt kostet es sogar nur 1,56 €, sollten wir dorthin zum Tanken fahren?“ Dann muss auch noch geklärt werden, ob die Kosten für die Fahrt in die Stadt nicht die Einsparung beim Tanken übersteigen.
Nach dem Tanken drücken Sie Ihrer Tochter oder Ihrem Sohn die Quittung in die Hand, nullen den Kilometerstand (es waren 317 km) und fragen: „Schau mal nach, ob der Wagen immer noch etwa bei 7 Liter Verbrauch pro 100 km liegt.“

Sehr häufig ergibt sich die Gelegenheit zum Kopfrechnen, wenn es um Prozente geht. Um beispielsweise auszurechnen, wie viel 19 % von 450 € sind, lassen sich folgende Tricks anwenden:

- Zunächst 10 % ausrechnen, $\frac{1}{10}$ von 450 € sind 45 €.
- Es reicht oft, den Wert ungefähr zu bestimmen: 20 % sind also 90 €.
- Wenn man es genau wissen will, kann man Anteile verrechnen: 19 % sind 20 % − 1 %, also 90 € − 4,50 € = 85,50 €.
- Auf diesem Weg lassen sich auch andere Prozentwerte bestimmen: 25 % sind zwei mal 10 % und noch ein halbes mal 10 %, also 45 € + 45 € + 22,50 €.

Wenn Sie mit Ihrem Kind zusammen kopfrechnen, denken Sie auch daran, Erfolgserlebnisse zu schaffen, damit sie nicht irgendwann schlicht die Mitarbeit verweigern. Lassen Sie Ihr Kind spüren, dass es eine echte Hilfe ist. Und vermitteln Sie nicht den Eindruck, dass Sie es besser und schneller können!

Kopfrechenübungen dürfen aber auch losgelöst vom Alltag stattfinden, z. B. wenn man die Langeweile bei langen Autofahrten mit Kennzeichen-Kopfrechnen totschlägt:
- Wer findet im Stau die meisten Primzahlen?
- Wer findet als Erstes eine Zahl, die durch 15 teilbar ist?
- Wer findet die meisten Zahlen, bei denen die Ziffern sich zu 15 addieren?
- Wer findet ein Kennzeichen, bei dem das Ergebnis am nächsten an 50 liegt, wenn man die Ziffern multipliziert?

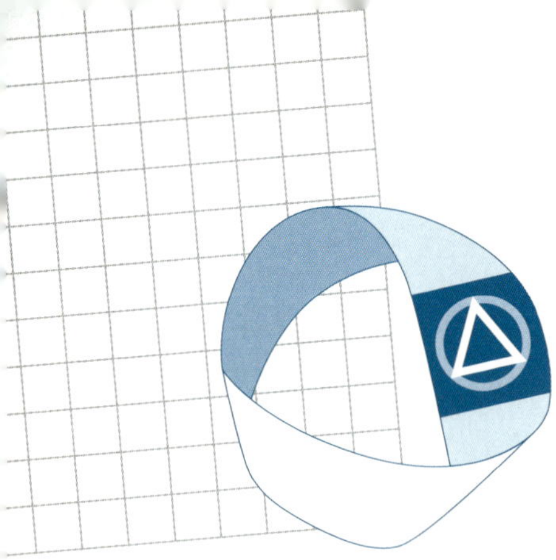

Raum und Form erfassen

Die Welt ist nicht nur rund

Wer glaubt, dass sich Mathematik hauptsächlich mit Zahlen befasst, kennt nur die halbe Wahrheit. Schon seit über 5000 Jahren kümmert sich die Mathematik auch um die Strukturen von Formen im Raum und in der Fläche und nennt es „Geometrie“, das bedeutet „Erd-Messung“. Legendär ist die auf wenige Prozent genaue Bestimmung des Erdumfangs aus dem Schattenwurf der Sonne durch Eratosthenes im Jahre 225 v. Chr. Die antiken Griechen wussten schon weit mehr über Dreiecke, als wir heute überhaupt an der Schule lehren und lernen könnten. Euklid (ca. 360–280 v. Chr.) hat in seiner Schrift „Elemente“ schon versucht, alle Eigenschaften von Formen und Figuren in der Fläche aus wenigen Aussagen über Punkte und Geraden abzuleiten. Damit war er Vorbild für Generationen von Mathematikern und Bestsellerautor des nach der Bibel meist verbreiteten Buches der Weltliteratur. Aber auch bei unseren Kindern spielen geometrische Erfahrungen schon früh eine Rolle: Räumliches Vorstellungsvermögen, räumliche Orientierung, die Unterscheidung einfacher Formen, all dies sind grundlegende Fähigkeiten, die im Alltag gefördert werden können. Um die Weitergabe der Geometrie als Kulturgut kümmert sich Mathematikunterricht. Für die Förderung der geometrischen Anschauung und des geometrischen Denkens sind die wenigen Stunden in der Schule aber nicht ausreichend. Gerade bei solchen grundlegenden Fähigkeiten sind Eltern gefragt.
In diesem Kapitel erfahren Sie, wie Sie die vielfältigen Gelegenheiten im Alltag dazu nutzen können, Ihrem Kind geometrische Erfahrungen zu bieten, und wie Sie so bei der Förderung von Vorstellungsvermögen mitwirken können.

Pia wollte unbedingt das Haus basteln, in dem sie mit ihrer Familie wohnt. Dazu musste sie mit dem Maßband das ganze Gebäude abmessen, sich für unzugängliche Stellen ausdenken, wie die Maße bestimmt werden, Skizzen anfertigen und sich dann überlegen, welche Teile sie braucht.

Ole hat im letzten Sommer ganze Tage auf der Minigolfbahn verbracht. Nun will er eine Mini-Minigolfanlage im Zimmerformat bauen. Er denkt sich eine Bahn nach der anderen aus und bastelt sie aus Papier.

Julian ist Ritterfan, aber bisher konnte er seine Eltern nicht überzeugen, die Ritterburg von Playmobil zu kaufen. Also bastelt er selbst eine Ritterburg. Besonders lange hat er daran geknobelt, wie er ein kegelförmiges Dach hinbekommt. Seine große Schwester Pia hilft ihm dabei, die geplanten Umrisse mit dem Computer zu zeichnen und zu färben.

Tipp für Zuhause

Entwerfen Sie mit Ihrem Kind einen eigenen Bastelbogen – Sie werden bemerken, dass man damit eine ganze Menge an geometrischem Sachverstand entwickeln kann.

Einen fertigen Bastelbogen aus dem Internet herunterladen, ausschneiden und zusammenkleben – das mag zwar eine gute Beschäftigung sein. Noch interessanter wird es aber, wenn man selbst aussucht und entwirft, was man bauen möchte, z. B.:

- Eine Ritterburg für die Playmobilfiguren
- Einen Pferdehof für die Schleichfiguren
- Ein maßstabsgetreues Modell vom eigenen Haus
- Eine kreative Verpackung für ein Geschenk
- Eine Wolkenkratzerstadt für die Modellbahnanlage

Was sollte jeder wissen und können?

… vorstellen – darstellen – herstellen

… Muster und Strukturen durchschauen

… sich orientieren

… messen und schätzen

… Formen und Figuren erkennen und verstehen

… vorstellen – darstellen – herstellen

Damit Julian sein kegelförmiges Dach bauen kann, muss er viel nachdenken und probieren. Sein Vorstellungsvermögen wird stark herausgefordert: Welche Form muss man auf Papier zeichnen, damit man danach daraus einen Kegel rollen kann? Wie gut ist Ihr geometrisches Vorstellungsvermögen? Beantworten Sie doch einmal ganz ohne Hilfsmittel die folgenden Fragen – vielleicht auch im Wettbewerb mit Ihrem Kind und Bekannten? Sie können dazu auch die Augen schließen.

Tipp für Zuhause

Vorstellungsvermögen testen

- Welche Formen findet man auf einem klassischen Fußball? Welche Formen haben verschiedene Verkehrsschilder?
- Stellen Sie sich vor, in einem Fünfeck von jeder Ecke zu jeder anderen eine Linie zu ziehen. Welche Figur entsteht? Wie viele Linien hat man dann?
- Welche Form haben die beiden Figuren, die entstehen, wenn Sie ein Sechseck von einer Ecke zur gegenüberliegenden Ecke durchschneiden?
- Sind die Gizeh-Pyramiden (der Kölner Dom) genau so hoch wie lang?

In unserer westlichen Welt leben wir zwischen zwei verschiedenen Dimensionen: Die uns umgebende Welt ist räumlich, also dreidimensional.

Aber die Bilder, die wir uns von ihr machen, sind nur flächig, also zweidimensional. Das ist für uns schon so selbstverständlich geworden, dass wir gar nicht mehr daran zweifeln, dass in der Abbildung links ein Würfel dargestellt ist, obwohl es doch eigentlich in der Fläche gegeneinander verschobene Quadrate sind, deren Ecken jeweils miteinander verbunden wurden. Wie ist es mit den anderen Abbildungen? Werden hier Würfel dargestellt? Aus welchem Blickwinkel könnte ein Würfel so aussehen?

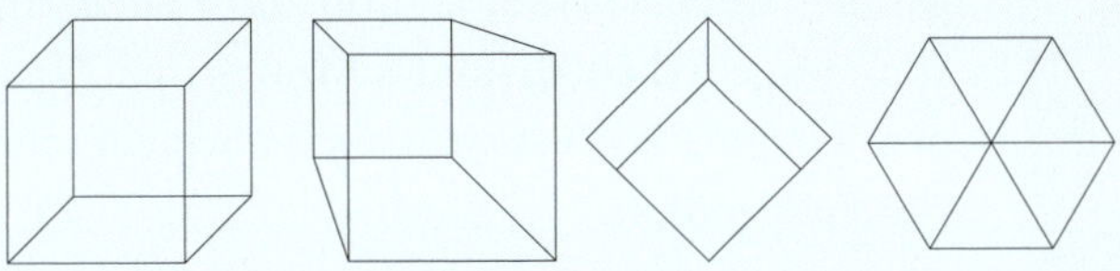

Tipp für Zuhause

Die folgenden Vorstellungsübungen können Sie allein oder mit Ihrem Kind durchführen.

- Wie gut kennen Sie einen Würfel? Schließen Sie die Augen: Wie viele Ecken und wie viele Kanten hat er? Wenn man nun alle Ecken schräg abschneidet, wie viele Ecken und Kanten hat der entstehende Körper?
- Können Sie sich vorstellen, wie viele Klebekanten man braucht, um den blauen Würfel zu falten – und wo sie angebracht werden müssen? (Eine ist schon eingezeichnet.)
- Wenn Sie den fertigen blauen Würfel halb in einen Eimer mit schwarzer Farbe tauchen, herausziehen und dann wieder aufklappen – wo befindet sich überall Farbe?

- Kann man mit dem grünen Netz auch einen Würfel bauen? Wie viele verschiedene Netze gibt es?
- Welcher Körper entsteht aus dem Netz rechts?

Vorstellen, Darstellen und Herstellen sind drei wesentliche Tätigkeiten, bei denen Kinder ihre Kenntnis von Figuren und Formen ausbilden und vertiefen können. Geometrie findet dabei zu großen Teilen im Kopf statt.

Das Zeichnen von Netzen hilft, zu erkennen, wie Körper aufgebaut sind. Man kann mit ihnen aber auch ganz konkret Körper bauen und daraus ganze Häuser und Städte zusammensetzen. Das ist eine ganz hervorragende Übung für die geometrische Vorstellung, für das Planen und sorgfältige Arbeiten, für das Messen und Zeichnen. Und am Schluss steht auch noch ein schönes Endprodukt.

○ *... Muster und Strukturen durchschauen*

Betrachtet man die Welt mit aufmerksamen Augen, dann wird man feststellen, dass es immer wieder ein Grundprinzip gibt, nach dem Dinge aufgebaut sind. In einfachen Worten lautet das: „Das Gleiche woanders“. Immer wieder findet man Formen und Figuren, die sich auf eine bestimmte Weise wiederholen.
Für das systematische Verstehen, welche Arten von Wiederholungen es gibt, hat die Mathematik ein mächtiges begriffliches Werkzeug entwickelt: die Symmetrie. „Symmetrisch ist, wenn irgendetwas gleichmäßig und schön gestaltet ist“ – das ist die spontane Definition von Symmetrie, die man hört, wenn man Leute mit der Frage danach überrascht. Aber was ist der Grund für die Gleichmäßigkeit und Schönheit?

Wenn man die Bilder betrachtet, erkennt man überall dasselbe Prinzip: Es wiederholt sich ein bestimmtes Element an anderem Ort.

- Es gibt Figuren, bei denen es eine linke und rechte Seite gibt, wobei die eine Seite wie das Spiegelbild der anderen erscheint.
- Es gibt Figuren, in denen taucht ein Element in gedrehter Weise mehrfach auf. Der Arm der Schneeflocke beispielsweise sechsmal. Daher kann man die Figur ein Stückchen drehen und sie sieht wieder genau so wie vorher aus. Drehen Sie einmal Spielkarten eine halbe Umdrehung, also auf den Kopf. Bei einigen Karten wird es sofort auffallen, andere bleiben gleich.
- Es gibt auch Muster, bei denen eine Figur sich immer wiederholt, wenn man in die eine oder andere Richtung geht. Sie könnten im Prinzip unendlich so weitergehen.

Diese Typen von „Wiederholung an anderem Ort“ nennt man also „Symmetrien“, genauer: Spiegelsymmetrie, Drehsymmetrie und Verschiebesymmetrie. Sie kommen in unserer Umwelt immer wieder vor, sie stecken in Tieren und Pflanzen. Man findet sie in technischen Geräten und in Bildern und Symbolen. Es gibt sie in Kunstwerken aller Epochen und Kulturen. Und sie stecken in den Naturgesetzen – die funktionieren nämlich genauso, wenn man Dinge verschiebt, spiegelt oder dreht.

Wenn man Symmetrien einmal näher kennengelernt hat, sieht man sie immer wieder: Man sieht die Welt sozusagen wie durch ein geometrisches Auge.

... Formen und Figuren erkennen und verstehen

Würfel, Kegel, Röhre, ... auf den letzten Seiten sind bereits eine ganze Reihe von Bezeichnungen für geometrische Formen aufgetaucht. Vielleicht haben Sie sich auch gefragt: „Was genau ist denn ein Kegel?“ Manches, was wir im Alltag Kegel nennen, hat eine ganz andere Form (wie die Spielfigur), und manches, was die Mathematiker Kegel nennen, bezeichnen wir mit Tüte oder Hut.

Während im Alltag die Begriffe auch abhängig von der Situation benutzt werden, versucht die Mathematik, Begriffe präzise und eindeutig zu fassen – in der Geometrie bedeutet das: Nur die Form entscheidet darüber, was ein Kegel ist. Manchmal wird dasselbe Wort sowohl mathematisch als auch im Alltag – sozusagen unmathematisch – benutzt: Was im Alltag eine Rolle, Walze oder Säule ist, ist aus dem Zusammenhang klar. In der Mathematik ist das alles ein Zylinder.
Im Alltag bezeichnet das Wort Zylinder aber einen Hut, und der ist aus mathematischer Sicht gar kein echter Zylinder! Wir lernen alle mit der Zeit, beide Standpunkte einzunehmen, je nachdem ob wir über Gegenstände oder über deren Form sprechen. Der Mathematikunterricht hilft dabei, dass unsere Kinder lernen, je nach Zusammenhang beide Sprechweisen zu verwenden. Und das ist manchmal ganz schön knifflig.
Der Versuch, Begriffe exakter zu verwenden, führt aber zu noch weitergehenden Reibungen zwischen Mathematik und Alltag. Zu öffentlicher Aufregung hat das am 31.3.2010 in der Sendung „Wer wird Millionär“ geführt. Zum ersten Mal in der Showgeschichte musste eine Entscheidung zurückgenommen und der Kandidat wieder eingeladen werden.

Was würden Sie antworten?

Jedes Rechteck ist ein ...

A: Drachen	B: Trapez
C: Parallelogramm	D: Quadrat

Im Internet fragt ein verzweifelter Zuschauer am nächsten Tag: Entweder mache ich einen schrecklichen Denkfehler, über den ich mich gleich mächtig schämen werde, wenn er mir erklärt wird, oder es sind – entgegen dem allgemeinen Prinzip dieser Show – ZWEI Antworten zutreffend, nämlich (c) UND (b). Gemäß der Auflösung des fleißig grimassenschneidenden und mit seinen Händen diverse Rechteckformen veranschaulichenden Günter Jauch, der offensichtlich ganz in seinem Element war, soll die (einzige) richtige Antwort (c) gewesen sein.
Was ist hier passiert? RTL hat sich natürlich kundig gemacht, und der Brockhaus stellt fest, dass ein Trapez ein „Viereck mit zwei parallelen, aber nicht gleich langen Seiten“ ist.

Das sind nach Brockhaus Trapeze.

Viele Zuschauer, nicht nur Mathematiker, finden aber: „Ein Trapez ist ein Viereck mit zwei parallelen Seiten." Punkt! Ob die Seiten gleich lang sind, ist egal. So steht bei Wikipedia beispielsweise, ein Trapez sei „ein ebenes Viereck mit mindestens zwei parallel zueinander liegenden Seiten".

Das sind nach Wikipedia auch Trapeze.

Warum ist hier die Alltagsauffassung (die der Brockhaus vertritt) und die mathematische (die sich bei Wikipedia findet) unterschiedlich? Weil im Alltag und in der Mathematik jeweils eine andere Auffassung *nützlich* ist!
Wenn Ihnen im Alltag jemand sagt: „Das ist ein trapezförmiger Tisch", dann denken Sie an die *typischste* Figur. Es ist nützlich und sinnvoll, dass die Kommunikation so schnell funktioniert. Die Mathematik verfolgt einen anderen Zweck. Sie will logische Aussagen finden, die für alle Trapeze gelten. Zum Beispiel:

> „Der Flächeninhalt eines Trapezes beträgt: Höhe mal Mittelwert der beiden parallelen Seiten. Für Formelliebhaber: $h \cdot \frac{a+b}{2}$."

Diese Aussage gilt auch dann, wenn die beiden Seiten zufällig gleich lang sind. Es wäre also nicht nützlich, diesen Fall aus der Familie der Trapeze auszuschließen. Wenn Sie also mit Ihrem Kind über Formen sprechen, unterscheiden Sie, ob es gerade um Alltagssprache geht oder um korrekte Fachsprache.

Alltagssprache:

Trapez	**Trapez**	**Rechteck**	**Trapez**	**Dreieck**

Fachsprache:

Trapez	**Trapez**	**Trapez (gleichzeitig auch: Rechteck)**	**Trapez**	**(?)**

Sind Sie schon etwas verwirrt? Dann das hier bitte nicht lesen:
Auch das Dreieck könnte man noch als Trapez sehen mit einer Seitenlänge 0. Dann klappt sogar die Flächenformel noch. Prüfen Sie es ruhig nach.

Tipp für Zuhause

Finden Sie mit Ihrem Kind zusammen heraus, was eine Raute ist. Haben die Münchner überhaupt Rauten an ihrem Stadion oder haben sie sich vertan? Wann sagt man im Alltag Raute? Und wann in der Mathematik?

… messen und schätzen

Eine der wunderbarsten Erfindungen der Mathematik ist das Messen. Wenn man im Möbelhaus einen Schrank kaufen will, muss man ihn nicht probeweise mit nach Hause nehmen, um zu sehen, ob er passt. Die Erfindung von festen, überall gültigen Standard-Maßeinheiten (also z. B. dem Meter oder dem Kilogramm) ist die Grundlage für die Entwicklung von Handel, Verkehr und Ingenieurskunst gewesen – das vergisst man oft, weil es uns so selbstverständlich geworden ist, mit Maßen und Einheiten zu arbeiten. Auch Pia hat für den Bau ihres Modells vom eigenen Haus Maße genommen und mit ihnen gerechnet.
Für Schülerinnen und Schüler gibt es beim Messen viel zu lernen. Es werden technische Fähigkeiten gebraucht, beispielsweise der angemessene Umgang mit Einheiten: Wie viel Quadratmeter hat ein Brett, das 50 cm breit und 180 cm lang ist? Wie viel Kilogramm sind eine Tonne? Auch ist es wichtig, sich Maßangaben vorstellen zu können: Wie groß sind 100 Quadratmeter? Hilfreich sind dabei sogenannte „Stützvorstellungen“, also konkrete Dinge, an denen man sich bestimmte Maße merken kann.

Ein DIN-A4-Blatt misst ungefähr 20 cm · 30 cm. 16 DIN-A4-Bögen sind genau ein Quadratmeter groß!

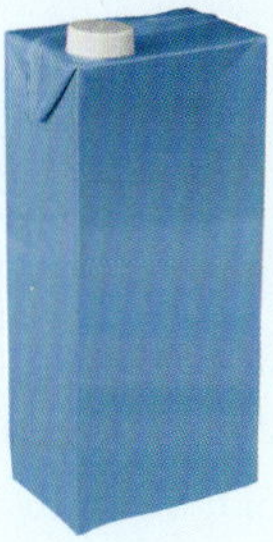

Eine Milchtüte fasst meist etwa 1 Liter. Wäre sie ein Würfel, so würde der 10 cm · 10 cm · 10 cm, also 1000 cm^3 groß sein.

Manchmal wird es einem aber nicht leicht gemacht, z. B. wenn das Volumen auf verschiedene Weisen angegeben wird. Wie viele cl (Zentiliter) passen in einen Viertelliter? Das Bild auf Seite 32 hilft, das Rätsel zu lösen.

Tipp für Zuhause

Ich schätze was, was du nicht schätzt

Alle einigen sich auf einen Gegenstand, den alle kennen oder sogar sehen. Dann wird geschätzt: Länge, Fläche, Gewicht, Volumen – soweit das möglich ist. Danach wird gemessen, gewogen und gerechnet. Wer am nächsten dran liegt, muss nicht spülen. (Wenn der Sohnemann sich heimlich vorbereitet, sollte man ihn nicht auffliegen lassen.)

Auch eine schöne Vorstellungsübung: Ordnen Sie die Gläser aus Ihrem Schrank nach ihrem Volumen. Jeder darf eine eigene Reihenfolge aufstellen. Danach wird durch Umschütten getestet. Sie werden staunen!

Möchten Sie einen Besserwisser auf die Probe stellen? Fragen Sie ihn, ob er sein eigenes Volumen angeben kann. Können Sie es?
Auf der nächsten Seite finden Sie die Antwort.
Aber denken Sie erst selbst nach!

Hier die Antwort: Der Mensch ist etwa genau so schwer wie Wasser, sonst würde er untergehen wie ein Stein oder an der Oberfläche treiben wie ein Stück Holz. Ein Liter Wasser wiegt 1 kg, also hat ein 75 kg schwerer Mensch ein Volumen von 75 l.

◯ *... sich orientieren*

Schon in der Vorschul- und Grundschulzeit machen Kinder Erfahrungen mit der Raumvorstellung und dem räumlichen Orientierungsvermögen. Die Fähigkeit, sich räumliche Veränderungen, wie z. B. die Drehung von Objekten, vorstellen zu können, ist eine wichtige Voraussetzung in der Geometrie, aber auch im Alltag (erkennen Sie den Fehler im Bild links?).

In der weiterführenden Schule wird dann noch eine besondere Erfindung thematisiert, die eine der größten Leistungen der Mathematik darstellt. Diese Idee geht auf den Philosophen René Descartes zurück (von dem die meisten nur wissen, dass er „Ich denke, also bin ich“ formuliert haben soll, auch wenn sie sich nicht so sicher sind, was er damit gemeint hat). Descartes’ Erfindung erlaubt es, sich Orte zu merken und Orte wiederzufinden, indem man sich Zahlen merkt. Sie haben es sicher schon erraten, es geht um die Erfindung der „Koordinaten“. Die sind inzwischen so sehr Teil unserer Alltagskultur, dass wir vergessen zu sehen, wie großartig sie sind.

Tipp für Zuhause

Kinder kennen Koordinaten aus vielen alltäglichen Zusammenhängen. Eltern können ihre Kinder einbeziehen, wann immer es um das Lesen von Koordinaten geht.

- In welchem Quadrat muss ich nach der Französischen Straße suchen? (Stadtplan von Berlin)
- Such mir doch mal raus, wo wir im Urlaub auf Teneriffa hinwandern können. Am besten, du machst mir eine Liste mit den Koordinaten, die gebe ich gleich bei Google Earth ein.

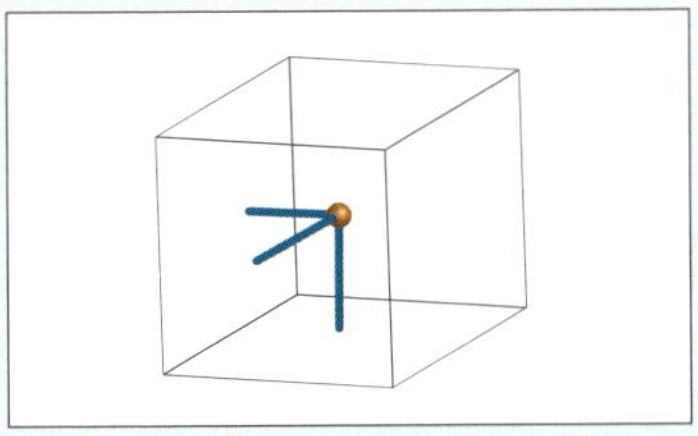

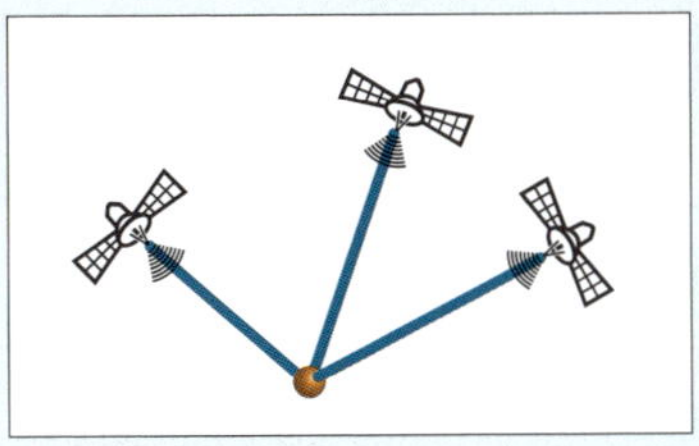

Im Zeitalter von GPS wird uns noch einmal bewusst, wie nützlich es ist, Orte mit Zahlen zu beschreiben: Wir brauchen nur zwei Zahlen und wissen, wo wir uns auf der Erdoberfläche befinden. Wir brauchen nur drei Zahlen und wir können sogar die Höhe angeben. Woher weiß unser GPS-Gerät das? Nun ja, es empfängt die drei Zahlen einfach von drei Satelliten, deren Position es kennt. Den Rest erledigt die Mathematik, nach der der im Gerät eingebaute Computer arbeitet.

Tipp für Zuhause

Gehören Sie schon zur Geocache-Gemeinde? Millionen von Menschen suchen inzwischen weltweit bei dieser globalen Schnitzeljagd nach kleinen Schätzen, sogenannten „Caches". Wo die liegen, entnimmt man dem Internet, ob am heimischen Computer oder mit dem Handy.

Und was findet man vor Ort? Lassen Sie sich überraschen! Vor allem werden Sie Orte entdecken, die Sie sonst nicht besucht hätten. Für viele Familien ist Geocachen zu einem neuen Anlass für Ausflüge und Wanderungen geworden und für Kinder ist es eine Gelegenheit, das Umgehen mit Koordinaten zu üben.

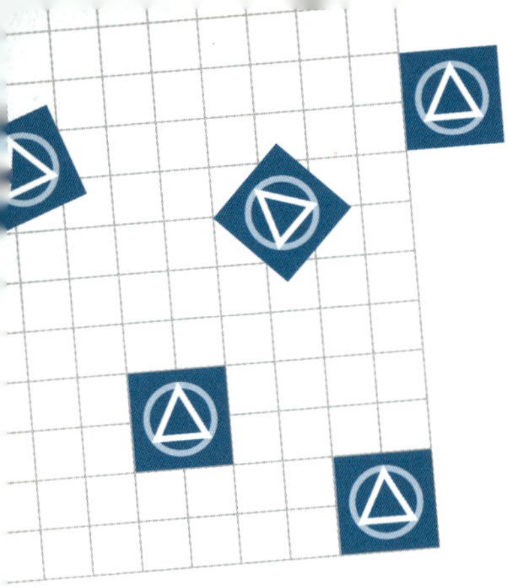

Was können Eltern noch tun?

Helfen Sie Ihrem Kind, mit offenen Augen durch die Welt zu gehen. Wenn junge Menschen die Erfahrungen aus dem Schulunterricht mit in ihr Leben nehmen sollen, brauchen sie eine Umgebung, die dies auch im Alltag fördert. Das ist bei der Geometrie zum Glück viel leichter als beispielsweise bei mathematischen Formeln.

So können Sie zusammen mit Ihrem Kind auf vielfältige Weise mit geometrischen Augen auf die Welt blicken. Insbesondere der Blick für Symmetrien und Formen kann im Alltag immer wieder aktiviert werden.

Tipp für Zuhause

Ein Gang durch die Stadt „mit der Geometriebrille“:

- Welche Teile von Häuserfassaden sind spiegelsymmetrisch? Welche nicht?
- Wo sind Spiegel- oder Drehsymmetrien in Plätzen, Straßen, Brunnen oder Skulpturen? Welche Formen tauchen auf?
- Wo ist unerwartet eine Symmetrie nicht eingehalten? Welche Form hätte dorthin gehört? Welche Gründe könnte das haben?
- Wo findet man eine ungewöhnliche Form? Wie heißt sie? Wo taucht sie noch auf?
- Wie viele verschiedene Drei- und Vierecke gibt es bei den Turmdächern in Ihrer Stadt? Gibt es noch mehr Möglichkeiten?

Heutzutage kann man die Suche daheim im Internet fortsetzen und so oftmals Antworten auf seine Fragen finden.

Wieso hat die Platte des Wiener Fernsehturms eine so seltsame Form? Norman Foster hat in Barcelona auch einen Funkturm gebaut, der diese Form verwendet.

Das **Basteln** und **Zeichnen** regt die Beschäftigung mit geometrischen Formen in allen Bereichen an: das Messen, die räumliche Vorstellung, das Verständnis für Formen usw. Die folgenden Anregungen ließen sich beliebig ergänzen.

Tipp für Zuhause

Sicher kennen Sie die japanische Papierfaltkunst Origami. Inzwischen gibt es viele Varianten, bei denen interessante mathematische Formen gefaltet werden.

Wer mit den gezeichneten Anleitungen nicht gut zurechtkommt, kann sich bei Youtube passende Filmchen anschauen.

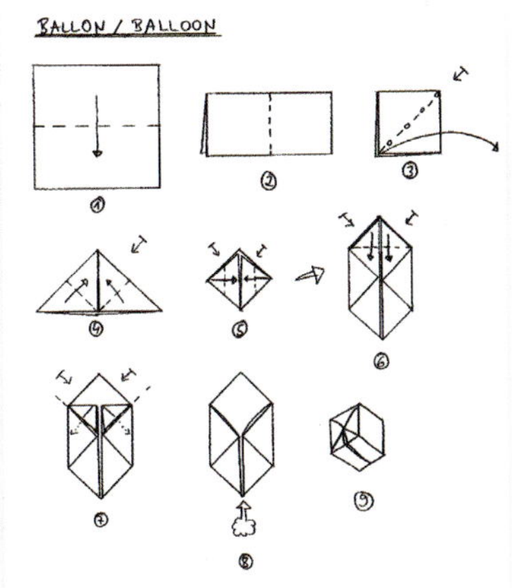

Auf Seite 21 haben Sie das Möbiusband kennengelernt. Nun haben Sie und Ihre Kinder die Gelegenheit, selbst ein solches Band herzustellen und damit zu experimentieren.

Tipp für Zuhause

So bastelt man ein Möbiusband: Einen Papierstreifen ausschneiden. Ein Ende einmal verdrehen und die Enden zusammenkleben. Fahren Sie mit einem Stift einmal entlang der Mitte, bis sie wieder am Ausgangspunkt ankommen. Sie sehen: Das Band hat nur eine Seite. Wenn Sie glauben, Sie haben das jetzt verstanden, probieren Sie etwas Neues:
Was passiert wenn man das Band entlang dieser Mittellinie aufschneidet? Erst nachdenken, dann ausprobieren.
Mit der nächsten Variante können Sie jeden Mathematiker überraschen: Kleben Sie zwei entgegengesetzt verdrehte Möbiusbänder senkrecht zusammen und schneiden Sie sie dann in der Mitte durch.

Nicht jeder bastelt gern mit Papier. Es gibt aber viele weitere Situationen, in denen man kreativ werden kann, beispielsweise mit dem Stift.

Tipp für Zuhause

Kinder lernen in der Schule, sorgfältig zu zeichnen. Meist bleibt im Mathematikunterricht aber nicht die Zeit, sich in kreative Eigenschöpfungen zu versenken. Die Abbildungen zeigen Beispiele dafür, was man durch den erfinderischen Umgang mit dem Zirkel herstellen kann.

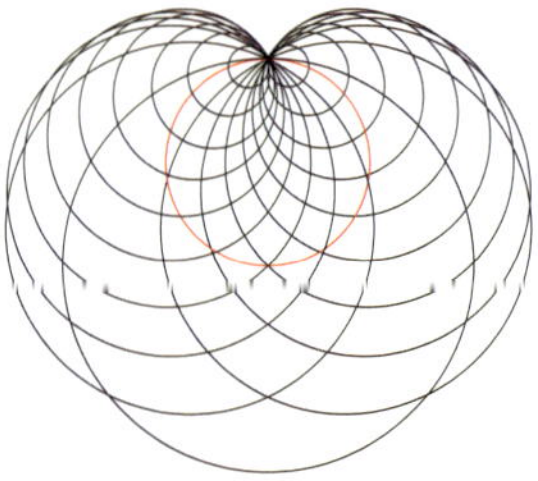

Die folgende Vorstellungs- und Zeichenübung (mit Dank an Berthold Mersch) macht vielen Kindern Spaß. Stellen Sie sich mit Ihrem Kind gemeinsam oder gegenseitig solche Aufgaben und vergleichen Sie die Ergebnisse.

Tipp für Zuhause

Zeichne zuerst einen Irrgarten auf Kästchenpapier (links).
Stelle dir dann vor, wie du zum Eingang hineinschaust (rechts).
Versuche am Beispiel herauszufinden, wie du von der Draufsicht zur Einsicht kommst. Ein Tipp: Achte besonders auf die markierten Linien.

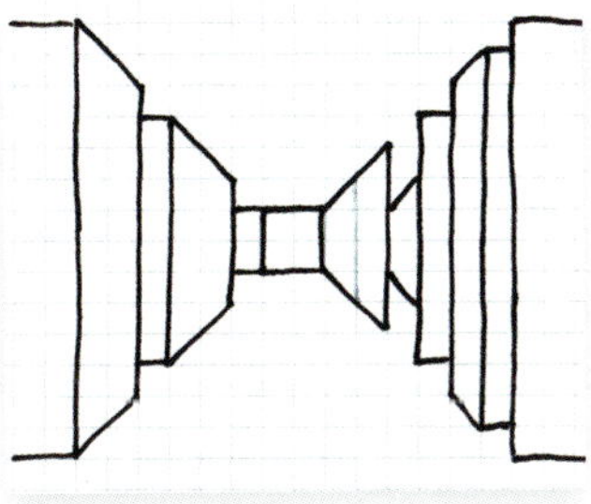

Es gibt auch viele Spiele, die das geometrische Vorstellungsvermögen herausfordern und fördern.

Tipp für Zuhause

Ein gruppendynamisches Spiel ist Ubongo, eine Mischung aus Tangram und dem Computerklassiker Tetris. Es müssen geometrische Formen nach bestimmten Regeln und im Wettbewerb passend zusammengelegt werden.

Tipp für Zuhause

Ein Klassiker ist wohl das schon 2500 Jahre alte chinesische Legespiel Tangram, bei dem aus sieben Grundformen ganz erstaunliche Figuren zusammengelegt werden können. Es gibt viele Varianten, wie z. B. das „Ei des Kolumbus", das schon 1882 erfunden wurde. Wer nicht in den Spielzeug- oder Bastlelladen laufen will, kann es auch online spielen, z. B. unter http://www.playit-online.de/denkspiele-onlinespiele/tangram/.

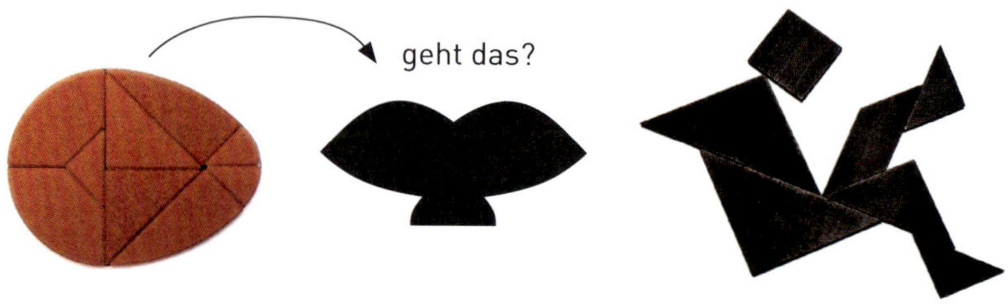

Heutzutage lockt auch der Computer zur Beschäftigung mit der Geometrie. Wenn Sie möchten, dass Ihr Kind gleichzeitig lernt, mit dem Computer umzugehen, ist dies eine fesselnde Beschäftigung:

Tipp für Zuhause

Bilder wie das nebenstehende kann man mit einem Grafikprogramm, aber auch mit den meisten Textverarbeitungsprogrammen herstellen:

- Ein Foto (selbst gemacht oder aus dem Netz) halbieren (senkrecht oder waagerecht).
- Die verbleibende Hälfte kopieren und die Kopie spiegeln.
- Die beiden Teile wieder zusammenflicken. Das passt immer – ganz ohne komplizierte Nachbearbeitung.

Die Herausforderung: Wer erzeugt das erstaunlichste Bild?

Eine wichtige Komponente des räumlichen Vorstellungsvermögens ist die Fähigkeit, Dinge „im Kopf zu drehen“. Dies wird heute in vielen Computeranwendungen benötigt. Auf spielerische Weise lässt sich diese Fähigkeit auch bei dreidimensionalen Knobelspielen trainieren.

Tipp für Zuhause

Bei der Smartphone-App Percepto muss man eine Spielfigur über verschiedene Ebenen zu einer Tür führen. Dabei kann man zwischen zwei- und dreidimensionaler Sicht hin- und herschalten. Das dreidimensionale Bild lässt sich frei drehen.

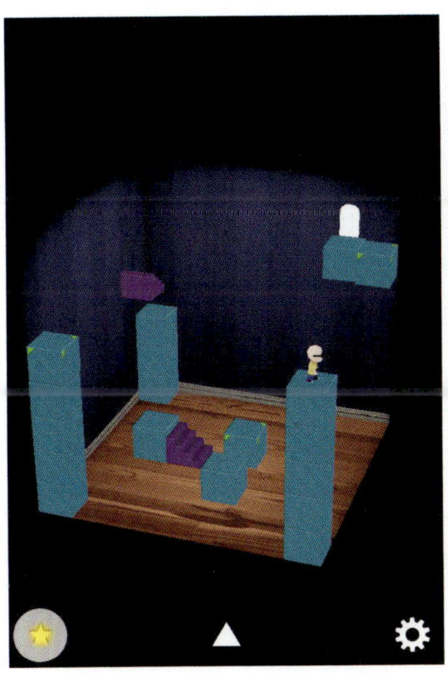

Kinder sind bei solchen Spielen immer viel leichter als bei „trockenen“ Schulbuchaufgaben zu motivieren, sich mit hoher Energie und Durchhaltevermögen mit dem Lösen geometrischer Probleme zu beschäftigen.

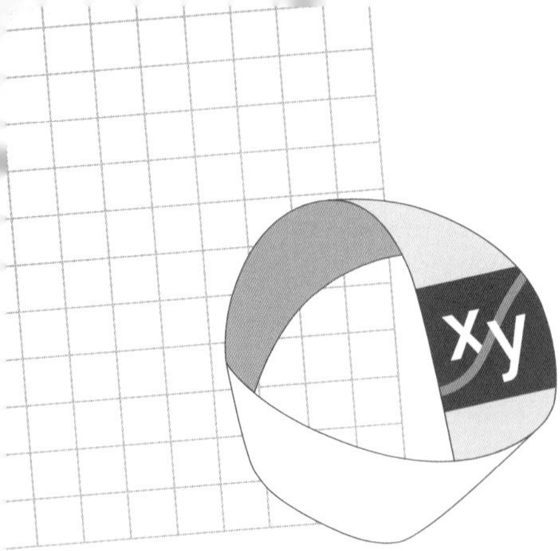

Abhängigkeiten verstehen

Wenn Zahlen in Bewegung geraten

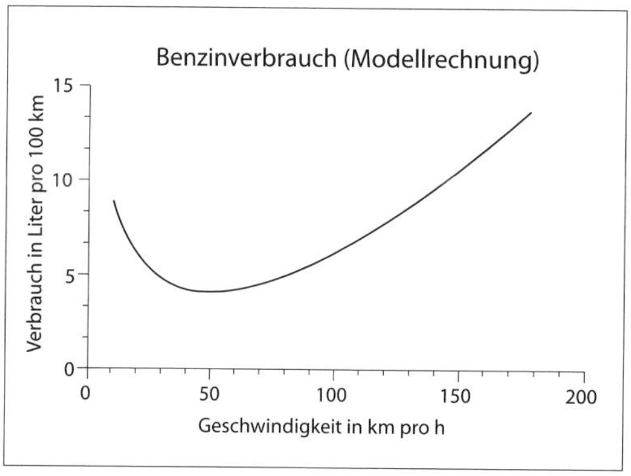

Wie viel Sprit verbraucht Ihr Auto? Im Durchschnitt 7 Liter? Diese Information reicht vielleicht für eine Kaufentscheidung, aber wie hoch ist der Verbrauch tatsächlich und wovon hängt er ab? Sicherlich von der Geschwindigkeit. Und was ist dann die optimale Geschwindigkeit? Solche Fragen kann man nicht mehr durch die Angabe von einzelnen Zahlen lösen. Hier, wie in vielen Situationen, muss man die „Zahlen in Bewegung" betrachten. Werte hängen dynamisch voneinander ab: Der Verbrauch hängt von der Geschwindigkeit ab (und um es noch komplizierter zu machen, auch vom eingelegten Gang). Wenn man solche Abhängigkeiten gut kennt, kann man viele Situationen besser verstehen und Probleme lösen – ob es um sparsames Fahren geht oder wie vor 500 Jahren bei Galileo Galilei um das Verständnis für die Gesetze des freien Falls.

Die Mathematik hat seit Galileis Zeit Werkzeuge entwickelt, mit denen sich solche Situationen beschreiben lassen: Funktionen und Variablen (auch „Veränderliche" oder „Unbekannte" genannt). Praktisch die gesamte Technik und alle Wissenschaften, die sich der Mathematik bedienen, nutzen diese Werkzeuge. Wenn Sie aus Ihrer Schulzeit nur noch behalten haben „Funktion ist was mit f" und „Variable ist was mit x", dann erinnern Sie sich nur noch an formale Schreibweisen, aber Sie können sicher sein, dass Sie weit mehr aus der Schule mitgenommen haben, als Sie ahnen.

Beginnend schon in der Grundschule lernen Schülerinnen und Schüler, mit Situationen umzugehen, in denen sich Zahlen verändern und voneinander abhängen. Ob Prozentrechnung, Dreisatz oder Wurfparabeln – hinter allem steckt ein **Denken in Abhängigkeiten**, das man als Eltern mindestens grundlegend verstehen sollte, um den tieferen Sinn der Unterrichtsinhalte zu erfassen.
Dieses „Denken in Abhängigkeiten" durchdringt unseren Alltag mehr als wir es merken. Ohne ein solches Denken stehen wir mitunter ziemlich hilflos dar. Die Beispiele sind unzählig: Bremswege in der Fahrschule, Darlehen bei der Bank, Energietarife, … Wann immer ein Wert von einem anderen abhängt, reicht es nicht aus, mit ein paar Zahlen zu hantieren, man muss gleich eine ganze Reihe von Zahlen und ihre Beziehung untereinander verstehen. Das nachfolgende Beispiel macht es erlebbar: Welcher Stromtarif ist am günstigsten? Probieren Sie, wie Sie es angehen würden. Was würde Ihr Kind tun? Zieht es die Mathematik heran, die es in Klasse 6, 8 oder 10 gelernt hat?

Tipp für Zuhause

Ein Stromanbieter hat gleich mehrere Tarife zur Auswahl. Aber wie soll man herausbekommen, welcher der beste ist? Sind wir schon Vielverbraucher? Oder eher eine sparsame Familie? Bei wie viel kWh ist welcher Tarif der beste? Und wenn man den „falschen" wählt, wie teuer kommt einen das?

Energie AktivPrivat
Strom nach Maß für Haushalte

Ideal für Wenigverbraucher
Die 1. Stufe ist mit einem besonders niedrigen Grundpreis von nur 5,43 €/Monat (brutto) für Kleinverbraucher wie z. B. Singles, die eher wenig Strom verbrauchen, am günstigsten.

Perfekt für Normalverbraucher
Die 2. Stufe bietet ein ausgewogenes Verhältnis zwischen einem niedrigen Grund- und Verbrauchspreis und ist für Familien interessant.

Optimal für Vielverbraucher
In der 3. Stufe profitieren Sie von einem günstigen Verbrauchspreis. Diese Stufe ist daher für Vielverbraucher von Vorteil.

Eintarifzähler	1. Stufe	2. Stufe	3. Stufe
Verbrauchspreis Cent/kWh **brutto** (netto)	**25,59** (19,45)	**23,53** (17,72)	**22,50** (16,86)
Grundpreis €/Monat **brutto** (netto)	**5,43** (4,56)	**7,49** (6,29)	**11,58** (9,73)

Mila – gerade in der sechsten Klasse – hat sich erst erkundigt, was eine Kilowattstunde ist. Ein Herd, der eine Stunde läuft, verbraucht z. B. 2 kWh, eine Glühbirne, die den Tag lang brennt, 1 kWh. Mila schätzt den Monatsverbrauch auf 100 kWh und rechnet.

1. Stufe: $5{,}42 + 0{,}2559 \cdot 100 = 31{,}02$
2. Stufe: $7{,}49 + 0{,}2353 \cdot 100 = 31{,}02$
3. Stufe: $11{,}58 + 0{,}2250 \cdot 100 = 34{,}08$

Mila: Stufe 1 und 2 sind fast gleich. Stufe 3 ist teurer! Warum gibt es dann drei Stufen?

◇	A	B	C	D
1		1. Stufe	2. Stufe	3. Stufe
2	0	5,43	7,49	11,58
3	50	18,23	19,26	22,83
4	100	31,02	31,02	34,08
5	150	43,82	42,79	45,33
6	200	56,61	54,55	56,58
7	250	69,41	66,32	67,83
8	300	82,20	78,08	79,08
9	350	95,00	89,85	90,33
10	400	107,79	101,61	101,58
11	450	120,59	113,38	112,83
12	500	133,38	125,14	124,08
13	550	146,18	136,91	135,33
14	600	158,97	148,67	146,58
15	650	171,77	160,44	157,83
16	700	184,56	172,20	169,08
17	750	197,36	183,97	180,33
18	800	210,15	195,73	191,58
19	850	222,95	207,50	202,83
20	900	235,74	219,26	214,08
21	950	248,54	231,03	225,33
22	1000	261,33	242,79	236,58
23	1050	274,13	254,56	247,83
24	1100	286,92	266,32	259,08

Michael (7. Klasse) hat gerade gelernt, eine Tabellenkalkulation zu bedienen. „Ok, der Grundpreis ist 5,43 €, das muss man immer zahlen, egal, wie viel man verbraucht. Und dann kommt noch der eigentliche Verbrauch obendrauf, also 0,2559 € mal die verbrauchten kWh. Er gibt 5,43 + 0,2559*A2 ein und kopiert das in die anderen Zellen von Spalte B. Für die 2. und 3. Stufe gibt er entsprechende Rechenvorschriften ein. Jetzt kann er die Tarife auch für andere Werte als 100 kWh vergleichen.

Michael: Unter 100 kWh ist Stufe 1 günstiger, danach Stufe 2. Und ab 400 kWh lohnt sich Stufe 3.

Pia weiß, wie man das vom Computer auch als Bild zeichnen lassen kann.

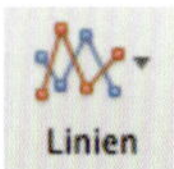

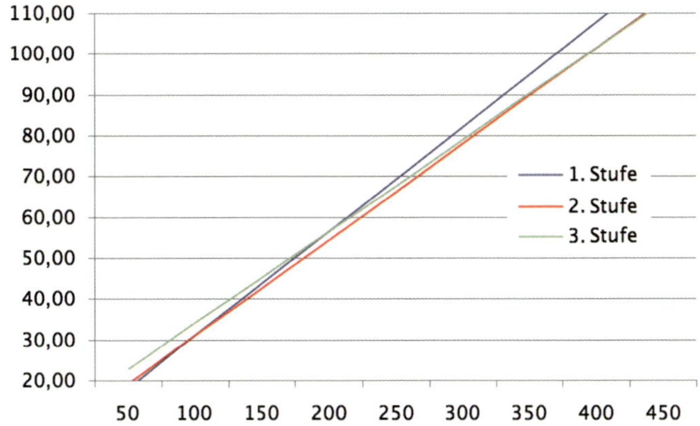

Pia: Wenn man genau hinschaut, sieht man, wie die 2. Stufe die 3. überholt.

Julia (9. Klasse) kann sogar genau ausrechnen, wann die 2. Stufe teurer als die 3. Stufe wird.

Julia: Am Schnittpunkt müssen die Werte ja gleich sein, also setze ich die Formeln gleich und schaue, was für x herauskommt. Dann weiß ich, ab wie viel kWh Stufe 3 günstiger ist.

$$7{,}49 + 0{,}2353 \cdot x = 11{,}58 + 0{,}2250 \cdot x$$
$$0{,}0103\, x = 4{,}09$$
$$x = \ldots$$

Mila hat Einzelwerte berechnet, sie hat die Abhängigkeit des Preises von der Menge und vom Tarif verstanden. Aber sie hat noch nicht den sogenannten **„funktionalen Zusammenhang"**, also die Abhängigkeit in ihrer Gesamtheit, gesehen. Michael und Pia erfassen die Gesamtsituation zahlenmäßig (als **Tabelle**) oder graphisch (als Diagramm oder **Graph**). Julia schließlich verwendet **Variablen** und **Gleichungen** und löst das Problem elegant. Die Lösungswege der Jugendlichen zeigen, welche nützlichen Werkzeuge die Mathematik bereithält.

Was sollte jeder wissen und können?

- *... sinnvoll und geschickt hoch- und runterrechnen*
- *... Abhängigkeiten in Tabellen, Graphen und Formeln erfassen und verstehen*
- *... Situationen mit verschiedenen Typen von Funktionen beschreiben*
- *... mit Variablen und Termen umgehen*
- *... Probleme lösen: Werte vorhersagen, Zwischenwerte bestimmen, optimale Werte finden usw.*

◯ *... sinnvoll und geschickt hoch- und runterrechnen*

Schon in der Grundschule lernen Kinder mit Situationen umzugehen, in denen sich Zahlen systematisch verändern. Die Frage „Wie geht es weiter?“ stellt sich in Aufgaben immer wieder. Dann müssen Muster erkannt und sinnvoll fortgeführt werden.

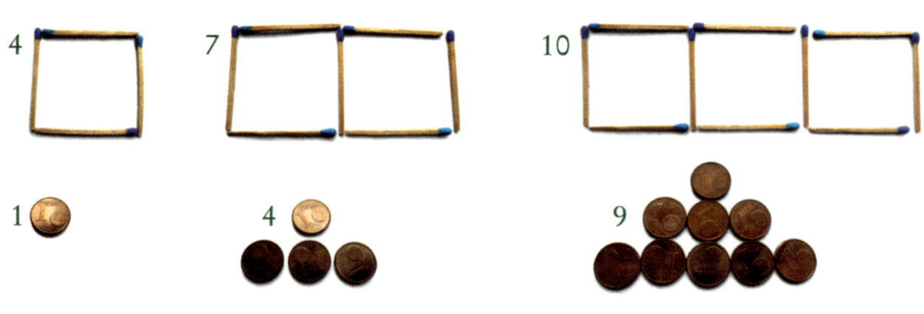

Wie ist das Muster aufgebaut? Wie geht es weiter?
Welche Zahlen kommen im zehnten Bild?
Kommt irgendwann auch die Zahl 100? In welchem Bild?

Auf die Fähigkeit, Muster zu erkennen und so von gegebenen auf unbekannte Werte zu schließen, baut die weiterführende Schule auf. Schülerinnen und Schüler lernen, Situationen wie die Folgende zu bewältigen: Die Nachbarn von Michaels Familie erzählen begeistert von einem tollen Hotel am Strand. Sie haben dort für drei Übernachtungen 135 € bezahlt. Michaels Eltern überlegen jetzt, ob sie in den Sommerferien für 12 Tage dorthin fahren können. Was wird das kosten?

Auch bei solchen Sachverhalten kann man ein spezielles Muster erkennen. Jedes Mal gibt es so etwas wie eine „Portion", nämlich den Tagespreis, deshalb spricht man mathematisch auch von „Proportionalität". Viele Erwachsene kennen solche Situationen noch aus der Schule und verbinden ein Verfahren damit, das gemeinhin als Dreisatz bekannt ist.

Frage: Wie viel müsste Michaels Familie für 12 Tage bezahlen?

Rechnung: 3 Tage kosten 135 €
1 Tag kostet 45 €
12 Tage kosten 540 €

Antwort: Michaels Familie müsste 540 € bezahlen.

Wer allerdings mit seinen Kindern stur den Dreisatz nach diesem festen Schema übt, tut ihnen keinen Gefallen. Im schlimmsten Fall lernen sie das Verfahren für die Klassenarbeit auswendig und vergessen es dann schnell wieder. Im späteren Leben greifen sie dann wohl eher nicht zu Stift und Papier und lösen einen Dreisatz, wenn es nützlich wäre. Die Frage nach den 12 Tagen hätte man auch ohne so umständliche Rechnungen wie $135 : 3 = 45$ und $45 \cdot 12 = 540$ berechnen können. Geschickter wäre es gewesen, den Preis für 3 Tage einfach zu vervierfachen.

Viel wichtiger als das „proportionale Rechnen" ist also das „proportionale Denken", d. h. das flexible Rechnen und das Verständnis für solche proportionalen Situationen. Schülerinnen und Schüler lernen im heutigen Unterricht eher dies – denn nur so werden Fähigkeiten erworben, die man auch im Alltag einsetzen kann.

Wie kann ich fehlende Werte geschickt ausrechnen, auch ohne umständlich auf 1 zurückzurechnen? Wie kann ich im Kopf hoch- und runterrechnen auch mal nur überschlagsweise? Wie erkenne ich, ob man überhaupt so rechnen darf?

In heutigen Schulbüchern sieht der Dreisatz also eher so aus:

Tage	Kosten
1	
2	
3	
5	
10	360 €
12	

(: 2 — von 10 zu 5, auf beiden Seiten)

Direkt runterrechnen

Tage	Kosten
1	
2	72 €
3	
5	
10	360 €
12	

(+ — 2 und 10 zusammen ergeben 12, auf beiden Seiten)

Zusammenrechnen

Tage	Kosten
1	
2	72 €
3	
5	
10	

Rechnen mit einem Zwischenschritt

· 36 (von Tage zu Kosten)

Tage	Kosten
1	
2	72 €
3	
5	
10	

Rechnen mit einem festen Faktor

Tipp für Zuhause

Es gibt viele Situationen, in denen man hoch- und runterrechnen kann. Meist geht es im Alltag dabei um Preise. Halten Sie sich und Ihr Kind fit, indem Sie in solchen Situationen immer mal wieder fragen: „Wie viel würde(n) soundsoviel(e) kosten?" oder „Wie viel bekomme ich für soundsoviel?"
Hier einige Beispielsituationen:

- Reicht einmal Volltanken für 650 km?
- Wie viel teurer ist es, wenn ich statt einer 3-kg-Dose lieber 750-g-Dosen kaufe?
- Wie viele Äpfel würde ich für 10 € bekommen?
- Wie viele Schweizer Franken bekomme ich für 10 €?

◯ ... *Abhängigkeiten in Tabellen, Graphen und Formeln erfassen und verstehen*

Im einführenden Beispiel (Tarifvergleich beim Stromanbieter) haben Sie gesehen, dass es unterschiedliche Darstellungen von Abhängigkeiten gibt. Dieselbe Abhängigkeit (in der Mathematik spricht man auch von Funktion) kann auf verschiedene Weise daherkommen, sozusagen jedesmal mit einem anderen „Gesicht“:

- In einer **Tabelle** kann man konkrete Zahlenwerte erkennen, aber nicht unbedingt Zwischenwerte.
- In einem **Graphen** bekommt man einen Überblick über den Verlauf, z. B. ob die Werte immer stärker ansteigen. Man kann alle Werte ablesen, aber nicht unbedingt ganz genau.
- Mit einer **Formel** (in der Schule und in der Mathematik nennt man das meistens „**Term**“) kann man alle Werte genau ausrechnen, kann aber den Verlauf weniger gut beurteilen.

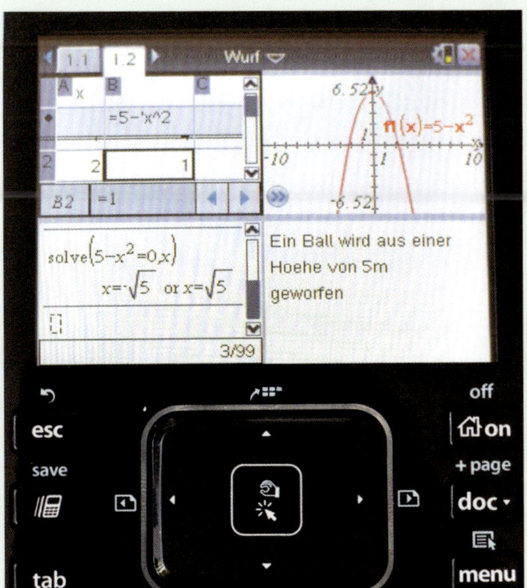

Schülerinnen und Schüler lernen in der Sekundarstufe I nach und nach diese Darstellungen immer flexibler und effektiver einzusetzen und zwischen ihnen passend hin- und herzuwechseln. Heutzutage gibt es sogar Taschenrechner, die diese Darstellungen alle beherrschen und mit denen die Schülerinnen und Schüler sich viel eher an konkrete, interessante Probleme heranwagen können, als das früher möglich war.

Das Lesen von Tabellen, Graphen und Termen und das Arbeiten mit diesen Darstellungen braucht allerdings eine Reihe von Fähigkeiten, die sich Lernende Jahr um Jahr aneignen. Besonders wichtig ist dabei, dass sie immer wieder versuchen, die Eigenschaften und die Bedeutung einer Funktion zu verstehen, egal, in welcher Form sie daherkommt.

○ *... mit Variablen und Termen umgehen*

Eine besondere Herausforderung für Schüler und ihre Eltern stellt die Darstellung von Funktionen mithilfe von mathematischer Formelsprache dar. Viele Menschen, die gebeten werden, sich an ihren Mathematikunterricht zu erinnern, nennen dies: „Da war etwas mit $f(x)$." Natürlich kann man nicht erwarten, dass bei denjenigen, die nie wieder etwas damit zu tun hatten, solide Kenntnisse bleiben. Dennoch bleibt die Ahnung, dass Variablen („x") und Funktionen („f") eine wichtige Rolle spielen. Hinter Symbolen wie „$f(x)$" steht eine fundamentale Erfindung der Mathematik, die es möglich macht, systematisch mit Veränderungen und Abhängigkeiten umzugehen.

„Variable" bedeutet wörtlich „Veränderliche". Ein „x" stellt also eine Zahl dar, die „in Bewegung geraten ist". Man darf sich vorstellen, dass x der Reihe nach alle möglichen Zahlenwerte annimmt, ohne dass es sich auf einen Wert festlegen ließe. Gern spricht man daher auch von der „Unbekannten". Die wohl wichtigste Feststellung, die vielleicht die Angst vor „Mr. X, dem großen Unbekannten" nehmen kann, lautet: Die meisten Formeln haben eine Bedeutung! Jeder Term steht zunächst für etwas, für eine Situation oder einen Zusammenhang, den man erklären und beschreiben kann. Im 16. und 17. Jahrhundert, als die mathematische Formelsprache erfunden wurde, bemühte man sich, jede Formel in Zusammenhang mit einer passenden Situation oder Darstellung zu sehen. Und wenn man sich zu einer Formel die konkrete Bedeutung im Wortsinne „vor Augen" führt, verliert sie oft ihre Bedrohlichkeit.

$$F = \frac{1}{2} g \cdot h$$

$$a^2 = b^2 + c^2$$

$$V = a \cdot b \cdot c$$

Die „binomische Formel" lautet: $(a+b)^2 = a^2 + 2ab + b^2$.

„$2ab$" in dieser Formel bedeutet „2 mal a mal b" – Mathematiker kürzen gern ab. Man kann sich diesen Zusammenhang veranschaulichen, indem man an eine Flächenberechnung denkt. Die Fläche des Quadrates im nebenstehenden Bild kann einerseits bestimmt werden indem man die Gesamtfläche berechnet, also $(a+b)$ mal $(a+b)$ oder kurz: $(a+b)^2$. Man kann aber auch die einzelnen Flächen bestimmen, also das gelbe Quadrat a^2, die beiden grünen Rechtecke $2 \cdot a \cdot b$ und schließlich das blaue Quadrat b^2. Wenn man die einzelnen Flächen addiert, ergibt das wieder die Gesamtfläche.

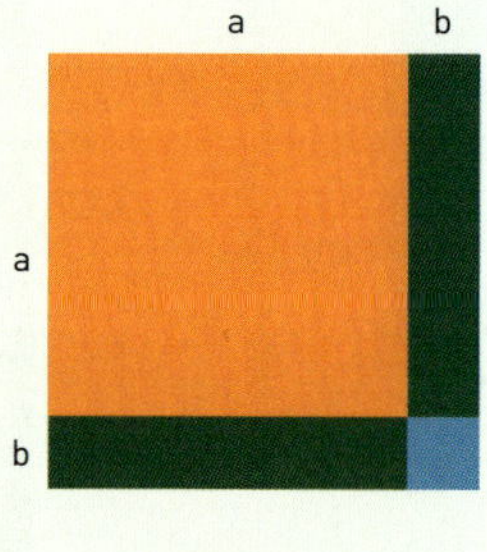

Setzt man konkrete Zahlen ein, bedeutet das z. B.:

$(10 + 2)^2 = 10^2 + 2 \cdot 2 \cdot 10 + 2^2 = 100 + 40 + 4.$

Rechnen Sie ruhig nach, ob es stimmt! Als Bild kann man es sich wie nebenstehend vorstellen.

Die „lineare Funktion“
$y = 7{,}49 + 0{,}2353 \cdot x$
soll die Kosten für einen Vertrag mit dem Stromanbieter beschreiben. Dabei stellt x die verbrauchten kWh dar, die schwanken können. y steht für den dafür zu zahlenden Preis. Für einen Verbrauch von 100 kWh bedeutet das z. B. 7,49 € Grundgebühr + 0,2353 € pro kWh · 100 kWh = 31,02 €. Das heißt, es sind 31,02 € zu zahlen.

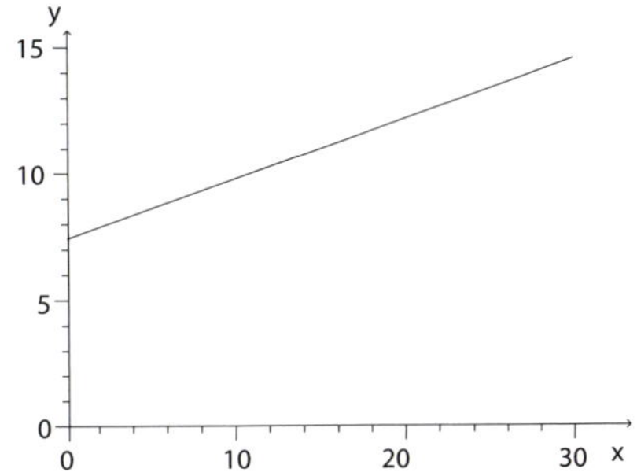

Dass Variablen für etwas stehen und dass Terme allgemeine Beziehungen zwischen den Variablen ausdrücken, gerät allerdings manchmal in Vergessenheit. Das geschieht vor allem dann, wenn das Rechnen mit Formeln (das „Termumformen“ und „Gleichungsumformen“) intensiv und auch ohne Zusammenhang mit konkreten Problemen geübt wird. Dass das funktioniert und dass abstrakte Umformungen zu gültigen Aussagen und nützlichen Ergebnissen führen, ist gerade eine Stärke der Mathematik. Für den Lernenden ist es jedoch eine große Herausforderung, den Sinn hinter den Formeln nicht aus den Augen zu verlieren.

Tipp für Zuhause

Versteht man eine Formel nicht, kann es einem helfen, wenn man nach der Bedeutung fragt oder konkrete Zahlen einsetzt:

(1) Was bedeuten die Variablen, was bedeutet die Formel?
(2) Wie sieht die Formel aus, wenn man anstelle der Variablen „feste“ Werte aufschreibt, also Zahlen einsetzt?

Für die lineare Funktion oben würde man bei (1) beispielsweise überlegen, woher die Formel kommt (Strompreisberechung), was die verwendeten Werte bedeuten (7,49 € ist der Grundpreis, 0,2353 € pro kWh ist der Verbrauchspreis) und wofür die Variablen stehen (x ist der Verbrauch, y der Preis).
Die binomische Formel wird anschaulicher und verständlicher, wenn man – wie bei (2) vorgeschlagen – verschiedene Werte für die Variablen einsetzt und das ganze ausrechnet.

◯ … *Probleme lösen: Werte vorhersagen, Zwischenwerte bestimmen, optimale Werte finden usw.*

All dieses Arbeiten mit Tabellen, Graphen und Termen in der Schule dient letztlich nur dem einen Zweck: Schülerinnen und Schüler in die Lage zu versetzen, bestimmte Arten von immer wiederkehrenden Problemen zu lösen. Welcher Art diese Probleme sind, soll am Beispiel des Benzinverbrauchs klar werden, das zu Beginn dieses Kapitels bereits angedeutet wurde. In der Abbildung sind nun die Kurven eingezeichnet, die sich bei unterschiedlich eingelegtem Gang ergeben.

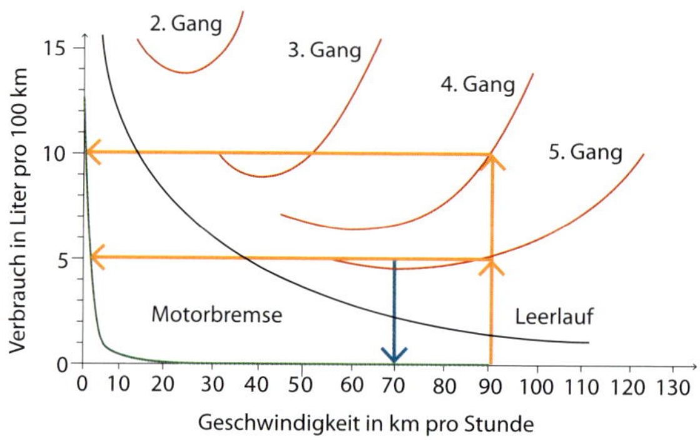

Man kann dazu folgende Fragen stellen:
Welchen Benzinverbrauch hat man mit einer Geschwindigkeit von 90 km/h? Ist der Zusammenhang z. B. anhand der Grafik bekannt, kann man die Antwort ablesen: Man sucht auf der waagerechten Achse (auch x-Achse genannt) die 90 km/h, geht von dort senkrecht nach oben bis zur Kurve (dem Graphen), und schaut dann auf der senkrechten Achse nach, auf welcher Höhe sich dieser Punkt befindet. Im 5. Gang verbraucht man 5 Liter, im 4. Gang sind es sogar 10 Liter. Zeit hochzuschalten!
Bei welcher Geschwindigkeit ist der Verbrauch am geringsten? Wieder kann man aus dem Zusammenhang im Graphen die Antwort finden: Bei 70 km/h im 5. Gang.

Die Fragen hätten auch beantwortet werden können, wenn der Zusammenhang in einer Tabelle vorläge. Möglicherweise findet man auch eine Formel für den Verbrauch, mit der man solche Probleme rein rechnerisch lösen kann. Dann könnte damit auch ein Bordcomputer programmiert werden, um immer die optimale Geschwindigkeit zu finden und dem Fahrer mitzuteilen.

○ *... Situationen mit verschiedenen Typen von Funktionen beschreiben*

Im Mathematikunterricht lernen die Schülerinnen und Schüler über die Jahre immer mehr Typen von Zusammenhängen kennen, mit denen sie immer mehr Situationen erfassen und immer mehr Probleme lösen können. Den einfachsten Typ haben sie bereits erfasst, wenn sie in bestimmten Situationen „proportional denken". Dann können sie viele Probleme durch Hoch- und Runterrechnen lösen. Aber schon bei den Stromtarifen ist das nicht mehr so einfach. Die Strategie „Wenn sich die Menge verdoppelt, verdoppelt sich auch der Preis" funktioniert hier nicht mehr, weil es einen Grundpreis gibt. Trotzdem gibt es auch hier wieder Wege „hochzurechnen". Diesen Typ von Zusammenhang nennt man dann „lineare Funktion". Und so kommen Schuljahr für Schuljahr neue Typen von Funktionen hinzu: Die Flugbahn von geworfenen Gegenständen nennt man Parabeln und man beschreibt sie durch sogenannte quadratische Funktionen. Das Wachstum von Kapital bei Anlage mit Zinseszins wird beschrieben durch Exponentialfunktionen.

	1.Stufe
0	5,43
50	18,23
100	31,02
150	43,82
200	56,61
250	69,41
300	82,20
350	95,00
400	107,79
450	120,59

+100 +25,59

Bei der Arbeit mit all diesen Typen von Funktionen, die ihre eigenen Gesetzmäßigkeiten, Formeln und graphischen Verläufe haben, fühlen sich Eltern in der Regel nicht mehr „fit", denn solche Darstellungen verwendet man nicht mehr in allen Berufsgruppen und auch nicht im Alltag. Wenn Sie dennoch mit Ihrem Kind zusammen verstehen wollen, worum es gerade geht, dann sollten Sie sich nicht nur erklären lassen, „wie man etwas rechnet", sondern auch „was es bedeutet". Gute Fragen sind dabei:

- Kannst du mir mal ein Zahlenbeispiel geben? Was bedeuten die einzelnen Zahlen und Variablen?
- Kannst du mir das auch als Tabelle mit konkreten Zahlen aufschreiben?
- Kannst du das auch graphisch darstellen?

Was können Eltern noch tun?

In diesem Kapitel haben Sie gesehen, dass es viele alltägliche Situationen gibt, bei denen Mengen und Preise voneinander abhängen. Dabei sind nicht (wie im Schulbuch) immer alle nötigen Werte verfügbar, sondern manches muss erst erfragt, recherchiert oder geschätzt werden. An konkreten Beispielen wollen wir Sie für solche Situationen sensibilisieren, damit Sie Ihre Kinder gelegentlich zum Kopfrechnen anregen können:

Tipp für Zuhause

„Kannst du mir mal eben sagen, wie viel …?“

Bekannt ist ein Preis für eine bestimmte Menge, gesucht ist eine andere Menge oder ein anderer Preis. Die Beispiele zeigen, dass oft gar nicht genau gerechnet werden muss.

- Letzte Woche habe ich etwa 20 Liter für 33 € getankt.
  Wie viel würde denn einmal Volltanken kosten?
- Wir fahren im Monat ungefähr 600 km mit dem Auto, der Wagen verbraucht 7 Liter auf 100 km. Wie viel Geld kostet uns der Sprit im Monat?
- Kannst du dir die Benzinkosten für ein Mofa leisten?
- Im Urlaub: Das kostet hier in Amerika 120 $, soll ich das hier kaufen?
  Der Dollarkurs war gestern noch 1,27 €.

„Kannst du mir mal eben sagen, ob …?“

- Ob es ein Unterschied ist, eine kleine oder große Portion Popcorn zu kaufen? Die kleine kostet 4 €, die große 6 €, dafür ist aber auch mehr drin.
- Ob sich eine Familienpackung lohnt?
  Die 250-g-Packung Müsli kostet 2,69 €.
  Die große beinhaltet 400 g.

Tipp für Zuhause

In fast jeder Ausgabe der Tageszeitung findet man Grafiken, die bestimmte Abhängigkeiten darstellen. Oft liest man sie sehr oberflächlich und entnimmt ihnen nur wenig Informationen: Monitore sind billiger geworden, Strom teurer ... Auf den zweiten Blick wird es aber schon undurchsichtiger: Wie groß und wie bedeutsam sind die Veränderungen? Suchen Sie die Diskussion mit Ihrem Kind: Was haben die Zahlen zu bedeuten?

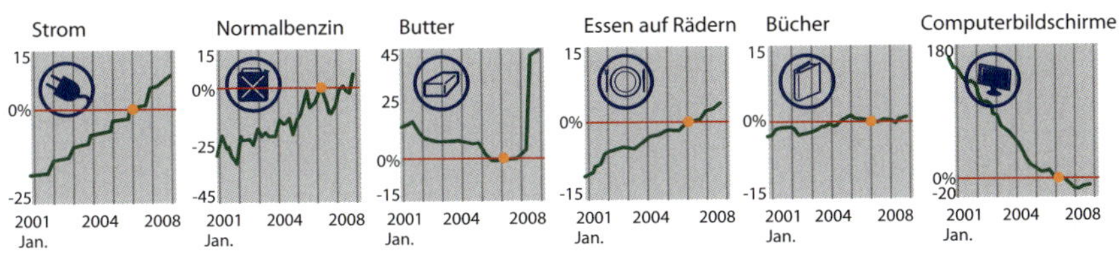

Tipp für Zuhause

Wenn Sie mit Ihrem Kind über Graphen ins Gespräch kommen wollen – dies ist eine bewährte Aufgabe, die die Diskussion anheizt. Das Schöne: Es lassen sich Gründe für jede der Lösungen anführen. Was „richtig" ist, hängt auch von der Argumentation und Überzeugungskraft der Beteiligten ab.

Welcher Sport ist das? Welcher Sport liefert einen Graphen wie diesen hier?
Wähle diejenige Antwort aus der folgenden Liste, die am besten passt:

- Angeln
- Stabhochsprung
- 100-m-Lauf
- Fallschirmspringen
- Golf
- Bogenschießen
- Speerwerfen
- Hochsprung
- Turmspringen
- Billard
- Drag Racing (Auto-Beschleunigungsrennen)
- Wasserski

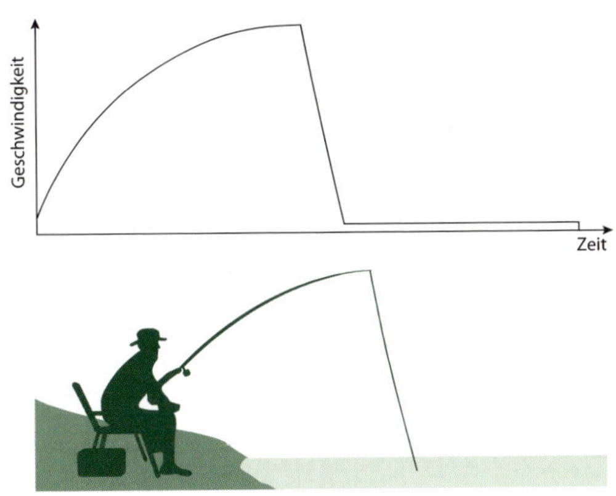

Erläutere ausführlich deine Wahl:

- Wie und warum erfüllt die von dir ausgewählte Sportart den charakteristischen Verlauf des Graphen?
- Warum passt jede der anderen Sportarten nicht (oder nicht so gut)?

Daten verstehen

Mit Durchblick durch den Zahlendschungel

„Traue keiner Statistik, die Du nicht selber gefälscht hast." Ob Winston Churchill das nun tatsächlich gesagt hat oder ihm das nur aus Propagandagründen untergeschoben wurde – dieser Ausspruch beschreibt vielleicht am besten das etwas zwiespältige Verhältnis, das wir gegenüber Statistik haben. Wenn wir „Statistik" hören, denken wir hauptsächlich an Grafiken oder Zahlen aus der Zeitung. Und meistens sind wir unschlüssig, welches Gefühl überwiegt: Wurden wir durch harte Fakten aufgeklärt oder durch geschickte Darstellungen hinters Licht geführt?

Welchen MP3-Player soll ich mir kaufen? Kann mir die Statistik im Internetshop helfen?

Statistik ist aber weit mehr: Sie ist ein eigener Zweig der Mathematik, der an Universitäten gelehrt und beforscht wird und sich mit der Frage befasst, wie man Daten so sammelt und verarbeitet, dass man anschließend brauchbare Informationen erhält. Deswegen ist Statistik auch das wichtigste Werkzeug für Naturwissenschaftler, Mediziner und Psychologen, um ihre Experimente auswerten und so das wissenschaftliche Wissen erweitern zu können.

Kinder beginnen meist schon in der Grundschule zu lernen, wie man sich im Wust der Daten einen Überblick verschafft. Wenn sie mit zunehmendem Alter auch aufgrund von Daten Entscheidungen treffen wollen, müssen sie wissen, was hinter einer statistischen Grafik oder einer Angabe „im Durchschnitt" steckt.

Sie lernen auch, kritisch mit statistischen Aussagen umzugehen: Was bedeutet es, wenn die Mehrheit der Kunden mit der Zahncreme zufrieden ist?

Die wohl gebräuchlichste Form, in denen uns Statistik begegnet, ist die Angabe von Daten und Zahlen in Texten und Grafiken. Zu Anfang ein Beispiel aus einer Broschüre des Presse- und Informationsamtes der Bundesregierung.

Tipp für Zuhause

Die Botschaft ist klar: Die Bundesregierung tut was für Familien. Diskutieren Sie das Bild in der Familie. Stimmt hier etwas nicht?

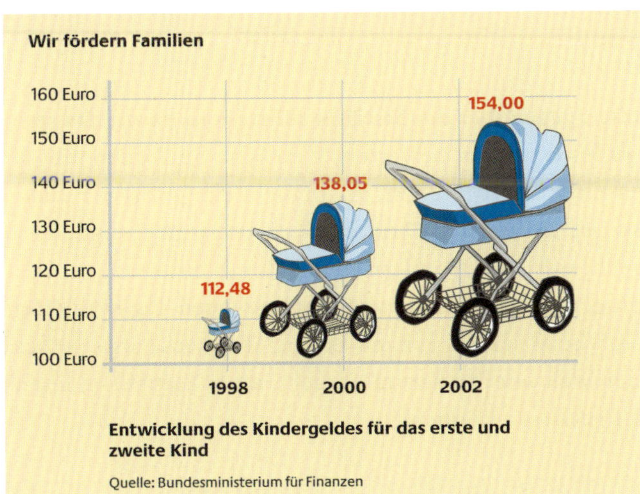

In diesem Kapitel erfahren Sie, wie Kinder in der Schule lernen, mit Statistiken angemessen umzugehen, und welche vielfältigen Chancen Sie als Eltern haben, sie im Alltag dabei anzuregen, ihr Schulwissen anzuwenden und weiter zu entwickeln.

Was sollte jeder wissen und können?

- *... Diagramme verstehen*
- *... Daten erheben*
- *... Diagramme erstellen*
- *... mit Daten rechnen*

Die Voreingenommenheit gegenüber der Statistik rührt wohl daher, dass es nicht leicht ist, Statistiken zu lesen und zu bewerten. Wer sich von Zahlen und Grafiken nicht blenden oder täuschen lassen will, der braucht ein gewisses Fachwissen darüber, was beispielsweise „Mittelwerte" oder „Wachstumsraten" sind, der muss Daten und Grafiken nicht nur lesen, sondern auch kritisch hinterfragen. Und das wird zunehmend wichtiger. Es heißt: Jeder von uns liest jeden Tag in der Zeitung mehr Statistiken als Goethe in seinem ganzen Leben. Wer heute also mitbekommen möchte, was in der Welt um ihn herum vorgeht, muss Statistiken lesen und gelegentlich auch selbst verfassen können.

Tipp für Zuhause

Machen Sie ein Experiment – vielleicht zusammen mit Ihrem Kind. Schauen Sie an einem beliebigen Tag in die Zeitung und suchen Sie nach Informationen, die durch das Auswerten und Zusammenfassen von Daten zustande gekommen sind, ob nun in Form von Zahlen in einem Bericht, als Tabelle oder als Grafik:

- Was muss ich über diese Zahlen wissen, damit ich die Aussage verstehe?
- Wie sind die Werte überhaupt zustande gekommen?

○ ... *Diagramme verstehen*

Auf Seite 77 haben Sie eine Grafik aus einer Broschüre des Bundespresseamtes gesehen. Was ist Ihnen aufgefallen?

Schauen Sie entlang der **waagerechten Achse** (1998, 2000, 2002). Hier scheint alles in Ordnung zu sein. Aber wieso fängt die Grafik erst bei 1998 an? Wie sah es vorher aus? Etwa wie links dargestellt?

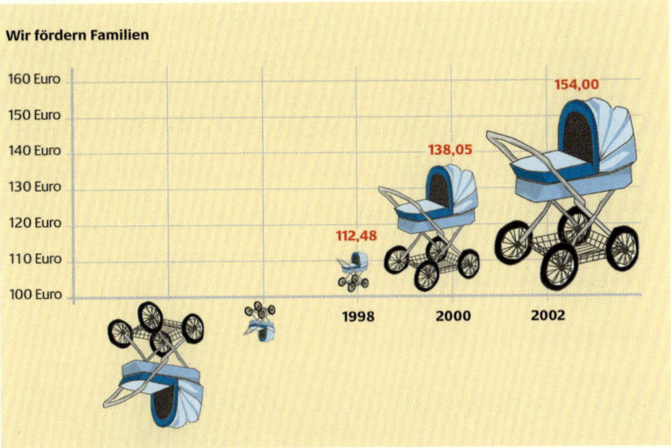

Es lohnt sich auch, auf die **senkrechte Achse** (100 € bis 160 €) zu schauen: Warum fängt die Achse erst bei 100 € an? Wie sähe denn die Grafik aus, wenn sie bei 0 € beginnen würde?

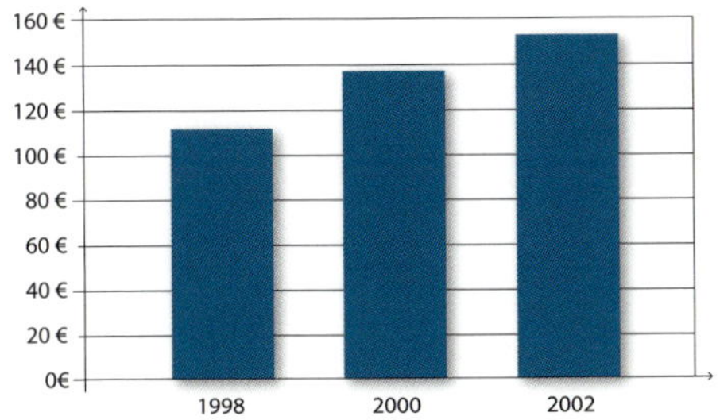

Immerhin noch ein schönes Wachstum, wenn auch nicht mehr so drastisch. In der Originalgrafik sieht es so aus, als habe der dritte Kinderwagen die Höhe von 54 €, während der erste nur 12 € hoch war. Der dritte Kinderwagen ist also mehr als viermal so hoch wie der erste. Oder anders gesagt: Es scheint, als wäre noch dreimal so viel (oder 300 %) hinzugekommen, während doch von 112 € bis 154 € nur eine Zunahme um etwa 40 % gegeben ist (immerhin!).

Nun kommt einen neuer Verdacht auf: Haben die Figuren nicht nur verschönernden Charakter, sondern noch eine andere Funktion? Der dritte Kinderwagen sieht doch nicht nur viermal so groß aus, es scheint, als würden mindestens 20 der kleinen Kinderwagen hineinpassen oder mehr. Was ist passiert? Die Größe der Kinderwagen wurde ursprünglich mit Hilfe der Höhe bestimmt. In unserer Wahrnehmung verstehen wir den Kinderwagen aber als räumliches Objekt und da erscheint der Unterschied wesentlich größer. Am besten versteht man das, wenn man vereinfacht und statt des Kinderwagens an einen Würfel denkt. Dann passen $4 \cdot 4 \cdot 4 = 64$ kleine Würfel in den großen hinein, also eine Steigerung auf das 64-Fache, das sind mehr als 6000 % Steigerung.

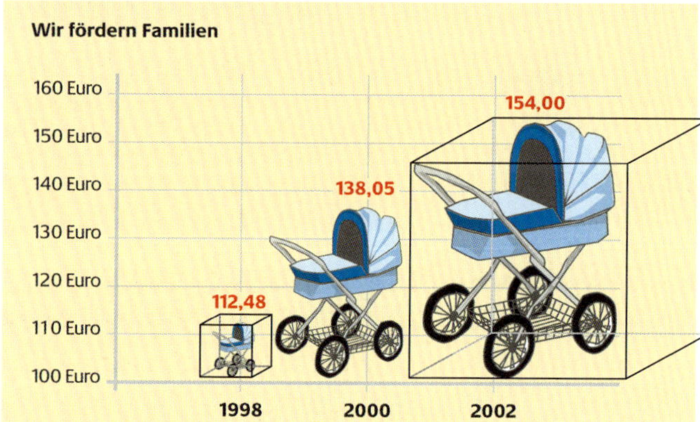

Entwicklung des Kindergeldes für das erste und zweite Kind

Quelle: Bundesministerium für Finanzen

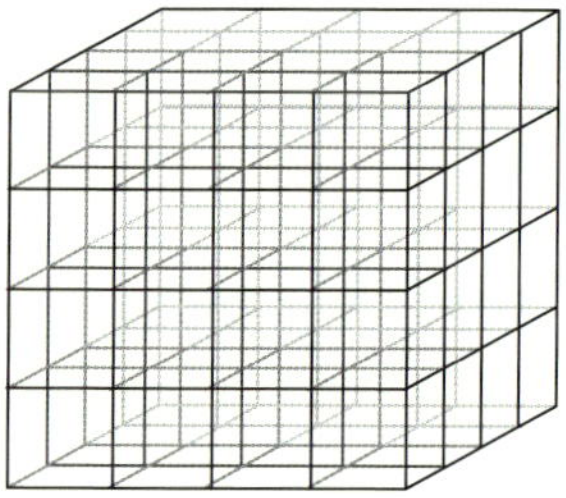

○ *… Diagramme erstellen*

Um Diagramme zu verstehen und Manipulationen in der Darstellung zu durchschauen, ist es hilfreich, auch selbst Diagramme zu erstellen.

Tipp für Zuhause

Lassen Sie Ihr Kind vor der nächsten Taschengelderhöhung eine Grafik anfertigen, die seine Forderungen unterstützt. Es kann dafür auch ein Tabellenkalkulationsprogramm benutzen (z. B. Excel), das in der Regel auf jedem Computer installiert ist.

○ *… Daten erheben*

In einer grafisch attraktiv umgesetzten Werbung für Tiefkühlkost wird eine Statistik genutzt. Was verursacht bei Ihnen Stirnrunzeln?

Man kann an den Größen der Figuren herummäkeln: Hat der 60%-Teller wirklich die mehr als vierfache Fläche wie der 14%-Teller? Aber das wäre dann eine Tiefstapelei der Branche. Hier scheint der Fehler eher auf einer anderen Ebene zu sein, man kann ihm mit etwas gesundem Menschenverstand auf die Schliche kommen. Sie werden feststellen, dass kein Deutscher (also 0 %) seine Liebste oder seinen Liebsten zum ersten Date ins Restaurant einlädt oder wenigstens selbst kocht! Selbst wenn man annimmt, dass die Deutschen heutzutage weniger kochen, ist dieses Ergebnis sehr unwahrscheinlich. Dass diese Aussage vom sogenannten „Tiefkühlinstitut“ kommt, lässt Sie sicher auch ins Grübeln kommen.

Wie bei den meisten Statistiken haben wir hier keine Informationen darüber, wie die Aussage zustande gekommen ist. Wir können zum Telefonhörer greifen und beim Pressevertreter der Branche anrufen – oder wir spekulieren darüber, wie die Daten erhoben wurden: Um eine solche Aussage treffen zu können, muss man eine Gruppe von Menschen befragen. Da man nicht alle Deutschen befragen kann, muss man sich auf eine Stichprobe beschränken, die dann für die Gesamtheit aller deutschen Rendezvous-Willigen steht. Als respektable Datenforscher würden Sie sicherlich Kleinkinder ausschließen, aber auch ältere Leute? Wo setzen Sie die Schwelle an? Schließen Sie Teenager unter 20 aus, weil sie meistens noch zu Hause wohnen und wohl kaum ihr erstes Date im elterlichen Wohnzimmer abhalten? Bis zu welchem Alter kann man sich noch an die Zeit seiner ersten Dates erinnern? Außerdem, wie gewichten Sie die Verteilung von Männern und Frauen bei Ihrer Umfrage? Vielleicht kochen Frauen häufiger? Was würde passieren, wenn Sie Ihre Befragung montags vormittags in der Fußgängerzone machten? Welche Personenkreise würden Sie dann erwischen? Schon die Auswahl der Befragten kann offensichtlich einen Einfluss auf das Resultat der Umfrage haben.

Aber nicht nur die Zusammenstellung der Stichprobe kann das Endresultat beeinflussen. Schon die Art des Fragebogens und die Fragestellung sagt viel über die Zielsetzung der Umfrage aus. Es liegt der Verdacht nahe, dass der Fragebogen zur obigen Aktion etwa so aussah:

Wie würden Sie Ihre(n) Liebste(n) beim ersten Date beköstigen?

- ☐ Tiefkühlkost
- ☐ Bringservice (Pizza)
- ☐ Konserven

Kein Wunder, dass Essengehen und Selberkochen nicht vorkommen: Es wurde wahrscheinlich gar nicht danach gefragt!

Die Schule ist *ein* Ort, an dem Kinder lernen können, auf kritische Weise mit Statistik umzugehen. Dass sie dabei auch Fertigkeiten benötigen, wie etwa das Zeichnen eines Kreisdiagramms oder die grundlegende Bedienung einer Tabellenkalkulation, versteht sich von selbst. Mindestens ebenso wichtig ist aber der kritische Umgang mit statistisch aufbereiteten Daten. Wir alle sind nämlich beständig in der Situation, statistische Informationen aufzunehmen und als mündiger Bürger kritisch zu hinterfragen. Statistiken interpretieren zu können, ist damit ein wesentlicher Teil von Lesekompetenz.

Tipp für Zuhause

Diskutieren Sie mit Ihrem Kind über statistische Aussagen in der Zeitung oder in den Nachrichten: Wie würdet ihr vorgehen, um Aussagen wie oben zu hinterfragen? Welche Probleme könnten auftauchen?
Sie dürfen dabei mit ihnen ruhig ins Spekulieren geraten!

Viele Schülerinnen und Schüler kommen aber künftig auch in die Rolle desjenigen, der statistische Verfahren anwendet, z. B. beim Erstellen einer einfachen Grafik, was schon heute jeder am eigenen Heimcomputer mit wenigen Klicks erledigen kann. Dann heißt es: Verantwortungsvoll mit Daten umgehen und sie verständlich und möglichst unverfälscht darstellen.

… mit Daten rechnen

Informationen aus Datensätzen werden jedoch nicht nur in Form von grafischen Darstellungen vermittelt. Es ist auch möglich, die wesentlichen Informationen aus einer längeren Reihe von Daten in wenige Zahlen zu pressen, wie etwa beim Mittelwert: „In einem deutschen Auto sitzen im Mittel 1,2 Personen." Aus vielen Zahlen wird hier eine einzige. Das ist eine griffige und pfiffige Vorgehensweise. Nur sollte man wissen, was der so errechnete Wert nun bedeutet. Fragen Sie spaßeshalber im Freundeskreis, was man sich unter diesen 0,2 Mitfahrern vorzustellen hat.

Im folgenden Zeitungsartikel wird anhand einiger solcher Zahlen kontrovers diskutiert und man muss schon sehr genau hin„lesen" und einige Kenntnisse über Statistik haben, um den unterschiedlichen Argumentationen folgen zu können.

Ein Drittel aller Praxen kämpft ums Überleben, klagen die Ärzte. Niedergelassenen Medizinern gehe es gut, sagt dagegen der SPD-Gesundheitsexperte Lauterbach. Es gebe keinen Grund für die Politik, etwas zu ändern.

Ärzteverbände hatten beklagt, rund 30 000 Praxen, also 25 % der Ärzte, müssten mit einem Nettoeinkommen von 1.600 bis 2.000 Euro im Monat auskommen. Die Kassenärztliche Bundesvereinigung (KBV) rechnet für 2005 mit 125 Praxisinsolvenzen, mehr als jemals zuvor.

Lauterbach sagte dazu, in keiner anderen freiberuflichen Tätigkeit gebe es so wenig Insolvenzen wie bei niedergelassenen Ärzten, und die Durchschnittseinkommen seien gut. „Wenn jeder dieser Ärzte das Festgehalt eines Universitätsprofessors bekäme, käme es die gesetzlichen Krankenkassen immer noch billiger." Schon heute verdiene ein niedergelassener Allgemeinarzt in Westdeutschland nach Abzug aller Betriebskosten rund 82.000 Euro im Jahr alleine mit der Behandlung gesetzlicher Krankenversicherter.

Die Ärzteverbände hatten ihre Mitglieder dazu aufgerufen, in dieser Woche ihre Praxen geschlossen zu halten.

ZEIT online, 18.1.2006

Was stimmt denn nun? Sind die Ärzte gut oder schlecht dran? Lügt eine der beiden Seiten? Nein, jede betrachtet die vorliegenden Daten nur aus einer etwas anderen Sicht. Das besonders schwierige an dieser Situation: Dadurch sind die Aussagen nicht miteinander vergleichbar, und scheinbar Widersprüchliches kann nebeneinander stehen, ohne dass eines davon falsch sein muss.

Bevor Sie weiterlesen, suchen Sie erst selbst die Unterschiede!
Oder noch besser: Diskutieren Sie mit Ihrem Kind darüber!

Ärzteverbände	**Regierung**
Monatslohn, ist der kleinere Betrag	Jahreslohn, wirkt eher groß
Nettolohn (nach Steuer und Sozialabgaben)	Bruttolohn (nach Abzug der Betriebskosten)
Insolvenzen von Ärzten im Vergleich zum Vorjahr sind gestiegen	Es gibt wenige Insolvenzen im Vergleich zu anderen Berufen
Einkommen der 25 % Ärmsten	Durchschnittseinkommen *aller* Ärzte

Während die ersten drei Punkte noch recht leicht zu durchschauen sind, muss man beim letzten bei einer so einfach scheinenden Frage wie „Was bedeutet denn der Durchschnitt?“ verharren. Wie rechnet man einen Durchschnitt aus?

Dennis’ Idee, einen Durchschnitt zu bestimmen, führt zum sogenannten **arithmetischen Mittel** oder rechnerischen Mittel. Mit Julias Idee, das Einkommen des „mittleren Verdieners“ zu nehmen, erhält man den **Zentralwert** oder **Median**.

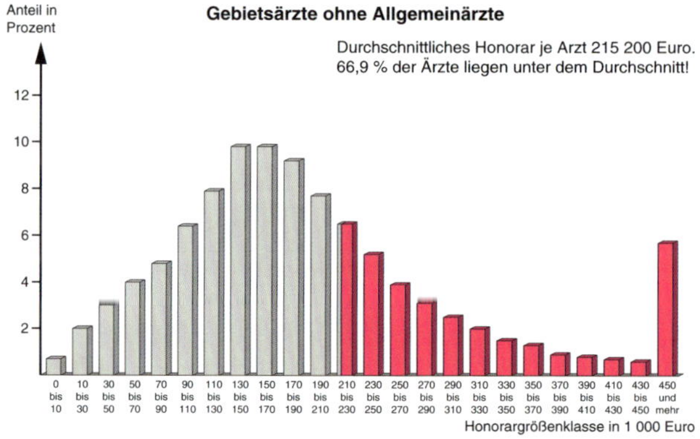

Die hohe Säule ganz rechts sammelt alle Honorare über 450.000 €, enthält also auch die sehr gut verdienenden Ärzte mit wesentlich höheren Gehältern. Zum Gesamthonorar tragen wenige sehr gut verdienende Ärzte ebenso viel bei wie viele schlecht verdienende. Alle Ärzte im roten Bereich verdienen zusammen genauso viel wie die Ärzte im grauen Bereich zusammen verdienen. Das rechnerische Mittel liegt also bei knapp über 210.000 € (übrigens sind hier die Betriebskosten für die Praxis noch nicht abgezogen).

Wie steht es aber um die 50 % ärmsten Ärzte? Wenn man die Prozentzahlen der Säulen aufaddiert, kommt man bereits bei einem Einkommen von etwa 170.000 € bei 50 % an! Nach dieser Rechnung hat der „mittlere Verdiener" also ein Einkommen von ca. 170.000 €, und 67 % der Ärtze verdienen weniger als das Durchschnittseinkommen. Das heißt: Der **Zentralwert** ist hier kleiner als der **rechnerische Mittelwert**. Das kann man sich zu nutze machen, indem man den Mittelwert nimmt, der für einen günstiger scheint. Welche Angabe ist denn nun die richtige? Mathematisch gesehen, sind beide sinnvoll und *richtig*, aber welche *angemessener* ist, hängt davon ab, um welche Fragestellung es geht: Geht es um die Honorarkosten im deutschen Gesundheitssystem? Dann sind das Durchschnittseinkommen und die Ärztezahl wohl entscheidend. Geht es um die Gefahr drohender Praxenschließungen? Dann sollte man sich um die 50 % oder sogar die 25 % der geringer Verdienenden kümmern. Oder geht es um die Einkommensgerechtigkeit? Dann sollte man wohl nicht zu Mittelwerten greifen, sondern genauer nach der Verteilung schauen, z. B. nach ihrer Breite – beispielsweise im internationalen Vergleich oder im Vergleich zu den Arbeitsstunden?

Das Beispiel zeigt: Mathematische Hilfsmittel aus der Statistik können helfen, wichtige Eigenschaften von Daten aufzudecken. Man muss sie aber beherrschen, um nicht von ihnen beherrscht zu werden. Elisabeth Noelle-Neumann, Begründerin des ersten deutschen Meinungsforschungsinstituts, des Instituts für Demoskopie Allensbach, sieht den kritischen Umgang mit Daten auch als wichtigen Beitrag zur Allgemeinbildung an. „Statistik ist für mich das Informationsmittel der Mündigen. Wer mit ihr umgehen kann, kann weniger leicht manipuliert werden. Der Satz ‚Mit Statistik kann man alles beweisen' gilt nur für die Bequemen, die keine Lust haben, genau hinzusehen."

Eben dieses „genau Hinsehen" bei Schülern zu fördern, ist ein Hauptanliegen in der Arbeit mit Daten im Mathematikunterricht.

Was können Eltern noch tun?

In diesem Kapitel war wenig von Unterricht oder Hausaufgaben die Rede. Im Mathematikunterricht lernen die Schülerinnen und Schüler zwar über die ganze Schulzeit hinweg den Umgang mit statistischen Daten und Verfahren – die Anwendung ihrer erworbenen Fähigkeiten findet aber in vielen anderen Bereichen, in Schulfächern wie Erdkunde oder Biologie und vor allem im Alltag, statt. Es gibt kaum ein Thema im Mathematikunterricht, das so direkt zur Mündigkeit beiträgt, wie der Bereich „Daten". Als Eltern kann man seine Kinder hier tatkräftig unterstützen, eben nicht nur mit dem Ziel der besseren Note in der nächsten Klassenarbeit. Quelle sind dabei immer wieder die Medien, ob Zeitung, Fernsehen oder, immer häufiger, das Internet.

Tipp für Zuhause

In vielen Internetshops findet man Bewertungen durch die Kunden, die großen Einfluss auf die Kaufentscheidung haben. Oft können zwischen 1 und 5 Sterne vergeben werden. Betrachten Sie mit Ihrem Kind die Verteilungen und die Anzahl der Bewertungen und entscheiden Sie gemeinsam, welche Produkte Sie kaufen würden. Zum Beispiel könnten Sie auf solche Ergebnisse treffen.

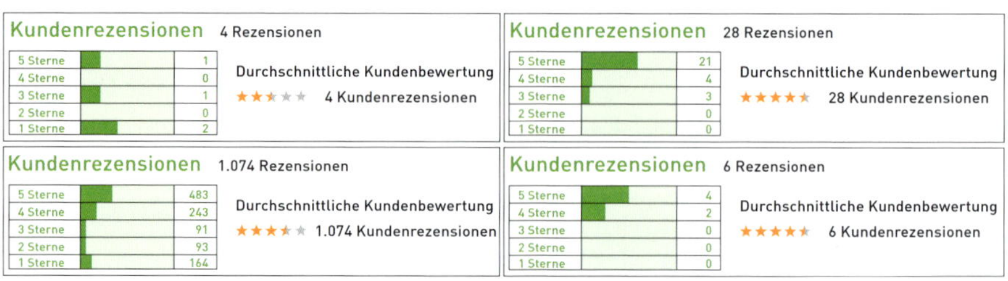

Dabei zeigt sich wieder, dass es wichtig ist, nicht nur auf den Mittelwert zu achten, sondern auch die Verteilung und die Stichprobengröße im Blick zu haben.

Tipp für Zuhause

Manipulationen auf die Schliche kommen

Schreiben Sie eine Belohnung aus, für jeden Fehler oder jede Verfälschung, die Ihr Kind in Zahlen oder Grafiken in der Tageszeitung findet. In diesem Kapitel haben Sie viele Hinweise gefunden, worauf man alles achten kann.

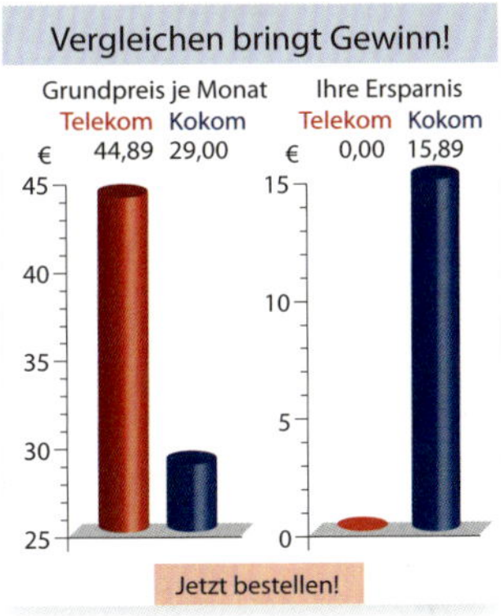

Tipp für Zuhause

Das Thema Einkommen kann für Jugendliche, die sich für ihre berufliche Zukunft zu interessieren beginnen, ein wichtiges Thema sein. Auch wenn es für sie noch nicht akut ist, kann man mit konkreten Zahlen ihr Interesse wecken.

- Was glauben sie: Wie groß ist das deutsche Durchschnittseinkommen? Oder das Durchschnittsvermögen?
- Wie viel Prozent der Deutschen sind ärmer oder verdienen weniger als der Durchschnitt? Wie sieht es in anderen Ländern aus?
- Wo kann man sich – z. B. im Internet – informieren? Was ist von der folgenden Tabelle aus dem Internet zu halten?

Beruf	Einkommen (min.)	Einkommen (max.)	Einkommen (Ø)	Datensätze
PhysiotherapeutIn	200 €	5.000 €	1.717 €	1777
ProduktmanagerIn	700 €	10.000 €	3.907 €	1356
PersonalleiterIn	640 €	10.000 €	3.998 €	1040
PizzabäckerIn	320 €	3.000 €	1.404 €	18
ProfessorIn	3.000 €	9.000 €	5.918 €	18
PersonenschützerIn	322 €	3.700 €	2.464 €	17
PförtnerIn	900 €	2.500 €	1.635 €	15

Zufall berechnen

Vernünftige Vorhersagen treffen

Was hat Mathematik mit Zufall zu tun? Lässt sich in der Mathematik nicht alles berechnen und ist das Besondere am Zufall nicht gerade, dass er *un*berechenbar ist? Diese Auffassung vom Zufall hat vielleicht dazu beigetragen, dass die Mathematik erst seit dem 18. Jahrhundert versucht, den Zufall auf Gesetzmäßigkeiten abzuklopfen. (Zum Vergleich: Die Geometrie hatte bereits vor 3000 Jahren eine erste Blütezeit!)

Kinder machen ihre ersten Erfahrungen mit dem Zufall sicherlich beim Spielen – ob nun beim Gesellschaftsspiel oder beim Computerspiel. Stellen Sie Kindern (oder sich selbst) dabei diese Fragen:

- Welche Zahl würfelt man beim Mensch-ärgere-Dich-nicht oder beim Monopoly am häufigsten?
- Wenn man dreimal hintereinander eine 6 gewürfelt hat, ist dann die Wahrscheinlichkeit größer, kleiner oder genau so groß, wieder eine 6 zu würfeln?
- Wenn eine Familie schon drei Mädchen hat, wird dann das nächste Kind ein Junge?

In solchen Situationen bilden Kinder erste Theorien darüber, wie Zufall wirkt:

„Die 6 kommt bei mir nie, das ist einfach meine Pechzahl“,

„Jetzt habe ich schon fünfmal eine 3 gehabt, der Peter noch gar nicht. Der bekommt jetzt sicher auch bald eine.“

Solche Alltagstheorien sind jedoch oft nicht tragfähig. Dennoch nützt es nichts, zu belehren. Kinder und Jugendliche müssen (ob in der Schule oder Zuhause) eigene Erfahrungen machen und über ihre Erfahrungen reden und nachdenken.

In diesem Kapitel erfahren Sie, was man über das Wirken des Zufalls wissen sollte und wie man – ergänzend zum Mathematikunterricht – den eigenen Kindern dabei helfen kann, ein angemessenes Gefühl für den Umgang mit dem Zufall zu entwickeln.

Spielen Sie mit Ihrem Kind das folgende Spiel – Sie werden sehen, Sie kommen der Sache mit dem Zufall ganz von selbst etwas näher.

Tipp für Zuhause

Gefangene befreien

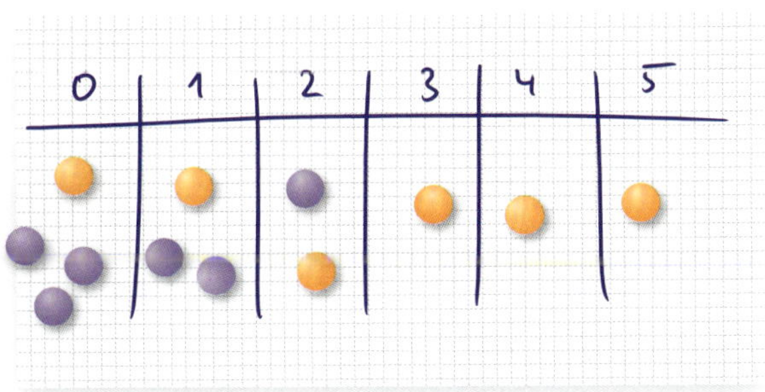

Sie benötigen 2 Spielwürfel, einen Zettel und pro Mitspieler 6 Chips oder Münzen (für jeden eine andere Sorte). Es können 1–6 Spieler mitspielen.

Und so wird gespielt:

- Jeder Spieler setzt zu Beginn seine Gefangenen in irgendwelche Zellen auf den Spielplan. Es kann ein Gefangener in jede Zelle gesetzt werden, oder in einige Zellen zwei und in andere keine oder sogar alle in eine Zelle.
- Nun wird reihum mit beiden Würfeln geworfen und aus der Differenz der Augenzahlen die Zellennummer berechnet. Bei einer 5 und 3, rechnet man 5 – 3 = 2. Alle, die in der Zelle mit der ausgerechneten Nummer Gefangene haben, können einen ihrer Gefangenen frei lassen (aber auch nur einen!).
- Gewonnen hat, wer zuerst alle Gefangenen in Freiheit hat.

Wenn Sie das Spiel mit Ihrem Kind spielen, brechen Sie es nach einigen Runden ab und geben Sie Ihrem Kind eine „Denkpause“, in der es sich Strategien überlegen kann. Überlassen Sie ihm dafür ruhig die Würfel zum Ausprobieren und setzen Sie – sofern Sie mit mehreren spielen und es mit Ihren Erziehungsprinzipien vereinbaren können – einen Preis aus für den, der bei den nächsten zehn Spielen am häufigsten gewinnt.
Vielleicht stellen Sie und Ihr Kind auch solche Überlegungen an wie diese Schülerinnen und Schüler:

Julian: Am Anfang hab ich gedacht: Am besten alles gleichmäßig verteilen, denn es kommt ja jede Zahl mal dran. Beim Spielen hab ich dann gemerkt, dass das Ergebnis 5 so gut wie nie kommt – klar, da muss man ja auch eine 1 und eine 6 würfeln. Also hab ich dort keinen Gefangenen mehr hingesetzt.

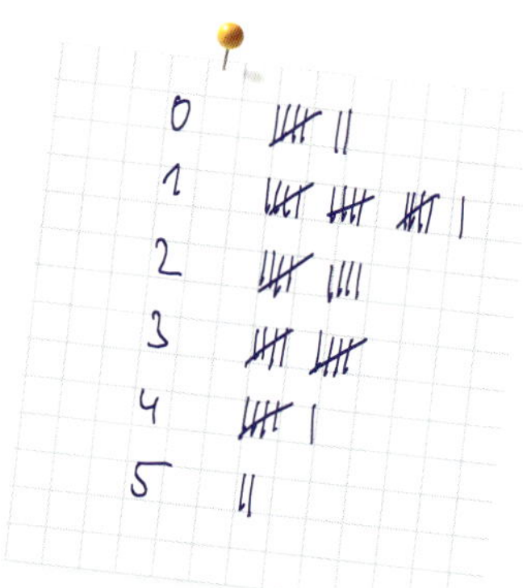

Fabian: Ich hab einfach mal ausprobiert und aufgeschrieben, was so für Ergebnisse kommen.

Mila: Ich hab mir mal alle möglichen Ergebnisse systematisch aufgeschrieben.

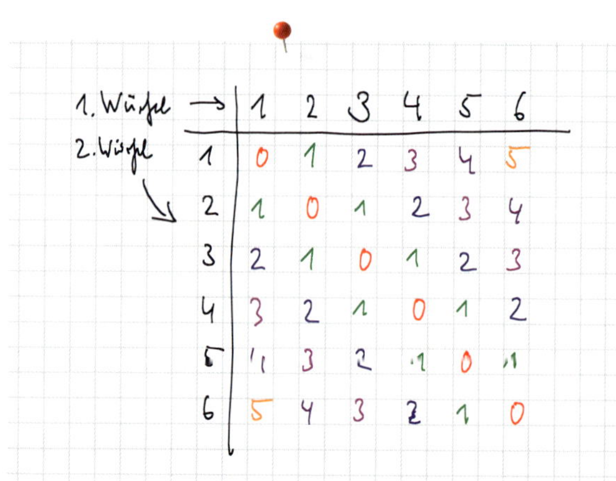

In diesen Überlegungen steckt im Prinzip schon die gesamte Art und Weise, wie man sich mathematisch mit dem Zufall beschäftigen kann: Man kann – so wie Fabian es gemacht hat – in einem Experiment Ergebnisse auszählen und eine **Statistik** aufstellen. Oder man versucht es wie Mila auf theoretischem Weg, indem alle Möglichkeiten systematisch durchgezählt werden – man nennt diese Form des systematischen Zählens **Kombinatorik**.

Aber erst wenn man beides zusammenführt und fragt: „Wie passen Experiment und Theorie zusammen?“ – dann wird es spannend. Mila und Fabian haben beide herausgefunden, dass die 1 eher häufig und die 5 eher selten auftritt. Aber beide können keine exakten Aussagen machen:

Mila: Die Differenz Null kommt immer heraus, wenn man ein Pasch würfelt. Das müsste in 6 von 36 Fällen kommen. Sie hat also eine **Wahrscheinlichkeit** von einem Sechstel. Allerdings heißt das ja nicht, dass jedes sechste Ergebnis 0 ist.

Fabian: In meinem Experiment ist die **Häufigkeit** der 1 am größten. Aber es könnte ja auch mal anders herauskommen. Bei meinem Experiment kam die 3 sogar häufiger als die 2 heraus.

Kinder erleben bei einer solchen ersten Begegnung: Der Zufall ist nicht vorauszuberechnen, aber er ist auch nicht völlig unvorhersehbar. Immerhin ist es eine gute Strategie, auf die 5 lieber keinen Gefangenen zu setzen. Man kann Wahrscheinlichkeiten ausrechnen, aber man kann keine Häufigkeiten vollständig vorherberechnen: Wie viel kann man also vorhersagen? Wie viel kann man mathematisch noch herausholen, um den Zufall in den Griff zu bekommen? Das ist der Gegenstand der **Stochastik**, der „Wissenschaft vom Zufall“.

Was sollte jeder wissen und können?

... den Zufall systematisch untersuchen

... Häufigkeiten richtig interpretieren

... Wahrscheinlichkeiten berechnen

... in Zufallssituationen sinnvolle Entscheidungen treffen

... Voraussagen treffen

... den Zufall systematisch untersuchen

So etwas hat Fabian bereits getan: Er hat ein Experiment durchgeführt, indem er 50-mal gewürfelt hat, und sich mit einer Strichliste einen Überblick verschafft. Er hätte auch einen Computer zu Hilfe nehmen und sich die Daten als Diagramm anzeigen lassen können.

Bei 50 Würfen

Differenz	Häufigkeit
0	7
1	16
2	9
3	10
4	6
5	2

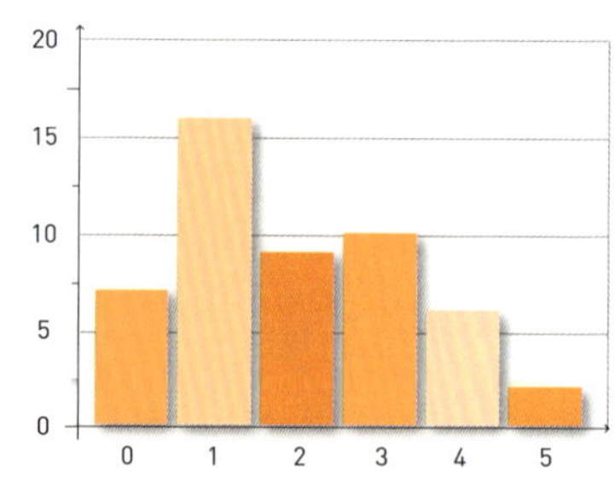

... *Wahrscheinlichkeiten berechnen*

So etwas hat Mila getan: Sie hat nicht ausprobiert, sondern sich theoretisch überlegt, welche Möglichkeiten es insgesamt gibt. Dann hat sie abgezählt, wie viele der Möglichkeiten zu einer 1 führen. Dabei hat sie gemerkt, dass nicht alle Werte 0, 1, 2, 3, 4 und 5 gleich wahrscheinlich sind. Zählen Sie nach: Die 5 kommt in Milas Tabelle nur zweimal vor, die 1 dagegen ist das Ergebnis von 10 verschiedenen Varianten! In der Abbildung ist dargestellt, welche Würfe zu welchen Ergebnissen gehören. Aus dieser theoretischen Überlegung lässt sich die Wahrscheinlichkeit für die Differenzen berechnen. Insgesamt gibt es 36 mögliche Würfe. Sechs davon ergeben 0. Sechs von 36, das ist ein Sechstel der Möglichkeiten. Anders gesagt: Die Wahrscheinlichkeit, einen Gefangenen aus der Zelle „0" zu befreien, beträgt $\frac{1}{6}$ oder etwa 17 %.

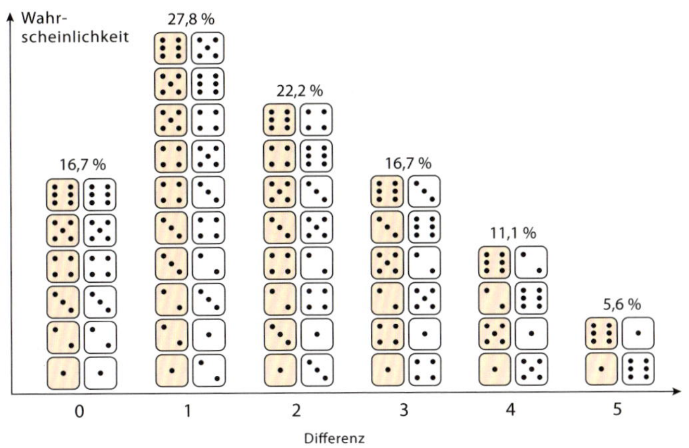

... *Voraussagen treffen*

Die Wahrscheinlichkeit für die Differenz 1 beträgt, das hat Mila ausgerechnet, etwa 28 %. Was aber bedeutet das?

Jona: Wenn man 100-mal würfelt, dann kommt 28-mal die Differenz 1.
Ole: Aber es kann doch auch 29-mal die 1 kommen!
Jona: Klar, ich mein ja auch nur ungefähr 28-mal.
Ole: Kann denn auch 50-mal die 1 kommen?
Jona: Klar, ist ja Zufall.
Ole: Dann kann man ja doch gar nichts vorhersagen ...

Wie also macht man aus einer theoretisch bestimmten Wahrscheinlichkeit eine Voraussage? Ist Fabians Versuch mit den 50 Würfen (s. S. 92) hilfreich? Wenn nicht nur Fabian 50-mal Differenzen würfelt, sondern drei weitere Kinder das auch tun, dann kommt beispielsweise dies heraus:

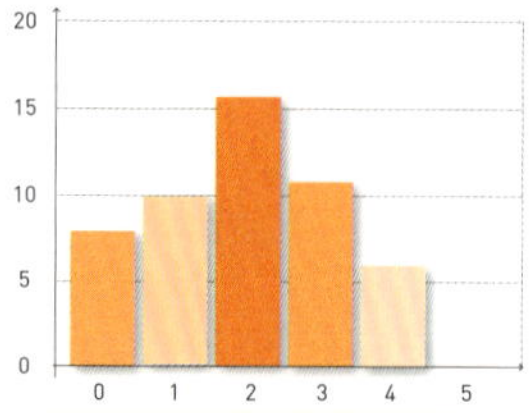

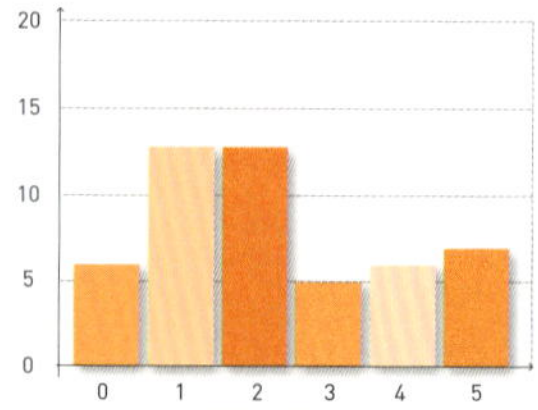

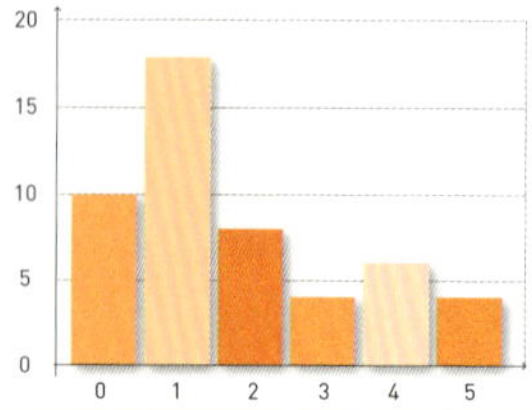

Wenn man „nur“ 50-mal würfelt, ist also gar nicht sicher, dass die 1 am häufigsten und die 5 am seltensten fällt.

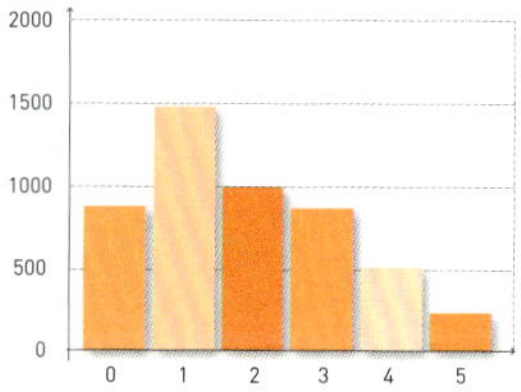

Wenn man aber statt 50-mal 5 000-mal würfelt, wird das Bild schon klarer. Es bleibt auch vergleichsweise unverändert, wenn man ein weiteres Mal 5 000 Würfe untersuchen würde. Jetzt kann man ablesen, dass die 1 in ungefähr 1400 von 5000 Fällen herauskommt, also eine Häufigkeit von etwa 28 % hat.
Das heißt, man erhält bei einer hinreichend großen Anzahl von Fällen eine prozentuale Häufigkeit, die der berechneten Wahrscheinlichkeit nahe kommt.

○ *... Häufigkeiten richtig interpretieren*

Geht es bei der Stochastik denn nur um Glücksspiele? Keineswegs – mit dem Zufall muss man sich auch in viel ernsteren Situationen herumschlagen. Für eine Wahlprognose werden beispielsweise zufällige Stichproben von Wählern genommen. Das heißt, von den 10 Millionen möglichen Wählerinnen und Wählern in Deutschland werden z. B. 2 500 befragt. Wie kann man nun aus den Angaben von 2 500 Wählern auf 10 Millionen Wähler rückschließen? Wie sicher kann man sein, dass nicht die Unbefragten ganz anders wählen?

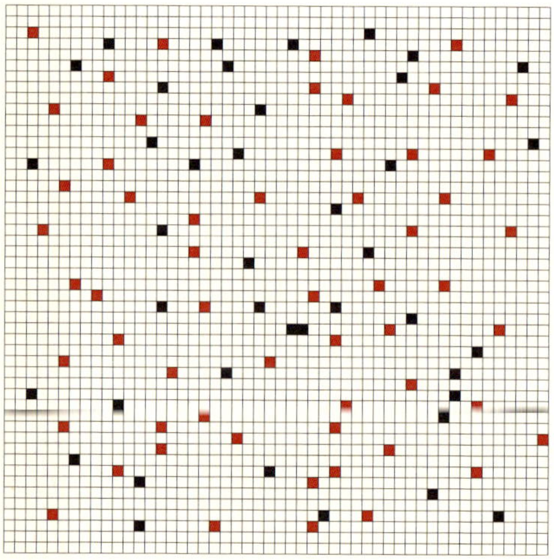

Sie haben die ersten Hundert der 2 500 Wähler befragt. 59 % davon wählen rot – das sind die roten Kästchen im Bild. 41 % wählen schwarz. Über die weißen Punkte wissen Sie nichts. Welche Prognose würden Sie abgeben? Wie sicher sind Sie?

Diskutieren Sie mit Ihrem Kind, wie sie eine Wählerbefragung organisieren würden. Die erste Idee ist sicherlich: Zufällig Leute anrufen. Aber zu welchem Zeitpunkt sollte man das machen?
Mittags trifft man sicher nur Hausfrauen und Rentner zu Hause an. Und abends fehlen einem die vergnügungssüchtigen 18–25-Jährigen. Wichtig ist es auch, nicht zu wenige zu befragen, sonst kann Folgendes passieren: Zehn Schülerteams haben jeweils 10 Wähler befragt. Ihre Prognosen fallen sehr unterschiedlich aus.

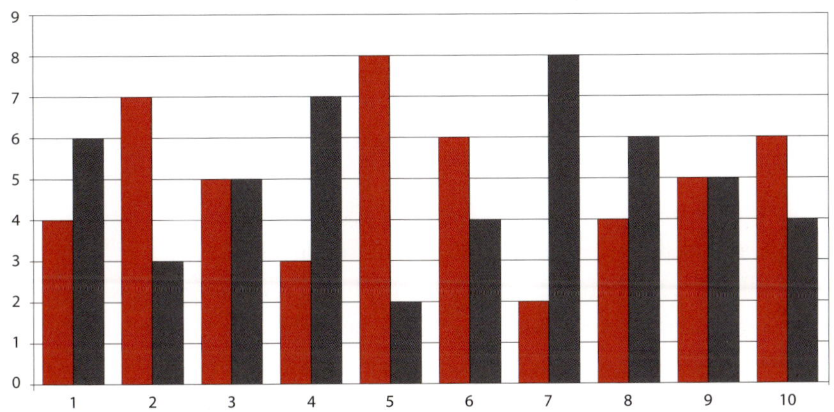

Schon wenn man 100 Wähler statt 10 zufällig befragt, ergibt sich ein anderes Bild:

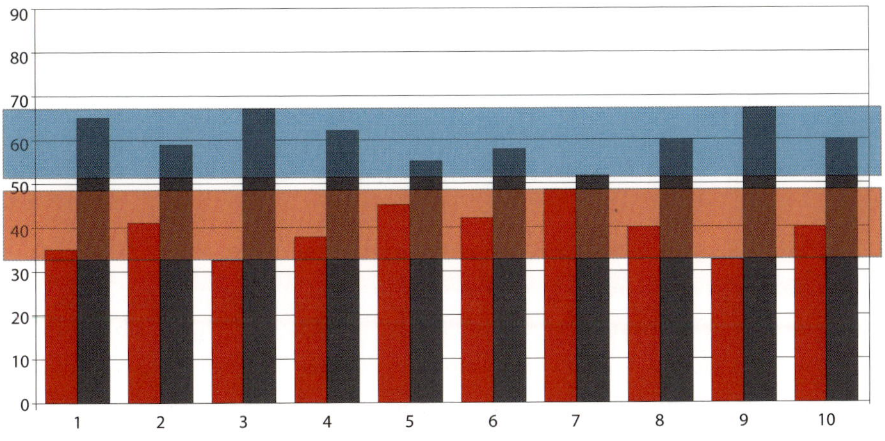

Die Umfrageergebnisse für Schwarz schwanken nur noch zwischen 52 % und 67 % und die für Rot zwischen 33 % und 48 %. Die realistische Prognose für die Wahl lautet also: Rot etwa 40 %±10 % und Schwarz etwa 60 %±10 %. Die Voraussage über den Gewinner der Wahl ist schon viel sicherer.
Mit etwas mehr Mathematik – und in manchen Bundesländern ist das Lehrplaninhalt – kann man diese Sicherheit sogar konkretisieren, man kann zu den Daten im Bild sogar Aussagen treffen wie: „Schwarz gewinnt, Irrtum nicht ausgeschlossen, aber unwahrscheinlicher als 1%."
Mathematik kann also trotz Zufall klare Aussagen produzieren! Das ist übrigens auch die Art und Weise, wie beurteilt wird, ob etwa ein Medikament wirksamer ist als ein anderes.

○ *... in Zufallssituationen sinnvolle Entscheidungen treffen*

Das folgende Beispiel zeigt, dass es auch in anderen Bereichen wichtig, ja *lebenswichtig*, ist, mit Wahrscheinlichkeiten sinnvoll umzugehen.
Etwa 1% aller Frauen haben Brustkrebs. Ein Früherkennungstest schlägt bei erkrankten Frauen zu 67 % tatsächlich an. Aber auch bei den Gesunden schlägt der Test zu 5 % fälschlicherweise an. Frau M. geht nun zum Arzt und dieser teilt ihr mit: „Bei Ihnen zeigt das Testergebnis Brustkrebs an. Der Test ist allerdings nicht ganz sicher." Wie wahrscheinlich ist es wohl, dass Frau M. wirklich Brustkrebs hat?

Bevor Sie weiterlesen, entscheiden Sie sich. Was schätzen Sie?

☐ 95% ☐ 67% ☐ 33% ☐ 10 % ☐ 1%

Wenn Sie mutig sind, lesen Sie nicht weiter, sondern rechnen selbst. Das ist gar nicht so schwierig, wenn Sie so vorgehen: Stellen Sie sich 1000 Frauen vor und rechnen Sie mit den Prozentangaben im Beispiel. Sie werden staunen!

Haben Sie 95 % oder 33 % angekreuzt? Dann sind sie in guter Gesellschaft. In einer Studie haben sich von 20 Experten in deutschen Aidsberatungsstellen 18 geirrt! Und wie sieht es tatsächlich aus? Wenn Sie selbst gerechnet haben, sind Sie wahrscheinlich auf das folgende Ergebnis gekommen: Die Wahrscheinlichkeit bei positivem Testergebnis tatsächlich an Brustkrebs erkrankt zu sein, beträgt knapp 12 % – und das ist kein Schreibfehler!

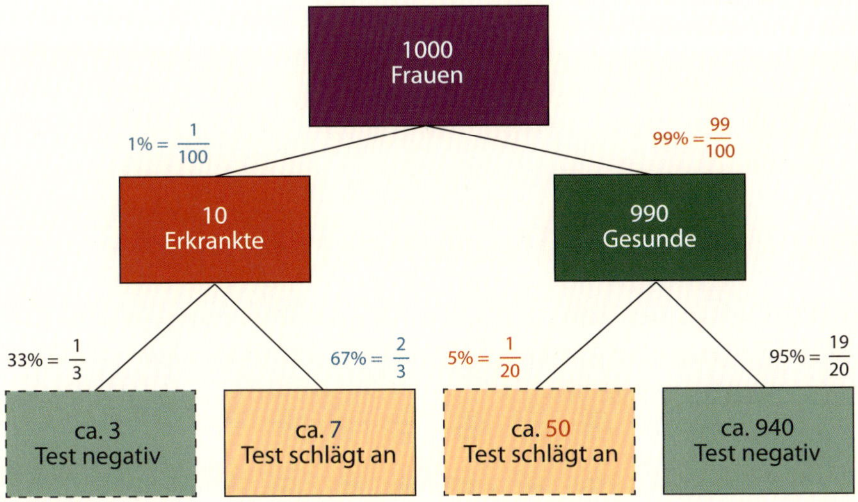

Bei Frau M. hat der Test angeschlagen, sie gehört offensichtlich zu dem Personenkreis in den gelben Kästchen: Entweder zu den 7 Erkrankten, bei denen der Test anschlägt, oder zu den 50 Gesunden. Das heißt aber, sie ist nur in 7 von 57 Fällen, also mit einer Wahrscheinlichkeit von etwa 12 % wirklich erkrankt! Deshalb werden von Ärzten in diesem Fall weitere Untersuchungen angeordnet, die das Ergebnis absichern sollen.

Wie groß ist denn überhaupt die Wahrscheinlichkeit, bei der Früherkennungsuntersuchung ein positives Testergebnis zu bekommen? Die Antwort kann man so ausdrücken: 67 % von 1 % und zusätzlich 5 % von 99 %. Als Rechnung mit Brüchen ausgedrückt sieht das so aus:

$$\frac{1}{100} \cdot \frac{2}{3} + \frac{99}{100} \cdot \frac{1}{20} =$$

Man sieht, dass man mit Wahrscheinlichkeiten rechnen kann, wenn man verstanden hat, wann und warum man sie multiplizieren oder addieren muss.

Was können Eltern noch tun?

Spielen! – Das tun Sie schon immer. Mit Blick auf den Umgang mit Zufall und Wahrscheinlichkeit haben Sie nun aber neue Möglichkeiten, mit dem Zufallselement beim Spielen umzugehen.

Tipp für Zuhause

Bei allen Spielen, bei denen der Zufall mitentscheidend ist, kann man die Frage aufwerfen und gemeinsam diskutieren: Wie wahrscheinlich ist ein bestimmter Ausgang?

Beim Mensch-ärgere-dich-nicht kann man beispielweise fragen:

- Ist es wahrscheinlicher, dass ich beim nächsten Zug den roten oder den schwarzen Gegner rauswerfen kann?
- Sollte ich eine Figur im Heimatfeld in Sicherheit bringen? Wie stehen die Chancen, dass der blaue Verfolger mich beim nächsten Zug herauswerfen kann?
- Wie wichtig ist es, dass ich dafür sorge, wieder dreimal würfeln zu dürfen? Wie viele Runden muss ich voraussichtlich vergeblich warten, bis ich wieder etwas machen kann?

Ältere Schüler interessieren sich vielleicht auch für die Wahrscheinlichkeit der verschiedenen Blätter beim Poker oder anderen Kartenspielen.
Bei manchen Spielen kann man auch gemeinsam die Regeln verändern und das Spiel weiterentwickeln. Dabei ist es dann günstig, wenn man sich über Wahrscheinlichkeiten Gedanken macht.

Tipp für Zuhause

Lassen Sie Ihr Kind eigene Spiele entwickeln.

Wie könnte ein Kniffelspiel mit nur drei Würfeln aussehen? Für welche Ergebnisse sollte es dann wie viele Punkte geben?
Auf diese Weise kann man aus vielen bekannten Spielen, bei denen Karten oder Würfel genutzt werden, einfachere Varianten entwickeln. Bei der Erfindung passender Regeln werden viele Überlegungen zu Zufall und Wahrscheinlichkeit angeregt. Noch einen Schritt weiter geht der folgende Tipp.

Tipp für Zuhause

Warum sollte man sich auf Spielwürfel beschränken?
Lassen Sie Ihr Kind „Zufallsgeräte" erfinden und untersuchen.

Mensch-ärgere-dich-nicht kann man auch mit anderen Zufallsgeräten spielen. Wie würde man zum Beispiel zählen, wenn man mit 5 Heftzwecken statt mit einem Würfel spielt?

Eine ganz andere Möglichkeit, sich auch im heimischen Alltag mit dem Zufall zu beschäftigen, ist diese:

Tipp für Zuhause

Werfen Sie einen kritischen Blick in die Medien. Immer wieder kommen dort Themen auf, bei denen man fragen muss: Ist der Umgang mit Zufall und Wahrscheinlichkeiten hier angemessen? Diskutieren Sie mit Ihrem Kind: Was könnte gemeint sein? Kann das überhaupt sein? Ist das richtig gedacht?

Die Chancen stehen gut, dass Sie und Ihr Kind beim Hinterfragen von Medienberichten bemerken, dass die Angaben gar nicht so klar sind, wie es auf den ersten Blick scheint. Das liegt wohl daran, dass unsere Alltagsvorstellung vom Zufall nicht sehr ausgeprägt, ja manchmal rundweg falsch ist. Auch wenn man in der heimischen Diskussion nicht jede Pressemeldung überprüfen kann, wird man auf jeden Fall vorsichtiger bei der unkritischen Übernahme von Aussagen über „Wahrscheinlichkeiten".

Die Befürchtung, dass Sie selbst nicht die „richtige" Lösung finden, ist dabei unnötig. Sie sollen für Ihr Kind nicht Ersatzlehrer sein, sondern Diskussionspartner. Und es ist auch nicht unwahrscheinlich, dass Ihr Kind Ihnen eine interessante Lösung „ergooglet" und am nächsten Tag Ihnen oder ihrem Mathematiklehrer unter die Nase reibt.

Was können Sie tun, wenn sich Ihr Kind mit der Berechnung von Wahrscheinlichkeiten herumschlägt? Wenn Sie sagen: „So muss man rechnen, aber warum kann ich dir auch nicht sagen.“ oder „Hier weiß ich auch nicht, was ich tun soll.“ Dann kann es helfen, einen Gang zurückzuschalten.

Tipp für Zuhause

Wenn das Rechnen mit Wahrscheinlichkeiten unübersichtlich wird, versuchen Sie, sich zusammen mit Ihrem Sohn oder Ihrer Tochter die Situation der jeweiligen Aufgabe konkret vorzustellen: Lass uns so tun, als hätten wir 1000 Fälle. Das kann bedeuten, dass man 1000 Personen oder 1000-mal Würfeln oder 1000-mal dieselbe Situation vor sich hat. Wenn man das Ganze dann so weit wie möglich mit konkreten Zahlen durchgespielt hat, geht es meist auch wieder entlang des Rechenweges, den die Aufgabenstellung vorsieht.

Regenwahrscheinlichkeit

Ein international zusammengesetztes Team Psychologen hat Passanten in New York, Amsterdam, Berlin, Mailand und Athen befragt: Was bedeutet „Die Regenwahrscheinlichkeit morgen beträgt 30 %“? Einige Befragte in New York und in Berlin interpretierten die Regenwahrscheinlichkeit von 30 % als ein Abstimmungsergebnis unter den Wetterexperten – sie erklärten, dass von zehn Meteorologen drei davon überzeugt seien, dass es morgen regnen wird. Eine Berlinerin meinte, dass bei dieser Regenwahrscheinlichkeit dreißig von hundert Wolken schwarz sein müssten. Andere dagegen mutmaßten, dass die Prozentangabe weder mit Ort noch Zeit, sondern mit der Regenmenge zusammenhänge. Der Fantasie waren keine Grenzen gesetzt. In Athen sagte eine junge Frau in wallenden Hippie-Gewändern: „Wenn wir hundert Leben hätten, würde es in dreißig von diesen Leben morgen regnen.“

Jahrhundertflut!?

In den Nachrichten hört man immer wieder von Jahrhunderthochwassern. Aber, wann ist ein Hochwasser ein „Jahrhunderthochwasser“ oder gar ein „Jahrtausendhochwasser“? Wie groß ist die Wahrscheinlichkeit für ein Jahrhunderthochwasser? Wie berechtigt ist es, wenn in der Presse von einem Jahrhunderthochwasser die Rede ist?

Problemlösen

Mit Strategien weiterkommen

Der Mensch ist ein Problemlöser. Wird er mit einer unbekannten Situation konfrontiert, für die er keine fertigen Lösungen parat hat, so muss er flexibel reagieren. Problemlösen ist wohl *die* Tätigkeit, die den Menschen vor anderen Lebewesen auszeichnet – und diese Fähigkeit ist gefragter denn je. In der modernen Welt können wir uns nicht mehr irgendwann zurücklehnen und sagen: Jetzt habe ich alle Fähigkeiten erworben (z. B. eine Kuh melken, Autofahren, Gemüse einkaufen) und kann sie bei Bedarf einsetzen. Das Leben besteht nicht aus einer Reihe von Aufgaben, die eine klar definierte Lösung besitzen, sondern aus Problemen, also Situationen, in denen kein erlerntes Verfahren greift: Wie baue ich das Regal geschickt auf? Welches ist das beste Verkehrsmittel und die günstigste Strecke für meine Urlaubsfahrt? Warum komme ich mit dem Computer wieder mal nicht ins Internet? Kinder sind von Natur aus Problemlöser, schon vom ersten Lebensjahr an. Schule und Elternhaus können dazu beitragen, dass ihre Problemlösehaltung nicht mit fortschreitendem Alter zum Erliegen kommt. Eltern können ihre Kinder dabei unterstützen, ihre Problemlösefähigkeiten auch unabhängig von Schulfächern zu entfalten (z. B. Fahrradreparatur, Computerbedienung). Der Mathematikunterricht, und natürlich auch die anderen Fächer, haben das Ziel, das problemlösende Denken aufzubauen und wachzuhalten – und auch hier kann man daheim ein wenig Hilfestellung leisten. In diesem Kapitel erfahren Sie, wie Ihr Kind im Mathematikunterricht zu einem guten Problemlöser werden kann und was Sie zu Hause dazu beitragen können.

Im PISA-Test 2003 fand sich zum Bereich „Problemlösen im Alltag" eine Aufgabe, an der deutlich wird, was Problemlösen bedeuten kann. Probieren Sie doch Ihre eigenen Problemlösefähigkeiten daran aus.

GEFRIERSCHRANK

Jennifer hat sich einen neuen Gefrierschrank gekauft. Die Bedienungsanleitung enthält die folgenden Anweisungen:

Schließen Sie das Gerät an das Netz an und schalten Sie es ein.

Sie hören den Motor anlaufen. Eine rote Kontrolllampe (LED) leuchtet. Drehen Sie den Temperaturregler auf die gewünschte Position. Position 2 ist normal.

Position	Temperatur
1	– 15 °C
2	– 18 °C
3	– 21°C
4	– 25 °C
5	– 32 °C

Die rote Kontrolllampe leuchtet, bis die Temperatur des Gefrierschranks niedrig genug ist. Dies dauert 1 bis 3 Stunden, je nach Temperatur, die Sie eingestellt haben.

Legen Sie nach vier Stunden Lebensmittel in den Gefrierschrank.

Jennifer befolgt diese Anweisungen, stellt aber den Temperaturregler auf Position 4. Nach 4 Stunden legt sie Lebensmittel in den Gefrierschrank. Nach 8 Stunden leuchtet die rote Kontrolllampe immer noch, obwohl der Motor läuft und der Innenraum des Gefrierschranks kalt ist.

Jennifer fragt sich, ob die Kontrolllampe richtig funktioniert. Welche der folgenden Handlungen und Beobachtungen weist/weisen darauf hin, dass die Lampe richtig funktioniert?

- Sie dreht den Regler auf Position 5 und die rote Lampe geht aus.
- Sie dreht den Regler auf Position 1 und die rote Lampe geht aus.
- Sie dreht den Regler auf Position 1 und die rote Lampe bleibt an.

Jennifer liest die Bedienungsanleitung noch einmal, um zu sehen, ob sie etwas falsch gemacht hat. Sie findet die folgenden sechs Warnhinweise:

1. Schließen Sie das Gerät nicht an eine Steckdose an, die nicht geerdet ist.
2. Stellen Sie den Gefrierschrank nicht auf eine niedrigere Temperatur als nötig ein (die normale Temperatur beträgt –18 °C).
3. Die Lüftungsgitter sollten freigehalten werden, sonst kann die Kühlleistung des Geräts verringert werden.
4. Frieren Sie grünen Salat, Rettich, Trauben, ganze Äpfel und Birnen oder fettes Fleisch nicht ein.
5. Salzen oder würzen Sie frische Lebensmittel nicht vor dem Einfrieren.
6. Öffnen Sie die Tür des Gefrierschranks nicht zu häufig.

Die Nichtbeachtung welches/welcher dieser sechs Warnhinweise könnte dazu geführt haben, dass die Kontrolllampe brennt?

Jedes Mal, wenn wir versuchen, optimale Entscheidungen zu treffen, wenn wir Situationen analysieren oder auf Fehlersuche gehen, sind wir aufs Neue herausgefordert, uns einen möglichst rationalen Lösungsweg selbst zu suchen. Kein Unterricht der Welt kann uns mit allen nötigen Lösungsverfahren für alle möglichen Situationen ausstatten. Aber in jedem Unterricht können Kinder auf diese Situation vorbereitet werden, wenn sie lernen, selbst Lösungen zu finden und nicht fertige Lösungswege abzuarbeiten.

Bevor Sie weiterlesen, versuchen Sie den Flächeninhalt dieser Figur zu bestimmen. Wenn Sie es schwierig finden, überlegen Sie, woran Sie hängenbleiben. Wenn Sie es schaffen, worauf haben Sie dabei zurückgegriffen? Wie haben Sie in der Schule gelernt, so etwas zu lösen?

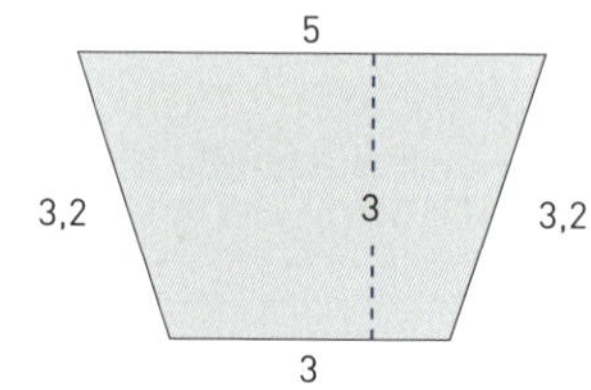

Wie jemand mit einer solchen Situation umgeht, hat auch viel damit zu tun, wie ihn der Mathematikunterricht darauf vorbereitet hat. Das soll im Folgenden an etwas vereinfachenden Beispielen dargestellt werden.

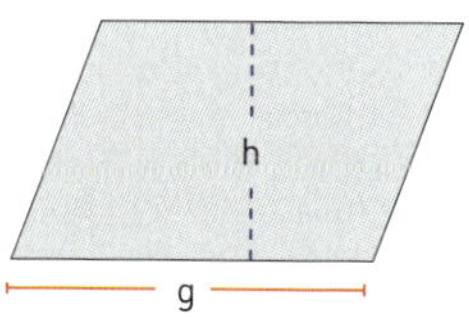

So berechnet man den Flächeninhalt eines Parallelogramms:

1. Länge g der Grundseite bestimmen
2. Höhe h bestimmen.
3. Berechne die Fläche $A = g \cdot h$

In der sechsten Klasse hat die Lehrerin die nebenstehende Erklärung an der Tafel festgehalten (oder auf den roten Kasten im Schulbuch verwiesen).

Diese Formel wird häufig trainiert und bleibt so möglicherweise im Gedächtnis. Deshalb rechnet man entsprechend auch beim Trapez oben $3\,\text{cm} \cdot 5\,\text{cm} = 15\,\text{cm}^2$ – was in diesem Fall leider falsch ist. Wo liegt das Problem? So wie hier haben viele Schülerinnen und Schüler mathematische Verfahren kennengelernt. Wenn man sie auswendig beherrscht, kann man alle Aufgaben lösen, die genauso aussehen. Leider vergisst man so eine Formel schnell oder man wendet sie falsch an, wenn die Situation etwas anders aussieht.

Vielleicht haben Sie oder Ihr Kind aber die Flächenberechnung in der Schule auf eine andere Weise erarbeitet, z. B. durch so eine Aufgabe:

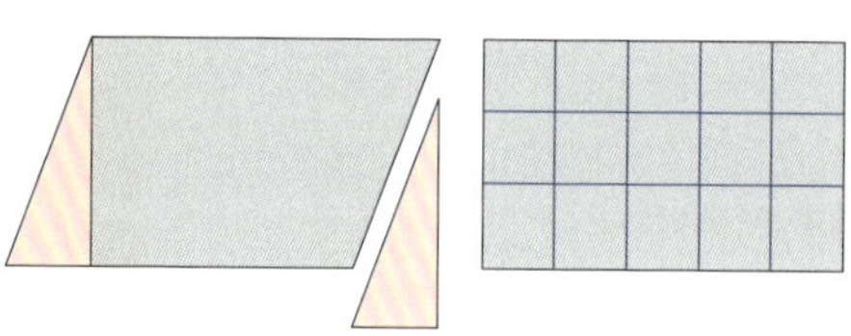

Erkläre an den Bildern, wie man den Flächeninhalt eines Parallelogramms berechnet.

In dieser Version können die Lernenden verstehen, wie man ganz generell ein Flächenproblem lösen kann: durch Zerlegen und Zusammensetzen der Fläche oder durch Auslegen mit Quadraten. Mit diesen beiden Strategien kann man später auch Probleme lösen, die etwas anders aussehen.

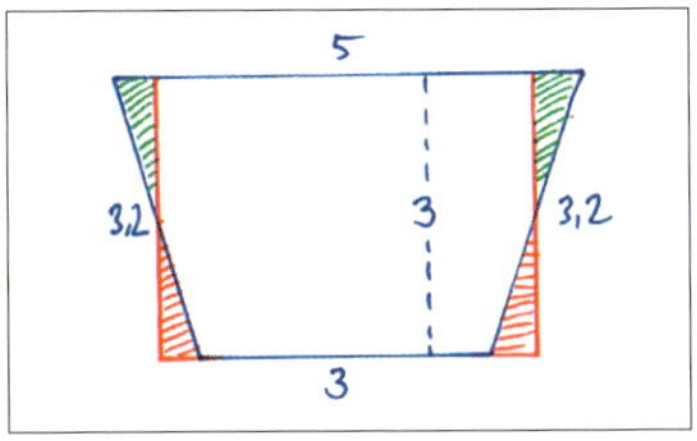

Beispielsweise kann man das Trapez aus der obenstehenden Aufgabe so zusammensetzen, dass der Flächeninhalt mit dem eines Rechtecks vergleichbar wird, und erhält: $3\,\text{cm} \cdot 4\,\text{cm} = 12\,\text{cm}^2$. In manchen Schulbüchern und Klassen sieht die Erarbeitung von Flächeninhalten sogar noch anders aus:

Welche Figur hat den größten Flächeninhalt?
Wie gehst du vor, um das herauszufinden?

Hier wird nicht nur eine Strategie zur Flächenberechnung präsentiert, die Kinder müssen diese Strategie sogar erst selbst entwickeln. Sie lernen – mit Unterstützung der Lehrkraft und mit Hilfe von Papier und Schere – nicht nur, das konkrete Problem zu lösen, sondern auch ganz generell etwas über Problemlösen, also darüber, wie man in unbekannten Situationen selbst nach Lösungen suchen kann. Schauen Sie doch einmal im Schulbuch Ihres Kindes nach: Gibt es Aufgaben, die die Kinder zum Problemlösen auffordern?

Beim Problemlösen – ob im Alltag oder in der Mathematik – geht es also nicht um das Wissen, sondern um die Fähigkeit, in unbekannten Situationen auch ohne genau passendes Wissen zurechtzukommen. Dazu helfen bestimmte Techniken, die in der Mathematik als „Strategien" bezeichnet werden. Beim Gefrierschrank der PISA-Aufgabe oder dem Beispiel des nicht funktionierenden Internets geht es beispielsweise um die Strategie: Alle Fälle durchspielen. Bei der Flächenberechnung hilft die Strategie: Eine neue Fläche geeignet in Teile zerlegen. Solche übergreifenden Strategien sind sozusagen Werkzeuge, die man erlernen und immer wieder anwenden kann. Problemlösen hat zwar mit Kreativität und Einfallsreichtum zu tun, aber auch damit, ob man einen guten „Werkzeugkasten" dabei hat.

Wenn es im Leben darum geht, ein Problem zu lösen, ist es meistens ernst. In der Schule können Kinder lernen, Strategien spielerisch anzuwenden. Aber auch im täglichen Familienalltag gibt es immer wieder Situationen, in denen man spielerisch Problemlösefähigkeiten fördern kann. Das kann bei den tagtäglichen Hausaufgaben geschehen oder auch beim Computerspielen – dazu später mehr.

Was sollte jeder wissen und können?

- *... ein Problem erkennen und in eigenen Worten beschreiben*
- *... Strategien kennen und nutzen (Beispiele betrachten, Bilder zeichnen, Tabellen anlegen, ...)*
- *... nach Plan vorgehen*
- *... Vorwissen anwenden*
- *... sich in unbekannten Situationen nicht abschrecken lassen, sondern immer wieder Neues ausprobieren*

Die Übersicht macht deutlich, dass zum Problemlösen unterschiedliche Fähigkeiten gehören: Es geht sowohl um das Planen und die Kontrolle des Problemlöseprozesses, als auch um die Problemlösehaltung, also die Bereitschaft, ein Problem anzugehen und nicht gleich aufzugeben, wenn es nicht klappt. Bekannt sein müssen auch die Strategien, die beim Problemlösen helfen können, außerdem spielt das jeweilige individuelle Vorwissen eine entscheidende Rolle für den Erfolg beim Lösen eines konkreten Problems. „Mathe können" ist immer eine Mischung von konkretem Wissen und übergreifenden Problemlösefähigkeiten.

Um die oben genannten Punkte verständlich zu machen, zeigen wir eine Aufgabe mit kompletter Schülerlösung. Bevor Sie weiterlesen, können Sie selbst ausprobieren, wie sich das Problemlösen anfühlt. Aller Wahrscheinlichkeit nach haben auch Sie kein fertiges Verfahren parat.

Rundwanderung

In den letzten Herbstferien wanderte ich die Küste entlang um das Inselchen Linosa südlich von Sizilien. Ich machte mich bei Punta Calcarella im Uhrzeigersinn auf den Weg. Unterwegs begegnete ich bloß einem Ehepaar, das die Insel offensichtlich im Gegenuhrzeigersinn umwanderte. Das mir fremde Paar traf ebenso wie ich Punkt 18.00 Uhr im Punta Calcarella ein, rechtzeitig jedenfalls, um die letzte Fähre um 18.30 nach Lampedusa zu erreichen. Wir kamen ins Gespräch und rätselten, wann wir uns gekreuzt hatten. Wir konnten uns jedoch nur erinnern, wann wir zur Wanderung aufgebrochen waren. Das Ehe paar, das sich mit Egger vorstellte, war u 15.00 Uhr gestartet, ich hatte meine Wan derung um 16.00 Uhr aufgenommen. W alle hatten den Eindruck, mit konstante Geschwindigkeit gewandert zu sein.

Wann haben wir uns gekreuzt?

Die Schülerlösung, die wir hier zeigen, stammt von Michael, einem Achtklässler, der im Unterricht zuvor immer wieder Erfahrungen mit Problemlösesituationen sammeln konnte.

◯ *… ein Problem erkennen und in eigenen Worten beschreiben*

Zu Beginn versucht Michael, das Problem erst einmal zu verstehen. Dazu übersetzt er es in eine konkrete Situation und erstellt eine Zeichnung, die die Angaben aus dem Text konkretisiert.

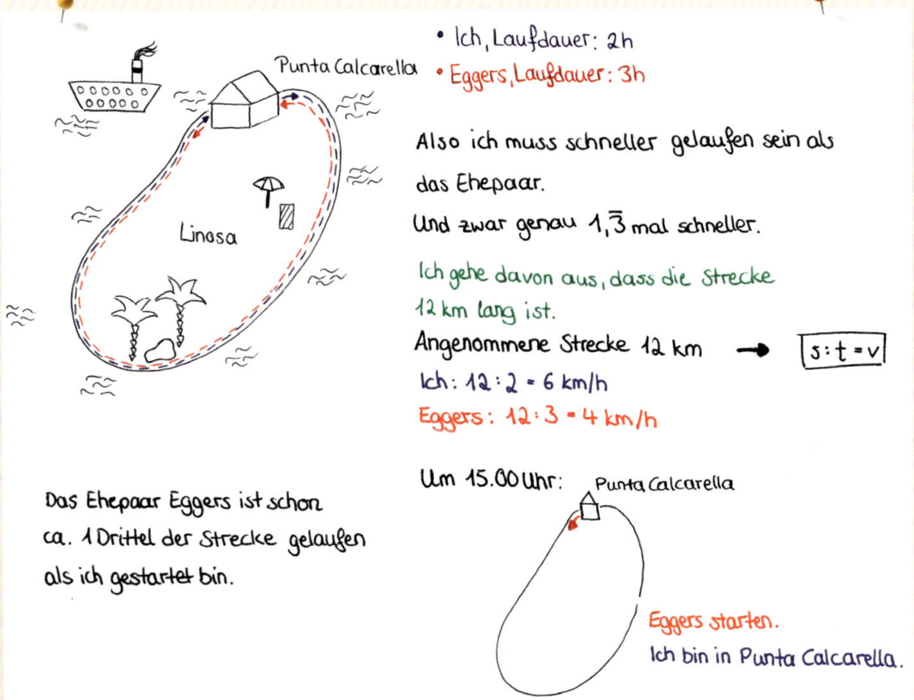

◯ *… sich in unbekannten Situationen nicht abschrecken lassen, sondern immer wieder Neues ausprobieren*

Sein Herangehen an die Aufgabe zeigt, dass er sich von der Komplexität der Aufgabe nicht einschüchtern lässt, sondern sich mithilfe von Zeichnungen und Konkretisierungen aktiv damit auseinandersetzt. Eine ganz besondere Leistung ist es, dass er eine Annahme macht, die in der Aufgabe nicht gegeben war, nämlich dass die Strecke 12 km lang ist. Ob die Lösung davon abhängt, was man hier annimmt?

Kommt bei 15 km etwas anderes heraus? Wir wissen es nicht und wir wissen auch nicht, ob Michael das klar ist. Viel wichtiger ist aber, das er sich getraut hat, eine Entscheidung zu treffen und etwas auszuprobieren.

◯ *... Strategien kennen und nutzen (Beispiele betrachten, Bilder zeichnen, Tabellen anlegen, ...)*

Was Michael aber auf jeden Fall getan hat: Er hat das Problem durch seine Annahme vereinfacht. Statt des allgemeinen Problems mit unbekannter Inselgröße hat er ein konkretes und daher einfacheres Problem gewählt. Ganz grundsätzlich ist das „Problem vereinfachen" eine sehr nützliche Strategie. Zu so einem Schritt gehört Mut und Erfahrung, aber ganz besonders die Sicherheit, dass der Lehrer oder die Lehrerin solche selbstständigen Entscheidungen schätzt und nicht etwa zurückmeldet: „So solltest du das aber gar nicht machen."
Michael hat im Verlauf noch viele weitere Strategien angewendet. Nachdem er die Situation mit Hilfe des konkrete Bildes verstanden hat, lag es nahe, das Bild auch zu verwenden, um der Lösung nahe zu kommen.

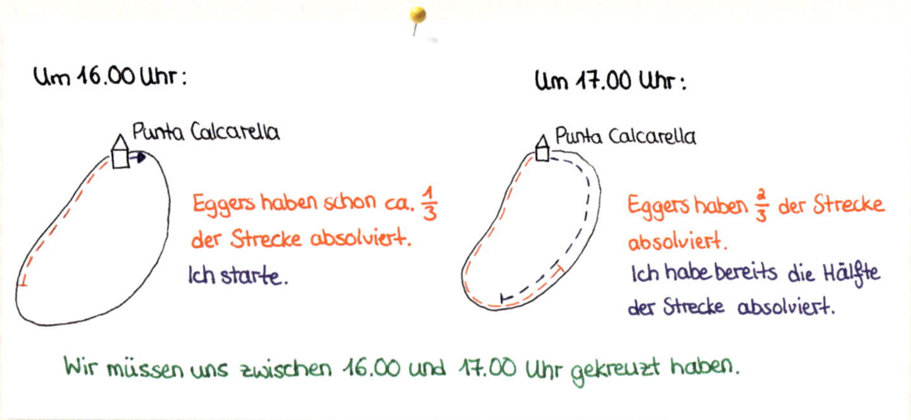

Manchmal kann man einem solchen Bild die Lösung schon direkt entnehmen, so wie beim Umlegen der Münzen beim kleinen Gauß (s. S. 184). Leider ist es in diesem Fall nicht so leicht. Daher hat Michael eine Strategie genutzt, die oft funktioniert, wenn man nicht weiter weiß. Man erzeugt einige Beispiele. Das hat Michael zwar nicht auf die Lösung geführt, aber er hat nun schon zweierlei: Eine ungefähre Lösung und, was noch wichtiger ist, eine Vorstellung davon, wie er weiter vorgehen kann. Im nächsten Schritt erzeugt er seine Beispiele systematischer und tastet sich an die Lösung heran. Er entscheidet sich auch für eine Darstellung, die geeignet ist, so ein systematisches Vorgehen übersichtlich festzuhalten: Eine Tabelle.

Wieder angenommen die Strecke sei 12 km lang, dann haben um 17.00 Uhr Eggers 8 km absolviert. Ich habe 6 km absolviert.

Zeit	1h	30min	15min	10min	1min	5min	3min
Strecke Eggers	4km	2km	1km	$0,\overline{6}$km	≈66m	≈380m	200m
Strecke Ich	6km	3km	1,5km	1km	100m	500m	300m

	16:00	16:30	16:40	16:45	16:48
Ich	–	3km	4km	4,5km	4,8km
Eggers	4km	6km	$6,\overline{6}$km	≈7km	7,2km
Strecke zusammen	4km	9km	$10,\overline{6}$km	11,5km	12km

Strecke Ich + Eggers = ganze Strecke

Wir treffen uns um 16:48 Uhr.

Michaels Lösung hat gezeigt, zu welchen Leistungen ganz normale Schülerinnen und Schüler fähig sind, wenn sie echten Problemen mit unbekanntem Lösungsweg begegnen und nicht nur Lösungsverfahren für ganz bestimmte Aufgaben auswendig lernen und anwenden. Dazu müssen sie im Unterricht allerdings immer wieder die Chance haben, so zu arbeiten, und bei der Anwendung von Strategien gefördert werden.

Daheim kann man seinen Kindern helfen, wenn sie an Problemaufgaben arbeiten. In der Regel sind Hausaufgaben nicht so offen wie beim einführenden Beispiel. Der Lehrer oder die Lehrerin begleitet die Lernenden im Unterricht bei solchen Lösungsprozessen. Für die selbstständige Arbeit daheim stellt er oder sie eher Aufgaben, für deren Bearbeitung die Lernenden das Wichtigste bereits im Unterricht erarbeitet haben. Dennoch wird in zunehmendem Maße auch die Bearbeitung kleiner Probleme erwartet. Dann kann man als Elternteil sicherlich versuchen, zusammen mit seinen Kindern auf die Spur zu kommen. Man kann die Kinder aber auch beim Problemlösen beobachten und sogenannte „minimale Hilfen“ geben. Dazu muss man nicht einmal selbst die Lösung im Kopf haben, es kommt eher darauf an, zum Dranbleiben zu motivieren und zum Nachdenken über den Lösungsprozess anzuregen.

Tipp für Zuhause

Geeignete Fragen für die elterliche Unterstützung lauten z. B.:
- Hast du das Problem schon verstanden?
  Kannst du das Problem in eigenen Worten erklären?
- Welche Möglichkeiten hättest du, um es anzugehen?
  Könnte ein Bild helfen?
- Hast du schon ein oder mehrere Beispiele dazu aufgeschrieben?
- Kannst du dir anhand der Beispiele vorstellen, wie es weitergeht?
  Welches Muster kannst du erkennen?
- Was hast du bis hierhin schon herausgefunden? Was noch nicht?

◯ *... nach Plan vorgehen*

Eine weitere Hilfe für Schülerinnen und Schüler beim Problemlösen, insbesondere für weniger leistungsstarke, sind sogenannte Lösungspläne, mit denen man sie dabei unterstützt, bestimmte Schritte beim Problemlösen einzuhalten. Die können so aussehen wie links (Beispiel aus Kanada) oder rechts (Beispiel aus Deutschland).

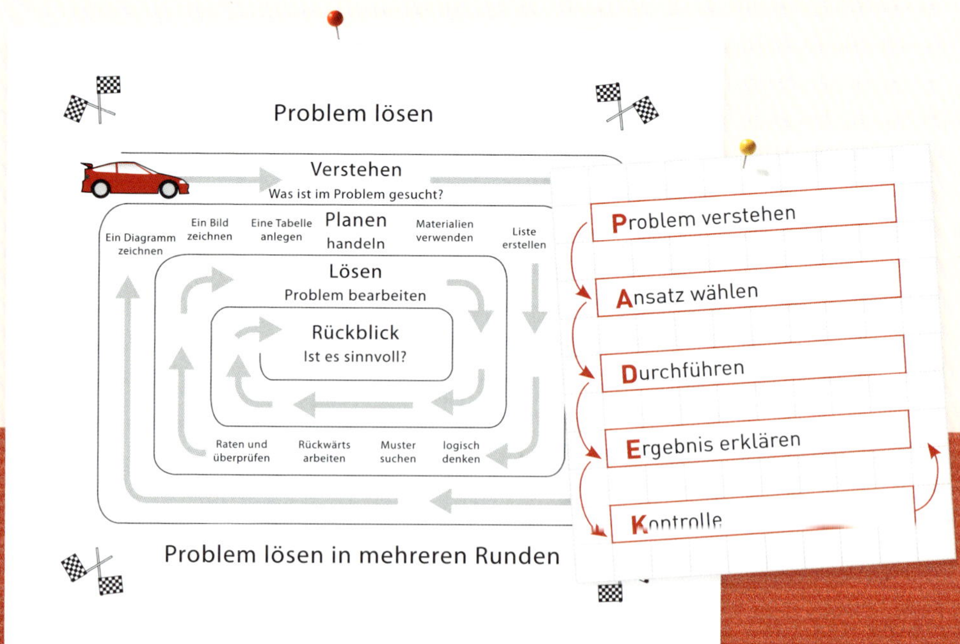

Vielleicht kennen Sie aus Ihrer eigenen Schulzeit noch den Dreischritt „Frage – Rechnung – Antwort". Auch dieses sollte zum systematischen Problemlösen vor allem bei sogenannten Textaufgaben anregen. Wenn die Schritte aber nur schematisch angewendet werden, wie hier:

F: Wie lang ist Peter unterwegs?
R: 30 km : 5 km/h = 6 h.
A: Peter ist 6 h unterwegs.

dann verfehlt der Plan seine Wirkung und regt nicht mehr zum Nachdenken über das Problem oder die Lösung an. Mehr dazu erfahren Sie im Kapitel „Modellieren".

◯ *… Vorwissen anwenden*

Problemlösen bedeutet auch immer, auf Vorwissen zurückzugreifen. Ob eine Aufgabe ein Problem ist oder nicht, hängt nicht nur von der Aufgabe ab, sondern auch vom Vorwissen des Problemlösers. Hätte Michael beispielsweise nicht gewusst, wie man aus dem Weg und der Zeit für die Gesamtstrecke Wege für Zwischenzeiten ausrechnet, hätte er das Problem kaum lösen können. Ein Jahr später hätte Michael weiteres mathematisches Wissen erworben, mit dem er das Problem vielleicht so angegangen wäre:

Problem:

Einer läuft die Strecke vorwärts, einer rückwärts. Wann sind beide an derselben Stelle?

Ansatz:

Beide Wege kann man als lineare Funktionen mit x als Zeit darstellen: $y = m \cdot x + b$.
y ist der zurückgelegte Weg, und x ist 0, wenn ich um 16 Uhr loslaufe. Ich nehme an, der Weg beträgt 12 km. Dann laufe ich mit 6 km/h und Eggers mit 4 km/h.
Mein Weg: $y = 6\,\text{km/h} \cdot x$
Eggers Weg: $y = 12\,\text{km} - 4\,\text{km} - 4\,\text{km/h} \cdot x$

Durchführen:

Wann treffen die beiden zusammen?
$6\,\text{km/h} \cdot x = 12\,\text{km} - (4\,\text{km/h} \cdot x + 4\,\text{km})$
$10\,\text{km/h} \cdot x = 8\,\text{km}$
$x = \frac{8}{10}\,\text{h} = \frac{8}{10} \cdot 60\,\text{min} = 48\,\text{min}$

Ergebnis:

48 min nach 16 Uhr, also 16:48 Uhr.

Kontrolle:

Das Ergebnis liegt zwischen 16 und 18 Uhr, also innerhalb meiner Laufzeit. Eggers sind schon um 15 Uhr gestartet. 16:48 Uhr kann also stimmen.

Was können Eltern noch tun?

Kinder reparieren keine Kühlschränke – kleine Bastler und größere Technikfans ausgenommen. Aber Kinder und Jugendliche spielen gern. Neben Wettkampfspielen, Geschicklichkeitsspielen und Rollenspielen gibt es eine ganze Zahl von Spielen, bei denen es um Strategien und Problemlösen geht. Machen Sie diese Spielsituationen aus und fördern Sie Kinder dabei.

Im Folgenden sehen Sie zwei „Bei-Spiele" für den Computer und das Smartphone:

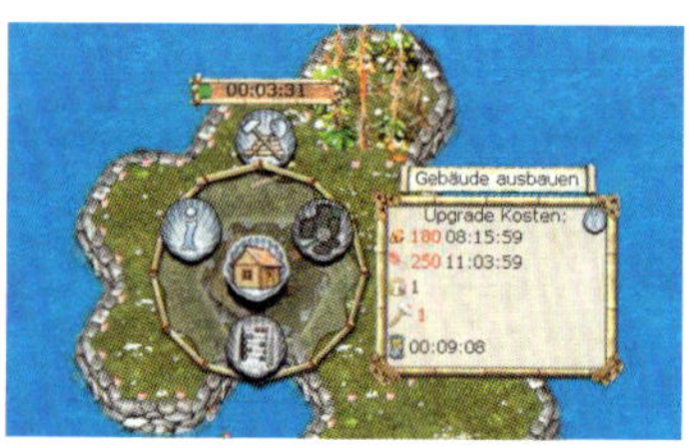

Escaria

Aqueduct

Bei Simulationsspielen geht es darum, zu erkunden, welche Handlungen welche Wirkungen haben. Was muss man tun, um eine bestimmte Ressource möglichst groß werden zu lassen? Wie geht man mit sich widersprechenden Anforderungen um? Mit Spielen dieser Art erforschen Wissenschaftler heutzutage sogar das Problemlöseverhalten von Kindern und Erwachsenen.

Bei Strategiespielen hat der Spieler meist alle Zeit der Welt. Er kann so lange nachdenken, wie er es für richtig hält, und viele Spielzüge im Voraus planen. Er kann aber auch das Problem in kleinere Schritte zerlegen, die er zunächst löst, und dabei einige Teilprobleme nach hinten schieben. Er kann auch einfach viele Male probieren, bis er die Zusammenhänge so durchblickt, dass er die Lösung wieder systematisch angehen kann. Sie bemerken, wie viele Problemlösestrategien hier aktiviert werden.

Tipp für Zuhause

Bei Computerspielen, bei denen Strategien gefragt sind, erwerben Kinder Problemlösefähigkeiten und Problemlösehaltungen.
Was kann man tun, damit sich die „Problemlösetugenden" vom Spielen auch auf den Alltag oder sogar den Mathematikunterricht übertragen? Es kann helfen, wenn Sie Ihr Kind erklären lassen, wie es vorgegangen ist. Fragen Sie nach:

- Wieso hast du diesen Weg eingeschlagen? Wieso nicht anders?
- Was hast du dir gedacht, als du das „Level geknackt" hast?
- Was hat dich am Schluss auf die Lösung gebracht?

Sie werden staunen, wie viele Strategien zu Tage treten, wenn man das Vorgehen genauer anschaut. So kann es gelingen, dass sich Ihr Kind Strategien, die es in Worten beschrieben hat, bewusster merkt und auch an anderer Stelle wiederfindet. „Ich habe es erst einmal andersherum probiert" oder „Ich habe mir überlegt, dass ich erst einmal bis dorthin kommen muss" sind Strategien, die auch bei den Hausaufgaben nützlich sein können.
Sicher haben Sie schon begonnen, zu zweifeln: Wenn Sie Kinder und Jugendliche beim Spielen bedrängen, ihnen ihre Rückzugsräume nehmen, erreichen Sie gar nichts. Natürlich müssen Kinder auch ungestört und unbelastet spielen dürfen. Hier hilft nur Einfühlungsvermögen und vor allem echtes Interesse. Vielleicht spielen Sie einfach mal mit und sehen, wie auch Ihre Problemlösefähigkeiten an ihre Grenze kommen.

Tipp für Zuhause

Bieten Sie Ihrem Kind zu einem günstigen Zeitpunkt Knobelspiele an (z. B. im Urlaub, auf Zugfahrten, an einem verregneten Sonntag ...).

Hoffentlich haben Sie den Tipp oben auf der Seite nicht als unmoralisches Angebot verstanden, Ihr Kind zum Computerspielen zu verführen. Natürlich gibt es auch Problemlösespiele, die ganz ohne Batterien und Bildschirme funktionieren. Gerade in langweiligen Situationen, wenn gerade kein Computer zur Hand ist – beim Geburtstagskaffee der Oma oder auf der Zugfahrt – lassen sich Kinder auch auf andere Spiele ein, zum Beispiel zum Sudoku.

			8				4	5
4	6							1
			9					8
	7			3		5		
		9		5		7		6
				2		3		
	5				2		6	
	4				6	8	2	
6	3				4			

Natürlich wird man nicht automatisch in Mathematik besser, nur weil man Knobelaufgaben löst. Wohl aber besteht die Chance, dass sich die Offenheit gegenüber Problemen, bei denen der Lösungsweg nicht direkt klar ist, überträgt oder dass das disziplinierte Durchhalten oder Strategien wie das Abarbeiten aller möglichen Fälle auch beim Bearbeiten von Mathematikaufgaben zum Tragen kommen.

„Sag mir doch einfach, wie ich das machen soll." – diese ungeduldige Reaktion des Nachwuchses hört man allzu oft, wenn man beim Begleiten der Hausaufgaben zum Nachdenken anregen möchte oder zu ausführlicheren Erklärungen ansetzt. Die Grundhaltung dahinter ist, dass Hausaufgaben halt „erledigt" werden müssen. Kurzfristiger Erfolg bei der nächsten Klassenarbeit erscheint wichtiger als grundlegendes Verständnis (siehe dazu auch das Kapitel über Nachhilfe). Wie kann man trotzdem – mit viel Einfühlung in die Situation und mit aller Vorsicht – seine Kinder zum Problemlösen ermutigen?

Im Folgenden nennen wir einige „Verhaltenstipps" (weitere Hinweise finden Sie auch im Kapitel zu Hausaufgaben ab S. 148):

- Sagen Sie nie: „Ich zeig dir mal, wie man das macht." Das erstickt jedes Problemlösen im Keim.
- Wenn Sie fragen: „Wie hast du das in der Schule denn gelernt?", erfahren Sie vielleicht etwas darüber, ob Ihr Kind verstanden hat, wie man bestimmte Probleme löst, ober ob es nur unverstandene Verfahren nachahmt.
- Wenn Ihr Kind an einer Stelle nicht weiter kommt, regen Sie es an, eine Strategie zu verwenden. Möglicherweise ahnen Sie, welche hilfreich ist. Meist können Sie es probieren mit „Gib einmal einige Beispiele." oder „Kannst du das auch anders darstellen? Kannst du ein Bild dazu malen?".
- Es formuliert sich leicht, aber es braucht viel Übung: Geben Sie möglichst nur Motivationshilfen („Probier's einfach nochmal") und strategische Hilfen (siehe den vorherigen Punkt) und schieben Sie Tipps, die Teile der Lösung vorsagen, so lange wie möglich auf.
- Wenn Sie selbst eine Idee haben oder gar wissen, „wie es geht", versuchen Sie nicht gleich, Ihr Kind in diese Richtung zu drängen. Lassen Sie ihm oder ihr Zeit, eigene Strategien zu entwerfen. Vielleicht ist dieser Weg genauso gut oder besser als Ihrer. Und wenn es sich als Sackgasse herausstellt, ist das auch kein Beinbruch.

– Lassen Sie Ihrem Kind Zeit, wenn es an einem Problem bastelt. Ungeduldiges Einhelfen reißt nur aus der Konzentration auf die eigenen Gedanken. Ein Kind, das zwei Minuten lang ruhig ist, denkt intensiv nach, oft genug mit erfolgreichem Ergebnis. Eine ruhige Atmosphäre trägt mehr zum problemlösenden Arbeiten bei als ein hektisches Zwiegespräch.
– Machen Sie sich und Ihrem Kind klar, dass Fehler und Umwege ein vollkommen normaler und wichtiger Teil beim Problemlösen sind.
– Oft genug passiert es, dass die Eltern bei den Aufgaben der Kinder auch nicht durchblicken. Die Grundhaltung „Lass uns mal gemeinsam probieren, wie wir da durchkommen" kann Wunder wirken.

Der nächste Tipp richtet sich eher an die mathematisch versierteren Eltern. Langweilige Aufgaben lassen sich leicht durch Fragen zu interessanten Problemen, sogenannten „produktiven Übungen" umgestalten: Angenommen Ihre Tochter stöhnt – verständlicherweise – über diese „langweiligen Aufgaben". Eigentlich muss sie auch nicht noch einmal so viele Aufgaben durchrechnen, hier ist sie schon sicher. Also suchen Sie gemeinsam eine Frage, die das Ganze interessanter gestaltet.

a) $x + 2 = 4x$
b) $2x + 4 = 5$
c) $10x + 2 = 5x$
d) $10x - 2 = 5x$
e) $10 = 2x + 2$
f) $100 = 2x + 2$

Sehr oft funktionieren Fragen wie diese:
– Bei welcher Aufgabe ist das Ergebnis am größten/am kleinsten/am nächsten an 100 usw.? Wie kann man das herausfinden, bevor man rechnet?
– Welche Aufgabe ist die leichteste? Welche die schwierigste? Warum? Wenn du an einer Aufgabe *eine* Sache ändern dürftest, um sie einfacher zu machen, was würdest du wählen?
– Gibt es ähnliche Aufgaben? Worin ähneln sie sich, worin unterscheiden sie sich? Wie wirkt sich das auf das Ergebnis aus?
– Nimm eine Aufgabe und verändere nur eine Zahl darin. Wie verändert sich das Ergebnis? Gibt es ein Muster?
– Kannst du drei weitere Aufgaben selbst erfinden, die dasselbe Ergebnis wie eine der Aufgaben haben? Wie bist du vorgegangen?

Auf diese Weise können mathematische Probleme gelöst und das Rechnen nebenbei eingeübt werden. Natürlich sollten Sie mit dem Lehrer oder der Lehrerin vorher absprechen, dass Sie gelegentlich Aufgaben zum Wohle Ihres Kindes so umbiegen.

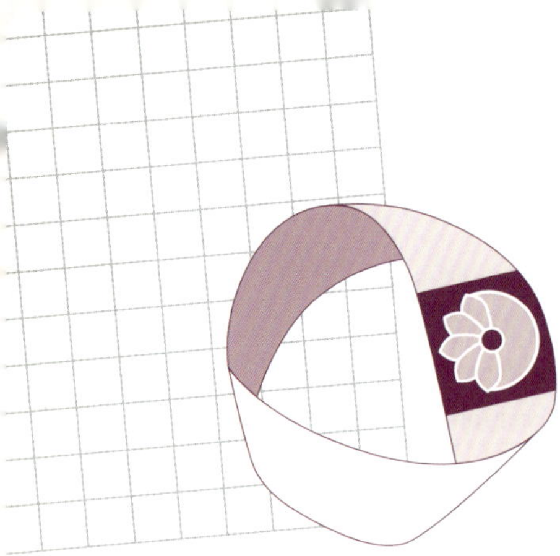

Modellieren

Mit Mathematik die Welt verstehen

Mathematik ist aus unserer Welt nicht mehr wegzudenken. Schon immer hat der Mensch versucht, die Welt mit ihrer Hilfe zu verstehen. Als Pythagoras (ca. 500 v. Chr.) bemerkte, dass Saiten besonders harmonisch zusammen klingen, wenn ihre Längen in einfachen Zahlenverhältnissen stehen (also z. B. 5 zu 4) soll er gesagt haben: „Alles ist Zahl." Den Erfolg dieser Annahme beweisen Naturwissenschaft und Technik der letzten Jahrhunderte: Ob Weltraumfahrt, Wettervorhersage oder WWW, ob Relativitätstheorie oder Routenplanung, alle fußen ganz wesentlich auf der Entwicklung und Anwendung von Mathematik. Allerdings wird die Mathematik immer komplizierter und versteckter, das gesellschaftliche Bewusstsein dafür, dass sie das Fundament für Naturwissenschaft und Technik darstellt, schwindet, und mit ihm auch der Anteil derjenigen, die sich beruflich dafür interessieren.

Die Schule ist der Ort, an dem junge Menschen erleben können, wo und wie Mathematik angewendet wird. Das beginnt schon in der Grundschule, wenn Kinder zu Sachsituationen passende Rechnungen finden müssen – allen wohlbekannt als Textaufgaben. Gerade in der weiterführenden Schule kann der Mathematikunterricht dann Jahr für Jahr neue und immer anspruchsvollere Beispiele für mathematische Anwendungen vorstellen: Das Lernen neuer mathematischer Inhalte (z. B. Exponentialfunktionen) geht Hand in Hand mit dem Kennenlernen ihrer Anwendungen (z. B. Bevölkerungswachstum).

In diesem Kapitel erfahren Sie, woran Sie als Eltern erkennen können, welches Bild vom Wesen und Wirken der Mathematik Ihr Kind vermittelt bekommt. Und Sie können vielleicht selbst liebgewordene Klischees aus Ihrer Schulzeit revidieren.
Was genau bedeutet es, die Welt mit Hilfe von Mathematik zu verstehen? Sicherlich gibt es Dinge, bei denen die Mathematik nicht hilft, etwa bei vielen sozialen, moralischen oder religiösen Fragen. Aber immer dann, wenn es um die Erfassung von Mustern und Strukturen in unserer Umwelt geht, die sich mit Zahlen oder mit geometrischen Formen beschreiben lassen, entwickelt die Mathematik ihre Stärke. Und das gilt nicht nur für Probleme der Buchhaltung oder der Physik. Sie können sich einen Eindruck davon verschaffen, wenn Sie (vielleicht zusammen mit Ihrem Kind) versuchen, das folgende Problem mit Mathematik anzugehen. Das funktioniert am besten, wenn Sie sich von der Vorstellung lösen, Sie bräuchten irgendeine mathematische Formel, die Ihnen nicht mehr einfällt. Arbeiten Sie einfach mit Ihren alltäglichen Fähigkeiten, zu schätzen, zu rechnen und sich Dinge vorzustellen.

Winterchaos schlägt wieder zu

Neukirchen 20 Kilometer Stillstand wegen absoluten Winterchaos: So sah es am Mittwochnachmittag auf der A8 aus. Am Ende musste das Rote Kreuz ausrücken, um die Gestrandeten zu versorgen.

Für die Helfer ist sicherlich die Frage von Interesse: Wie viele Menschen stecken in so einem 20 km langen Stau?

Mila: Das kann man ja gar nicht rechnen.
Da hab' ich ja überhaupt keine Zahlen.
Ole: Na dann schätzen wir halt.
Ich würde mal sagen so an die 1000.
Mila: Nee, so viele? Eher 100, oder?

Bei Mathematikaufgaben hat man sich daran gewöhnt, dass alle nötigen Informationen in der Aufgabe stehen und man sich nur noch darum kümmern muss, wie man sie verwendet. In der Realität ist das anders: Zuallererst trifft man auf ein Problem und muss herausfinden, welche Informationen man zur Lösung benötigt. Im heutigen Mathematikunterricht geht man immer häufiger genauso vor.

Dahinter steht die Einsicht, dass es nicht möglich ist, in der Schule alle denkbaren Lösungsansätze zu lernen, damit man sie dann im späteren Leben zu Verfügung hat. Auch das Umgehen mit Unklarheiten, fehlender Information und unbekannten Lösungswegen muss schon in der Schule stattfinden und gelernt werden. Im Prinzip wurde das bereits unter dem Punkt „Problemlösen" gesagt. Beim „Modellieren" ist die Situation deshalb noch etwas anders, weil es sich nicht um rein mathematische Probleme handelt, sondern um Situationen aus dem Alltag, für die noch gar nicht klar ist, welche Mathematik angewendet werden könnte. Eine geeignete mathematische Beschreibung muss erst erarbeitet werden. Das beginnt mit der Suche nach den benötigten Informationen.

Ole: Welche Zahlen bräuchten wir denn, damit wir was ausrechnen können?

Mila: Naja, das hängt halt von vielen Dingen ab, z. B. davon, wie viele Leute in den Autos sitzen und wie dicht die stehen.

Ole: Und davon, ob es zwei oder drei Spuren sind. Und ob es Lastwagen oder Pkw sind.

Mila: Aber das wissen wir ja alles gar nicht.

Ole: Dann müssen wir uns halt Zahlen ausdenken, die passen könnten.

Mila: Oder recherchieren. Oder Nachmessen.

3 Spuren
1 Person pro LKW (der Fahrer).
1,5 Personen pro PKW.
Länge des PKW 4 m,
Länge des LKW 8 m.
Eine Spur komplett mit LKW,
zwei Spuren mit PKW.

Im Folgenden einigen sich die beiden auf verschiedene Annahmen. Mila hat im Internet recherchiert, dass in Deutschland durchschnittlich 1,6 Personen in einem Pkw sitzen. Ole hat das Familienauto nachgemessen. Nun rechnen sie.

(20 km : 4 · 1,5 Personen) · 2 + (20 km : 8 · 1 Person) = 17.500 Personen

↑ PKW pro Spur im Stau ↑ LKW pro Spur im Stau

An dieser Stelle haben die beiden etwas gemacht, was mehr ist als nur Rechnen. Sie haben für die Situation „Stau“ eine mathematische Beschreibung entwickelt, man sagt auch, sie haben ein „mathematisches Modell gebildet“. Das Modell kann man als Formel aufschreiben, ob mit Buchstaben oder Zahlen. Man kann es auch in Worten beschreiben oder als Bild.
Jedes Mal wenn man die Wirklichkeit mit mathematischen Mitteln beschreibt, trifft man Entscheidungen, bestimmte Aspekte zu berücksichtigen und andere wegzulassen.

Ole: Wow, das hätte ich nicht gedacht. 17 500!
Mila: Stimmt vielleicht auch gar nicht. Die Lkw sind ja länger. Außerdem hab ich im Internet gefunden, dass nur 8 % aller Fahrzeuge Lkw sind.
Ole: Und wir haben vergessen, dass die Autos ja noch mit Abstand voneinander fahren.

Die Wahl eines bestimmten mathematischen Modells kann mehr oder weniger passend sein. Hier hat es ausgereicht, um zu sehen, dass deutlich mehr als die zuvor geschätzten 1000 Personen im Stau stehen. Will man es genauer wissen, also z. B., ob man 10 000 oder eher 20 000 Menschen mit Decken und Getränken versorgen muss, dann muss man das Modell verbessern.
Mathematische Modelle spielen in Wissenschaft und Technik eine sehr große Rolle. Kepler hat die Mathematik im Bau unseres Sonnensystems gesucht und gefunden. Newton, Maxwell, Heisenberg und Einstein haben die Bewegungen der Körper und der Atome, die Elektrizität und den Magnetismus, ja sogar Raum und Zeit mit mathematischen Modellen erfasst. Unsere alltägliche Technik, ob Internet oder GPS, nutzt ausgeklügelte mathematische Modelle und Algorithmen. In der Schule lernen unsere Kinder nicht nur diese „fertige“ Mathematik kennen, sie lernen auch, wie sie Mathematik anwenden oder sogar selbst entwickeln können, um die Welt zu beschreiben, „zu modellieren“. Sie erfahren, wie Mathematik entsteht in einem beständigen Wechsel zwischen der realen Welt und den mathematischen Modellen, die die Realität beschreiben.

Was sollte jeder wissen und können?

... Annahmen machen, schätzen und überschlagen

... Fragen stellen: Wie viele? Wie lang? Wie groß? Wie funktioniert ...?

... mathematische Ergebnisse in der realen Welt interpretieren und bewerten

... eine Situation mit mathematischen Mitteln beschreiben

... Annahmen machen, schätzen und überschlagen

Das Beispiel im vorigen Abschnitt hat gezeigt, dass die Beziehung zwischen Mathematik und Realität interessanter ist, als uns das aus vielen Mathematikbüchern in Erinnerung ist.

> Ein PKW darf 400 kg Nutzlast laden. Familie Müller hat vier Koffer zu je 20 kg. 3 Fahrräder zu je 50 kg.
>
> Wie viele Taschen zu jeweils 12 kg passen noch ins Auto?

Wenn man nur solchen Aufgaben begegnet, wird man eher nicht den Eindruck bekommen, Mathematik für echte Probleme gebrauchen zu können. Warum sind die Koffer alle gleich schwer? Und was ist mit dem Gewicht der mitfahrenden Personen? Um Mathematik als nützlich zu erfahren, braucht es Aufgaben, die einerseits realistischer sind, andererseits aber auch mehr herausfordern und mehr Spielräume für eigene Ideen lassen. Man nennt solche Aufgaben daher auch „offene" Aufgaben und man findet sie in Schulbüchern immer öfter.

Familie Baumann fährt in den Urlaub. Herr Baumann hat das Auto voll bepackt. Aber jetzt zweifelt er: Kann das Auto die Last überhaupt tragen? In den Autopapieren findet er das zulässige Gesamtgewicht. Die „Zuladung" besteht aus: 5 Personen (82 kg, 66 kg, 51 kg, 43 kg und 24 kg), 1 Zelt (49 kg), 1 Campingtisch, 5 Klappstühle, 4 Koffer (jeder etwa 20 kg schwer), 1 Lebensmittelkiste (sie wiegt auf der Haushaltswaage 22 kg), viel Kleinkram: Fußball, Federball, Kissen, Kühltasche mit Proviant, Gummistiefel für die Kinder, Regenschirm, ...

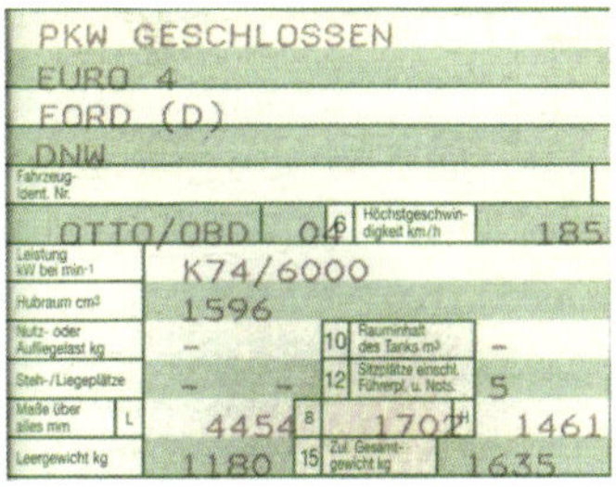

Meinst du, das Auto ist überladen?

Im Unterricht lernen die Kinder und Jugendlichen, mit solchen Situation immer besser umzugehen. Die Arbeit damit ist natürlich eine Herausforderung für den Lehrer und die Lehrerin – schließlich kann man nicht mehr einfach nach richtigen und falschen Ergebnissen unterscheiden. Bei der heimischen Arbeit können Sie als Eltern unterstützen, wenn Sie auf solche Aufgaben stoßen. Die Frage lautet dann nicht mehr: „Was *muss* man rechnen?" Sondern: „Was würde man in dieser Situation Sinnvolles tun?"

Tipp für Zuhause

Wenn Sie merken, dass eine Aufgabe keine eindeutige Lösung besitzt, so ist das meist kein Fehler, sondern gerade die Absicht der Aufgabe. Schimpfen Sie also nicht über das schlechte Mathematikbuch, sondern unterstützen Sie Ihr Kind dabei, mit den Unklarheiten zurechtzukommen. Ganz Ähnlich wie beim Problemlösen können Sie dies durch einige Fragen tun:

- Was ist das Problem bei der Aufgabe?
- Kannst du dir erst einmal die Aufgabe in einer einfacheren Fassung vorstellen und sie so bearbeiten?
- Welche Informationen sind wichtiger? Welche kann man vielleicht erst einmal weglassen?
- Welche Information hast du? Welche fehlt dir noch?
- Wie könntest du an die Information gelangen?
- Was kannst du schätzen?

Beim Schätzen von unbekannten Größen kann es helfen, wenn man sich auf bekannte, ähnliche Dinge bezieht.

… Fragen stellen: Wie viele? Wie lang? Wie groß? Wie funktioniert …?

Ganz unabhängig von Schulbuchaufgaben kann man auch im Alltag viele Gelegenheiten finden, die mathematische Fähigkeit des Schätzens anzuwenden und zu üben. Die Mathematik in unserer Umwelt zu sehen, ist nicht nur eine Frage des Wissens, sondern auch der Einstellung – und auch die kann man fördern, z. B. indem man sich eine gewisse Fragehaltung angesichts alltäglicher Dinge angewöhnt. Und das kann so funktionieren:

Tipp für Zuhause

Setzen Sie im Alltag einfach mal die „Schätzbrille" auf und fragen Sie sich und Ihr Kind bei jeder sich bietenden Gelegenheit:

- Wie lange?
- Wie viele?
- Wie groß?

Das auf den Seiten 117 ff. beschriebene Stau-Beispiel ist so eine Gelegenheit. Wenn Sie im Stau stehen, ist genügend Zeit, sich Fragen auszudenken:

- Wie viele Autos stehen pro km im Stau?
- Wie viel Benzin verbrauchen sie zusammen in einer Stunde, auch wenn sie gar nicht vorwärtskommen?
- Wie viel Geld würden die Menschen im Stau verdienen, wenn sie stattdessen bei der Arbeit säßen?
- Wie viele SMS werden jeden Tag aus dem Stau heraus versendet?

Sie werden sehen, die Fragen sind schnell gestellt und schon kommen die Herausforderungen:

- Was würde man ohne weitere Kenntnisse schätzen?
- Welche Annahmen muss man machen, um genauere Ergebnisse zu bekommen?
- Welche Informationen braucht man?
- Welche lassen sich ungefähr schätzen?

Diese Art von Fragen kommt auch in Schulbüchern immer häufiger vor. Sie helfen, Größenvorstellungen und Rechenfertigkeiten zu trainieren, und bieten interessante neue Sichten auf unsere Welt. Fragen dieser Art stellte der Physiker Enrico Fermi gern seinen Studenten. Heutzutage nennt man sie daher auch „Fermi-Fragen".

Tipp für Zuhause

Fermi-Fragen für die ganze Familie

- Ist der Bodensee groß genug, dass alle Deutschen
  a) um ihn herum stehen können,
  b) auf ihm stehen können (wenn er zugefroren ist),
  c) in ihm Platz hätten (wenn man das Wasser herauslässt)?
- Wie viele Kilometer legst du jedes Jahr zu Fuß zurück?
- Wie oft schlägt dein Herz jedes Jahr?
- Wie viele Nadeln hat ein Weihnachtsbaum?

Wenn Sie solche Fragen mit Ihrem Kind lösen wollen (z. B. beim Frühstück, jeden Tag eine), eignet sich die Fermi-Box gut.

Die Fermi-Box (Klasse 5–7 / Klasse 8–10)
vpm-Verlag

○ *... eine Situation mit mathematischen Mitteln beschreiben*

In der Schule lernen Kinder und Jugendliche immer neue Wege, wie man eine Situation „mathematisch modelliert". Die mathematischen Mittel, die ihnen dafür zur Verfügung stehen, erweitern sich jedes Jahr. Im 5. Schuljahr beschreiben sie Situationen z. B. noch durch Rechenausdrücke (wie oben Mila bei der Stauaufgabe), ab dem 6. Schuljahr können sie mehr und mehr Variablen verwenden. Und vom 7. Schuljahr an stehen ihnen immer mehr Arten von Funktionen zur Verfügung, um Zusammenhänge und Veränderungen mathematisch zu beschreiben.

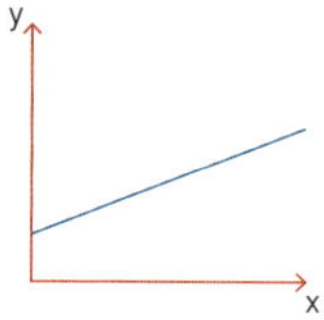

Lineares Modell (wegen des gleichmäßigen, linearen Anstiegs)
$y = 1158 + 22{,}5 \cdot x$, y = Stromkosten in Cent, x = Energie in kWh,
$y = 10 + 29 \cdot x$, y = Hotelkosten in Euro , x = Übernachtungen

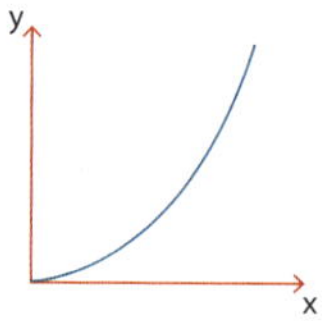

Quadratisches Modell (wegen „x Quadrat")
$y = x^2 : 100$, y = Bremsweg in Meter, x = Geschwindigkeit in km/h
$y = x^2 \cdot 4{,}9$, y = Strecke beim freien Fall, x = Fallzeit in Sekunden

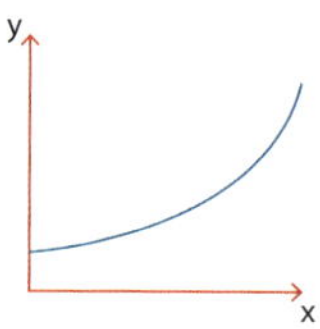

Exponentielles Modell (wegen „hoch x")
$y = 5000 \cdot 1{,}05^x$ y = Kapital in Euro, x = Zahl der Jahre
$y = 21\,250\,000 \cdot 1{,}026^x$ y = Bevölkerung Kenia, x = Jahre seit 2000

Alle drei Beispiele zeigen, was ein mathematisches Modell leistet: Mathematische Modelle sind gewissermaßen ein „Abbild" der Wirklichkeit, allerdings nicht nur eine Verkleinerung aller Elemente wie bei einer Modelleisenbahn. Modelle sind eher eine Art Übersetzung der Wirklichkeit in eine mathematische Sprache, was natürlich besonders gut funktioniert, wenn die ausgewählten Aspekte der Wirklichkeit durch Formen, Zahlen und Zahlbeziehungen ausgedrückt werden können. Mithilfe solcher Modelle können wir Gesetzmäßigkeiten beschreiben und Vorhersagen treffen. Dabei gibt es Modelltypen, die jeweils zur Beschreibung verschiedener Situationen eingesetzt werden können, so wie oben das lineare Modell, mit dem die Stromkosten ebenso wie die Hotelkosten modelliert werden können.

Die Beispiele lassen auch eine Stärke der Mathematik erahnen: Die mathematischen Beschreibungen sind abstrakt und passen auf viele Situationen. Mit der Exponentialfunktion kann man das Bevölkerungswachstum beschreiben, aber auch das Kapitalwachstum auf einem Konto, und sogar – wenn man in der Zeit rückwärts denkt – den radioaktiven Zerfall. Wenn man ein mathematisches Modell hat, kann man mit ihm alle möglichen Fragen rechnerisch beantworten, z. B. nach der Halbwertszeit beim Zerfall oder Doppelwertszeit beim Kapital.

◯ *… mathematische Ergebnisse in der realen Welt interpretieren und bewerten*

Jedes Modell hat aber auch eine Grenze, bei der es nicht mehr passt. Man kann immer die kluge Frage stellen: Unter welchen Bedingungen gilt das Modell? Wann hat es seine Grenzen erreicht? Beim quadratischen Modell auf der vorhergehenden Seite beispielsweise setzt die Luftreibung der Beschleunigung irgendwann Grenzen, sodass eher der gestrichelte Verlauf herauskommt. Auch das exponentielle Bevölkerungswachstum kann nicht immer so weitergehen, weil irgendwann die Ressourcen erschöpft sind.

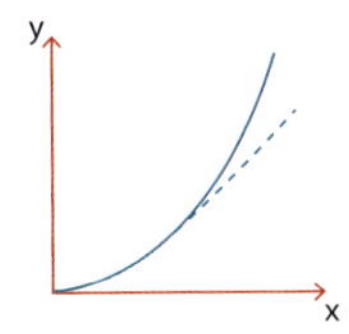

Diese Fragen werden in der Schule nie ausgeschlossen. Auch Sie dürfen mit Ihrem Kind bei jeder Aufgabe diskutieren – und dabei gelegentlich zum Ergebnis kommen, dass die mathematische Beschreibung in der Aufgabe Unsinn ist.

Tipp für Zuhause

Fragen an eine Modellierungsaufgabe, die Sie sich mit Ihrem Kind immer stellen dürfen:

- Wie gut passt die mathematische Beschreibung auf die Situation?
- Unter welchen Bedingungen darf man das so rechnen?
- Ab wann ist diese mathematische Beschreibung nicht mehr passend?

Textaufgaben sind in der Regel erledigt, wenn das Ergebnis dasteht (womöglich noch zweimal unterstrichen). Bei Aufgaben mit „offenem Ende“ lernen Schülerinnen und Schüler aber recht schnell, dass noch ein wichtiger Schritt fehlt. Wenn sie ein Zahlenergebnis vor Augen haben, müssen sie sich ernsthaft fragen: Was bedeutet das Ergebnis? Ist es plausibel? Bei der Stauaufgabe konnten Sie sehen, wie Mila und Ole das Ergebnis nicht nur hingeschrieben, sondern auch reflektiert haben: War die Zahl 17 500 zu erwarten? Könnte es auch weniger sein? Waren die Annahmen realistisch? Am Ende einer mathematischen Modellierung kehrt man immer wieder zum Anfang zurück, prüft sein Ergebnis im Licht der Ausgangsfrage – und beginnt im Ernstfall sogar von Neuem. Man spricht daher auch von einem Modellierungskreislauf.

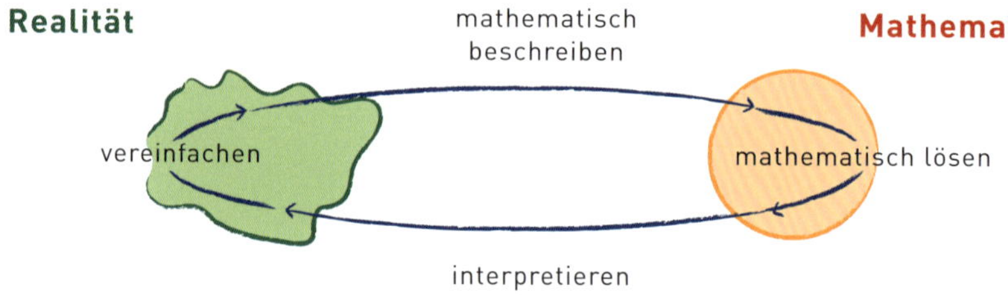

Im „wirklichen Leben“, also z. B. in einem Ingenieurbüro oder aber in der Forschung, ist der Prozess des immer wieder Zurückkehrens und Verbesserns selbstverständlich. In der Schule braucht man dazu nicht einmal anspruchsvolle Probleme, man kann das bereits bei den einfachsten Aufgaben üben – und hier können Sie als Eltern gut unterstützen.

Tipp für Zuhause

Wenn Ihr Kind Aufgaben bearbeitet, bei denen es eine reale Situation mathematisch beschreiben muss („Modellierungsaufgaben“, „Textaufgaben“), ermuntern Sie es, sich am Schluss die Frage zu stellen:

- Was habe ich jetzt herausgefunden? Was bedeutet das Ergebnis?
- Ist das Ergebnis plausibel? Kann es stimmen?

In Schulbüchern werden Sie immer mal wieder Aufgaben finden, die so gestellt sind, dass das Risiko besteht, ein „falsches Modell“ zu wählen, also z. B. auf die falsche Art zu rechnen.

Zwei Tankschiffe brauchen von Schwäbisch-Gmünd nach Rotterdam 25 Tage. Wie lange brauchen 3 Schiffe?

Als Eltern sollten Sie die Aufgabe nicht vorschnell aburteilen: „Was ist denn das für eine Unsinnsaufgabe!?“ Es ist gerade das Ziel solcher Aufgaben, Schülerinnen und Schüler wachzuhalten und nicht in den Trott verfallen zu lassen, alles nach Schema abzuarbeiten.

Zweitens sollten Sie nicht vorschnell korrigieren: „So ist das falsch!“, oder subtiler, aber für Jona schnell durchschaubar: „Überleg doch mal, ob du das richtig gemacht hast“. Besser ist es, Sie gewöhnen sich an, immer am Ende solcher Aufgaben (auch bei richtiger Lösung!) zu fragen: „Was hast du jetzt herausbekommen? Was bedeutet das? Vergleiche nochmal mit der Fragestellung.“ Außerdem wäre hier auch eine gute Gelegenheit, nach der Genauigkeit zu fragen.

Tipp für Zuhause

Bei Anwendungsaufgaben kann man meist die Frage nach der Genauigkeit stellen:

- Wie genau muss das Ergebnis sein?
- Was bedeutet die erste oder zweite Stelle nach dem Komma?
- Ist es sinnvoll, sie aufzuschreiben?

Jona schreibt auf:

2 Schiffe brauchen 25 Tage.
1 Schiff braucht 50 Tage.
3 Schiffe brauchen 16,66666667 Tage.

Was können Eltern noch tun?

„Mathematik ist überall" und „Mathematik ist die Technologie hinter der Technik" – so wahr diese Aussagen sind, so wenig offensichtlich ist Mathematik im Alltag. Man muss schon mit Interesse und Entdeckerblick hinschauen. Im Fernsehen werden oft soziale, historische oder naturwissenschaftliche Hintergründe erläutert, aber an die Mathematik trauen sich Journalisten offensichtlich nur sehr selten heran, und wenn, dann mit ehrerbietiger Distanz.

Tipp für Zuhause

Mathematik aufspüren

Gehen Sie mit Ihrem Kind eine Woche lang mit der mathematischen Brille durch die Welt und sammeln Sie, wo Sie überall vermuten, dass Mathematik versteckt ist. Jeder verfasst eine Liste mit seinen zehn besten Beispielen – Sie werden sich wundern, wo überall Mathematik auftaucht:

- Wie wird ein Fahrplan erstellt?
- Woher kommt die Wettervorhersage?
- Woher weiß das Navigationsgerät, wie lange ich noch bis zum Ziel brauche?
- Woher weiß mein Handy, wo ich bin?

Die Liste wird schnell überborden.

Im zweiten Schritt sollten sie dann versuchen herauszufinden, wie die Mathematik in diesen Bereichen funktioniert. Welche Mathematik ist wohl einfach zu verstehen? Welche ist kompliziert? Eine Recherche in Wikipedia und anderen Internetquellen wird Ihnen eine Menge Aha-Erlebnisse bescheren!

Tipp für Zuhause

Kritischer Zahlenblick

In der Presse werden Zahlen oft verwendet, um Dinge zu vergleichen. Man findet Aussagen wie: „Die Staus des Jahres 2011 reichten zusammen bis zum Mond!“ Aber nicht selten liegen die Journalisten mit solchen Vergleichen auch mal daneben. Es lohnt sich oft, die Angaben nachzuprüfen, meist kann man dies sogar ohne größeren Aufwand tun. Die Frage lautet in der Regel: Kann das stimmen?

Ob Regen oder Trockenheit
Wasser sparen ist das ganze Jahr über sinnvoll!

Ein tropfender Wasserhahn kann pro Tag bis zu 100 Liter Wasser verschwenden.

Das fanden die Schülerinnen und Schüler einer 5. Klasse heraus und schrieben einen Brief an den Hersteller.

Sehr geehrte Damen und Herren!
Unser Anliegen ist, dass die Aussage, die von Ihnen in der Werbung getroffen wird, leider nicht stimmen kann. Wir, die Klasse 5a und unser Lehrer, haben alles nachgerechnet. Und zwar am Beispiel des Bartes von unserem Lehrer. Mit einer Folie haben wir den Bart abgemalt und die Quadratzentimeter herausbekommen. Es waren 250 cm². Wir wissen nicht, ob Sie mit einem kleinen oder großen Fußballfeld gerechnet haben. Aber selbst das kleinste war 45m · 90m = 4050 m² groß.

Rechnung:
18 Monate = 540 Tage
$1 m^2 = 10\,000 cm^2$
1 Bart = $250 cm^2$
40 Bärte = $1 m^2$
4050 · 40 = 162 000, d. h. 1 Fußballfeld entspricht etwa 162 000 Bärten.
Also muss unser Lehrer 162 000 : 540 = 300 mal pro Tag seinen Bart rasieren. Das kann nicht stimmen.

Eine Betonmischung B 25 enthält
$\frac{1}{5}$ Zement, $\frac{2}{5}$ Sand, $\frac{2}{7}$ Kies,
der Rest ist Wasser.

Wie viel kg Zement, Sand und Kies
benötigt man für $3\frac{1}{2}$ t Beton?

Die Beispiele in diesem Teil zeigen, dass die Beziehung zwischen Mathematik und Realität interessanter ist, als uns das aus vielen Mathematikbüchern in Erinnerung ist. Manche haben in der Schule eine gewisse Abneigung gegenüber Textaufgaben wie der links stehenden entwickelt.

Das liegt wohl auch daran, dass die Übersetzung eines solchen Textes in eine mathematische Aufgabe schwieriger ist, als einfach eine Rechnung nach gelernten Regeln durchzuführen. Die Abneigung hat aber vielleicht noch einen anderen Grund: Die Aufgabe kommt zwar als Anwendung von Mathematik daher, aber wir glauben ihr das nicht. In der Wirklichkeit würde man vielleicht 5 Teile aufteilen in Zement, Sand, Kies und Wasser, aber wer käme auf die Idee $\frac{1}{5}$ und $\frac{2}{7}$ zusammenzuzählen? Doch nur der Mathematiklehrer (bzw. die Autoren des Schulbuchs), die uns weismachen wollen, dass man die Bruchaddition $\frac{1}{5} + \frac{2}{7}$ im Alltag gebrauchen kann. Solche Aufgaben kommen äußerlich wie Anwendungsaufgaben daher, sind aber nur „verkleidete“ Rechenaufgaben. Kommen sie zu oft vor, nehmen wir das nur als Beweis, dass Mathematik doch nicht wirklich gebraucht wird.

Aber Vorsicht: Nicht jede unechte Anwendung ist schlecht. Dieselbe Bruchaufgabe könnte z. B. so lauten:

Teile einen rechteckigen Zwiebelkuchen so auf,
dass du Stücke der Größe $\frac{1}{5}$, $\frac{2}{5}$, $\frac{2}{7}$ erhältst.

Wie groß ist das verbleibende Stück?
Wie viel wiegen die Stücke, wenn der Zwiebelkuchen
$1\frac{1}{2}$ kg wiegt?

Möglicherweise hilft dir ein Bild.

1. Zerlege die Zeitspannen in ganze, zehntel und hundertstel Sekunden und schreibe sie als gemischten Bruch:

Olympische Sommerspiele 2012 (London)

100 m Männer	Usain Bolt	9,63 s
200 m Männer	Usain Bolt	19,32 s
100 m Frauen	Shelly-Ann Fraser-Pryce	10,75 s
200 m Frauen	Allyson Felix	21,88 s

Natürlich würden wir niemals ein Kuchenblech rechnerisch so aufteilen, und das behauptet die Aufgabe auch nicht. Der Zwiebelkuchen dient hier dazu, dass wir uns das Aufteilen konkret vorstellen können. Das gelingt mit der Idee eines rechteckigen Kuchenblechs mit verschieden großen Stücken sehr gut, während die Vorstellung einer Betonmischung kaum einen Nutzen für das Verständnis von Brüchen hat.

Tipp für Zuhause

Nehmen Sie sich das Mathebuch Ihres Kindes zur Hand und schauen Sie die Aufgaben mit Anwendungsbezügen durch:

- Welches sind echte Anwendungen?
- Wo wird die Anwendungssituation benutzt, um die Aufgabe besser verständlich zu machen?
- Welche Anwendung ist eher unglaubwürdig und wohl nur erfunden?

Machen Sie sich mit Ihrem Kind einen Spaß daraus, jeweils 0–10 Punkte für die Glaubwürdigkeit zu vergeben und schauen Sie, welche Aufgabe die beste Jury-Wertung bekommt.

Ordne das Obst auf verschiedene Weise. Begründe.

Tomaten
1,49 € / kg
Gewicht 0,984 kg
Preis 1,47 €

Gurken
1,29 € / kg
Gewicht 0,987 kg
Preis 1,27 €

Avocado
2,99 € / kg
Gewicht 0,876 kg
Preis 2,62 €

3. Ergebnisse des Ski-Abfahrts-Rennens der Damen bei Olympia 2012 (Vancouver)

Rang	Name	Nation	Zeit	
1	VONN Lindsey	USA	1:44.19	
2	MANCUSO Julia	USA	1:44.75	+ 0,56
3	GOERGL Elisabeth	AUT	1:45.65	+ 1,46
4	FISCHBACHER Andrea	AUT	1:45.68	+ 1,49
5	SUTER Fabienne	SUI	1:46.17	+ 1,98

a) Was bedeutet die Zahl hinter dem Pluszeichen (z. B. +0,56)?

b) Welche Sportlerinnen haben die Reporter wohl jeweils gemeint?
(i) Nur drei Hundertstel fehlten zur Bronzemedaille.
(ii) Knapp 2 Sekunden trennten sie vom Sieg.
(iii) Sie kam mit 56 Hundertsteln Rückstand ins Ziel.
(iv) 49 Hundertstel fehlten zu einer besseren Platzierung.
(v) Der Vorsprung auf die Folgende betrug etwa eine halbe Sekunde.
(vi) 9 Zehntel vor ihr lag die Amerikanerin

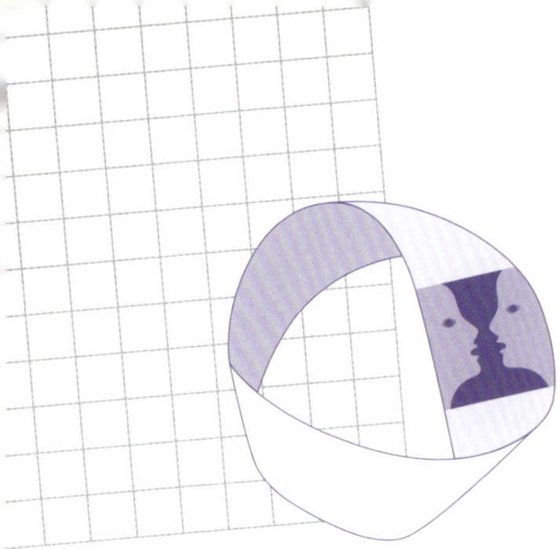

Argumentieren

Überzeugen statt überreden

Es gibt wohl keine andere Wissenschaft, in der das Wissen so sicher ist, wie in der Mathematik. Die niederländische Bezeichnung für Mathematik ist sogar „Wiskunde“, also „Gewissheits-Lehre“. Woran liegt das? Wohl hauptsächlich daran, dass in der Mathematik Wahrheiten nur dann akzeptiert werden, wenn sie absolut wasserdicht begründet sind. Meinungen, Vermutungen, Glauben und Wünsche zählen nicht. Argumentieren tut man mit dem Ziel, sein Gegenüber mit bis ins Kleinste nachvollziehbaren Begründungen von etwas restlos zu überzeugen. Nirgends kann man so gründlich überzeugen wie in der Mathematik, das zeigen uns bereits die alten griechischen Schriften: Während die antiken Philosophen sich in den Naturwissenschaften in wilden, heutzutage bedeutungslosen Spekulationen ergingen, haben sie in der Mathematik glasklare Beweise erdacht. Euklids berühmte „Elemente“ (von ca. 300 v. Chr.), in denen er beispielsweise begründet, warum die drei Winkel im Dreieck zusammen immer 180° ergeben, liefern bis heute vorbildliche Begründungen und unanzweifelbare Wahrheiten.

Das Schöne an der Mathematik ist auch: Jeder Mensch kann prinzipiell daran teilhaben, er braucht dazu keine besondere Macht, keine Zustimmung von Autoritäten, kein teures Labor oder den Zugang zu Daten. Wer mathematisches Wissen erzeugen oder überprüfen will, braucht dazu nur die Kraft des eigenen Verstandes – und vielleicht noch einen Bleistift und Papier.

In diesem Kapitel erfahren Sie, was es heißt, wenn Schülerinnen und Schüler in der Mathematik kreativ denken und kritisch argumentieren, und welche Unterstützung sie dabei in der Schule und im Elternhaus bekommen können.

Vielleicht haben Sie aus Ihrer Schulzeit eine etwas andere Erinnerung: Mathematik war eine Vielzahl von Fakten, die Sie im Wochentakt auswendig gelernt haben (binomische Formeln, Wurzelgesetze, der Satz des Pythagoras usw.). Die Frage „Warum ist das so?“ blieb eher unausgesprochen oder hinter einer Wolke von undurchsichtigen Formeln verborgen. Viele Menschen glauben aufgrund solcher Erfahrungen, dass die Mathematik aus Faktenwissen besteht, welches irgendwann von Autoritäten so festgelegt wurde. Aber nichts könnte falscher sein.

Auf den nächsten Seiten möchten wir Sie und Ihr Kind auf eine kurze Entdeckungsreise in das wahre Wesen der Mathematik mitnehmen. Bevor Sie weiterlesen, wagen Sie sich doch an die nebenstehende Schulbuchaufgabe – eine ganz normale Hausaufgabe: Es wird das Multiplizieren mit Dezimalzahlen geübt, aber es passiert noch viel mehr …

Genau oder ungefähr gleich 1?

a) Löse die folgenden Aufgaben.
b) Wie sind sie aufgebaut? Führe sie weiter.
c) Untersuche, wie weit das Ergebnis jedesmal von 1 bzw. 10 abweicht. Schreibe eine Vermutung und versuche sie zu begründen.

(1)		(2)	
	1,1 · 0,9		9,9 · 10,1
	1,2 · 0,8		9,8 · 10,2
	1,3 · 0,7		9,7 · 10,3
	1,4 · 0,6		9,6 · 10,4

Mila hat diese Aufgabe bearbeitet und ihre Ergebnisse mit Jona und Ole verglichen. Bei a) und b) haben sie dasselbe herausbekommen.

a) 1,1 · 0,9 = 0,99, von 1 entfernt: 0,01
1,2 · 0,8 = 0,96, von 1 entfernt: 0,04
1,3 · 0,7 = 0,91, von 1 entfernt: 0,09
1,4 · 0,6 = 0,84, von 1 entfernt: 0,16
1,5 · 0,5 = 0,75, von 1 entfernt: 0,25
1,6 · 0,4 = 0,64, von 1 entfernt: 0,36
1,7 · 0,3 = 0,51, von 1 entfernt: 0,49
1,8 · 0,2 = 0,36, von 1 entfernt: 0,64
1,9 · 0,1 = 0,19, von 1 entfernt: 0,81

Bei c) haben sie aber ganz unterschiedliche Dinge herausgefunden:

Mila: Die Ergebnisse weichen immer stärker von 1 ab. Die Abweichungen wachsen so: 0,01, +0,03, +0,05, +0,07, usw...

Ole: Die letzte Ziffer im Ergebnis ist immer 9, 6, 1, 4, 5, 4, 1, 6, 9, das ist schön symmetrisch und geht auch so weiter.

Jona: Die Abweichungen sind die Quadratzahlen durch 100.

Was ist hier passiert? Eigentlich war das doch eine Aufgabe, um das Multiplizieren von Dezimalzahlen zu üben. Das haben alle drei auch gemacht. Aber die Aufgabe ist nicht nur für das Einschleifen von Rechenfertigkeiten gedacht. Sie war zugleich der Anlass, nach Mustern und Strukturen zu suchen und mathematische Entdeckungen zu machen.

Bislang haben die Kinder verschiedene Dinge entdeckt und in eigenen Worten beschrieben. Nun sollen sie aber auch noch begründen, warum diese Muster auftreten und warum sie sich *sicher* sind. Welche Begründungen haben die drei beispielsweise für Jonas Behauptung gefunden, dass am Schluss die Quadratzahlen herauskommen?

Mila hat die Systematik erkannt: Aus der Aufgabe 1 · 1 werden die weiteren Aufgaben gebildet, indem eine Zahl immer um $\frac{1}{10}$ kleiner und eine immer um $\frac{1}{10}$ größer wird. Sie rechnet das am Beispiel 1,4 · 0,6 aus:

$$\left(1+\frac{4}{10}\right)\cdot\left(1-\frac{4}{10}\right) = 1\cdot\left(1-\frac{4}{10}\right)+\frac{4}{10}\cdot\left(1-\frac{4}{10}\right)$$

$$= 1-\frac{4}{10}+\frac{4}{10}-\frac{4}{10}\cdot\frac{4}{10}$$

$$= 1-\frac{16}{100}$$

Sie hat also durch Ausrechnen zeigen können, warum man im Ergebnis eine Quadratzahl, nämlich 16 = 4 · 4 abzieht.

Jona hat sich das lieber in einem Bild veranschaulicht.

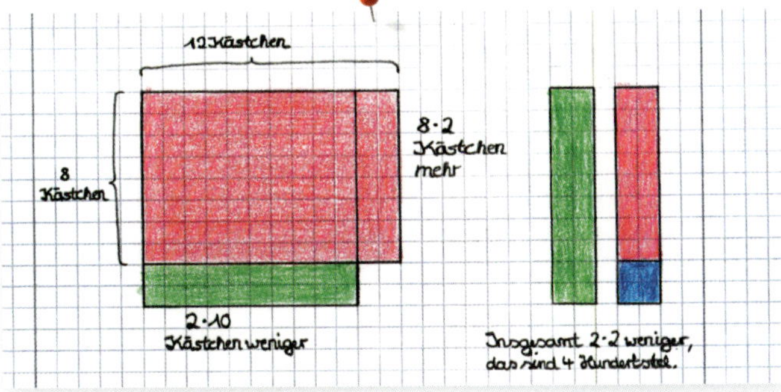

Die wohl wichtigste Frage in der Mathematik ist die Frage „Warum?“, also die Aufforderung, eine getroffene Aussage zu begründen. Ein Wissenschaftler zeichnet sich dadurch aus, dass er diese Frage auch an sich selbst richtet und erst zufrieden ist, wenn er sichergestellt hat, dass er jeden anderen überzeugen kann. Eine solche „wasserdichte Begründung“ ist das, was man in der Mathematik einen Beweis nennt. Aber auch für Lernende ist die Frage „Warum?“ von großer Bedeutung. Nur wenn man auch weiß, warum man etwas so zeichnet oder rechnet, hat man es verstanden. Eine Begründung ist aber nicht etwa dann gut, wenn sie besonders abstrakt ist und viele Gleichungen mit Variablen enthält, sondern wenn sie besonders überzeugend gelingt. Und Mila und Jona haben überzeugt! Vielleicht könnte man kritisieren, Mila hätte nur ein Beispiel gezeigt und Jonas Bild sei gar keine sauber hingeschriebene Begründung, sondern nur eine Skizze, die auch falsch sein kann. Beide Vorwürfe treffen aber daneben: Milas Begründung ist nicht nur klar für $1{,}4 \cdot 0{,}6$, sondern man sieht sofort, dass ihr Vorgehen auch bei allen anderen Zahlen zu Quadratzahlen führt. Auch Jonas Bild hat alles, was man auch für die anderen Fälle braucht. Es ist sogar gut, dass er nicht abstrakt argumentiert, sondern im Bild deutlich macht, *warum* der Rest ein kleines Quadrat ist. „Beweisen“ ist also nicht nur, wenn die Lehrkraft an der Tafel Formeln anschreibt und im schlimmsten Fall keiner versteht, wo sie herkommen. „Beweisen“ bedeutet, den anderen durch nachvollziehbare und schlüssige Begründungen zu überzeugen.

Was sollte jeder wissen und können?

- *… Vermutungen aufstellen und testen*
- *… Beweise entwickeln, d. h. Begründungen präzisieren und hintereinander hängen*
- *… Begründungen geben, z. B. durch ein Bild, eine Formel, eine Rechenregel usw.*
- *… offen für den rationalen Austausch sein*

… Vermutungen aufstellen und testen

Um überhaupt über Begründungen nachzudenken, braucht es erst etwas, das sich zu begründen lohnt. Im Unterricht ist das oft durch die Lehrkraft gelenkt: Schülerinnen und Schüler entdecken ein Phänomen, z. B. dass die Summe der Winkel im Dreieck immer 180° beträgt, danach wird – meist im Klassengespräch – ein Beweis erarbeitet. Welche Rolle kann man dabei als Eltern überhaupt spielen?

Tipp für Zuhause

Als Eltern ist man in der Regel an den Entdeckungen im Unterricht nicht beteiligt. Man kann höchstens hinterher seine Kinder fragen, welche Zusammenhänge entdeckt und vielleicht sogar begründet wurden. Die millionenfach täglich formulierte Frage: „Na was habt ihr denn heute in Mathe gemacht?“, ist gar nicht so gut, denn als Antwort kommt oft, womit die meiste Zeit verbracht wurde: „Wir haben ganz viele Brüche gerechnet.“ Andere Fragen sind günstiger: „Was habt ihr denn heute für Vermutungen aufgestellt?“, oder: „Was habt ihr denn heute herausgefunden?“

Ein guter Mathematikunterricht erwartet das Suchen nach Zusammenhägen und das Aufstellen von Vermutungen nicht nur von einzelnen starken Schülerinnen und Schülern am Anfang eines neuen Themas, sondern von allen Schülerinnen und Schülern zu jeder Zeit, auch in den Hausaufgaben. Das setzt voraus, dass die Aufgaben dies auch anregen. Die Kinder aus dem Beispiel oben haben das Glück, mit einem Mathematikbuch zu lernen, bei dem nicht nur im Unterricht, sondern auch beim Üben interessante Dinge passieren. Die Aufgaben dienen nicht nur dem Training durch schieres Wiederholen, wie die linke Aufgabe.

Berechne

1) 1,1 · 0,9
1,7 · 0,3
2,3 · 0,6
0,9 · 0,6

2) 19,9 · 3,1
4,2 · 10,2
13,7 · 3,3
0,9 · 2,6

Genau oder ungefähr gleich 1?

a) Löse die folgenden Aufgaben.
b) Wie sind sie aufgebaut? Führe sie weiter.
c) Untersuche, wie weit das Ergebnis jedesmal von 1 bzw. 10 abweicht. Schreibe eine Vermutung und versuche, sie zu begründen.

(1) 1,1 · 0,9
1,2 · 0,8
1,3 · 0,7
1,4 · 0,6

(2) 9,9 · 10,1
9,8 · 10,2
9,7 · 10,3
9,6 · 10,4

Stattdessen ermöglichen sie – neben dem Training – kleine mathematische Entdeckungen – nichts Großes, was bei der nächsten Klassenarbeit relevant wäre, aber immer wieder kleine Muster und Zusammenhänge, die die Kinder beim Üben finden und näher untersuchen können. Solche Aufgaben, die Üben mit Entdecken verbinden, nennt man auch „produktive Übungsaufgaben“ – sie sind in den Schulbüchern der weiterführenden Schulen leider noch viel zu selten anzutreffen.

Zeichne Kreise mit diesen Radien und Durchmessern:
a) r = 5 cm
b) r = 2 cm
c) d = 3 cm

Zeichne fünf Kreise so, dass möglichst viele Schnittpunkte entstehen. Die Kreise sollen immer nur genaue Zentimeter als Radien haben. Welches ist die höchste Zahl von Schnittpunkten, die du schaffst?

Die linke Aufgabe trainiert das saubere Zeichnen. Die rechte fordert zu einer kleinen mathematischen Forschung heraus. Die Sorgfalt ist nötig, damit man hinterher behaupten kann, dass man nicht falsche Schnittpunkte durch schiefes Zeichnen ermogelt hat. Wenn Sie solche produktiven Übungsaufgaben sehen, unterstützen

Sie Ihr Kind dabei, dass es Muster sucht, Vermutungen aufstellt und sie überprüft. Schauen Sie, dass im Heft nicht nur Rechnungen, sondern auch eigene Ideen stehen.

Und woher weiß man, ob eine Vermutung stimmt? Wie sicher kann man sich sein? Eine Strategie, die Kinder schon von früh an kennenlernen und ausführen sollten, ist der kritische Umgang mit den *eigenen* Vermutungen. Können sie überhaupt stimmen? Lohnt es sich, eine Begründung zu suchen? Der einfachste Schritt ist hier immer: Ein Beispiel zu Rate ziehen.

Tipp für Zuhause

Wenn eine Vermutung stimmt, dann muss sie auch in einem weiteren konkreten Fall stimmen. Sie können Ihr Kind durch folgende Fragen unterstützen:

- Wie kannst du prüfen, ob das stimmt?
- Kannst du noch ein weiteres Beispiel finden?
- Findest du auch noch ein Beispiel, das ganz anders aussieht?
- Geht das auch in extremen Fällen? Wie sähe so ein extremes Beispiel aus?

Sie sehen: Sie müssen daheim keine Beweise finden, sie können aber beim kritischen Nachdenken über die Plausibilität von Vermutungen unterstützen.

○ *… Begründungen geben, z. B. durch ein Bild, eine Formel, eine Rechenregel usw.*

Auch bei den Mathematikhausaufgaben, bei denen keine eigenen Entdeckungen gemacht werden sollen, kann man die Schülerinnen und Schüler dabei unterstützen, dass sie nicht nur „richtig rechnen", sondern auch das, was sie tun, begründen. Diese Art von Argumentation, die selbstverständliche Haltung, sein Tun zu rechtfertigen, kann man zu Hause fördern und hochhalten. Scheuen Sie sich also nicht, auch bei den Hausaufgaben immer wieder die Warum-Frage zu stellen – auch wenn Sie nicht jedes einzelne Mal eine befriedigende Antwort bekommen.

Martin: Also $2^{10} \cdot 5^{10}$, das ist 10^{10}.
Vater: Warum darf man das so machen?
Martin: Das ist so ein Potenzgesetz. Das dritte, glaub ich.
Vater: Aber stimmt das denn?
Martin: Ja, klar. Das machen wir immer so.
Vater: Und warum ist das nicht $2^{10} \cdot 5^{10} = 7^{10}$?
Martin: Nee, das ist das falsche Gesetz!
Vater: Warum ist das eine denn richtiger als das andere?
Martin: Mmmh, wenn man $2^{10} \cdot 5^{10}$ rechnet, dann rechnet man ja eigentlich $2 \cdot 2 \cdot 2 \cdot 2 \cdot 2 \cdot 2 \cdot 2 \cdot 2 \cdot 2 \cdot 2 \cdot 5 \cdot 5 \cdot 5 \cdot 5 \cdot 5 \cdot 5 \cdot 5 \cdot 5 \cdot 5 \cdot 5$. Und da kann man ja immer erst $2 \cdot 5 \cdot 2 \cdot 5$ rechnen und so weiter. Und $2 \cdot 5$ ist ja 10 und nicht 7.
Vater: Das überzeugt mich.

Dass Martins Vater nicht nur mit der richtigen Rechnung zufrieden war, sondern beharrlich eine Begründung eingefordert hat, hat dazu geführt, dass sich Martin nicht nur an das Potenzgesetz erinnert hat, sondern dass er es noch einmal verstanden hat. Auf diese Art und Weise wird Martin diese Rechenregel auch später, wenn er sie längst vergessen hat, leichter wieder selbst entwickeln können. Diese Art, sich Formeln selbst zu begründen, funktioniert für viele Regeln in der Sekundarstufe (z. B. für die wenig geliebten binomischen Formeln).

Tipp für Zuhause

Mit den folgenden Fragen können Eltern Begründungen einfordern:

- Warum hast du jetzt so gerechnet?
- Welchen anderen Weg hättest du gehabt? Wäre dieser Weg besser oder schlechter gewesen?
- Warum kannst du das hier genau machen wie da oben?
- Bist du ganz sicher, dass das so stimmt? Wieso bist du so sicher? (Das muss man auch fragen, wenn es stimmt, sonst ahnt Ihr Kind, dass es bei dieser Frage jedes Mal einen Fehler gemacht hat.)

Natürlich können Sie nicht in jedem einzelnen Fall sicher sein, ob die Begründung im Rahmen der Möglichkeiten Ihres Kindes liegt. Auch kann es Ihnen passieren, dass Ihr Sohn oder Ihre Tochter unwillig reagiert und einfach nur schnell die Hausaufgaben fertig bekommen möchte, ohne Ihnen (oder sich selbst) noch die Bedeutung der Formeln zu erklären. Das ist verständlich, aber Sie sollten es trotzdem immer mal wieder sanft versuchen und beobachten, ob Sie zu viel Stress aufbauen. Je früher sich Ihr Kind daran gewöhnt, seine Ideen zu begründen, desto leichter wird es ihm fallen.

○ *… Beweise entwickeln, d. h. Begründungen präzisieren und hintereinander hängen*

Neben dem stetigen Begründen ihrer Handlungen zum Zwecke des Verstehens nähern sich die Lernenden auf diesem Weg auch dem, was man als einen „richtigen Beweis“ in der Mathematik versteht. Der Übergang von einer plausiblen Aussage bis zu einem gültigen, sauberen Beweis ist allerdings fließend.

Die Lehrerin oder der Lehrer versucht Jahr um Jahr, die Lernenden darin zu unterstützen, mit Vermutungen kritisch umzugehen und miteinander zu diskutieren, beispielsweise bei der Summe der Winkel im Dreieck, die wir zu Beginn des Abschnitts erwähnt haben: „Michi hat nur 178° gemessen. Vielleicht sind es gar nicht immer 180°?“ Ihre Aufgabe ist vor allem, das Beweisbedürfnis zu wecken. Ein Beweis dient dann nicht nur dazu, jemanden von seiner Vermutung zu überzeugen, sondern auch, um selbst ganz sicher zu sein.

Mehr und mehr unterstützt die Lehrkraft die Lernenden dabei, ihre Begründungen zu bewerten und immer besser zu machen. Wie geschieht das? Schülerinnen und Schüler werden dazu angeleitet,

- ihre Aussagen möglichst präzise zu formulieren, passende Begriffe und Schreibweisen zu verwenden,
- einzelne Schritte zu überprüfen und möglicherweise Zwischenschritte einzulegen,
- in jedem Schritt genau zu äußern, wie man diesen Schritt rechtfertigen kann.

Gleichzeitig lernen sie auch, immer komplexere Begründungen zu erstellen. Meist bedeutet das, dass sie mehrere Schritte gehen müssen, bis sie zur endgültigen Begründung gelangen.

Es ist die Leistung der Mathematik, dass sie von konkreten Mustern, wie z. B. bei den Zahlenmustern in der Aufgabe zur Multiplikation von Dezimalzahlen oben, zu immer allgemeineren Strukturen fortschreitet und dazu immer wieder passende Hilfsmittel erfindet. In diesem Beispiel war Jonas Bild übrigens ein Beweis, wie er in Europa noch bis zum 14. Jahrhundert geführt worden wäre. Das „*x*" als Hilfsmittel zum Argumentieren ist gerade mal 500 Jahre alt, in der Geschichte der Mathematik also eine recht neue Erfindung. Wenn Mila nicht in der 6. Klasse gewesen wäre, sondern in der 8. Klasse, hätte sie ihre Begründung auch so aufschreiben können:

$$(1+x)\cdot(1-x) = 1\cdot(1-x) + x\cdot(1-x) = 1 - x + x - x^2 = 1 - x^2$$

Dieser Beweis verwendet die formale Schreibweise der Mathematik und ist daher knapper. Für den Profi ist er deswegen überzeugend, weil er die verschiedenen Umformungen, die von „=" zu „=" passieren, gut kennt und von ihrer Richtigkeit überzeugt ist.

In der 9. Klasse hätte Mila sich sogar diese Umformungen erspart und nur noch festgestellt, dass ihre Entdeckung ein Spezialfall der 3. binomischen Formel ist:

$$(a+b)\cdot(a-b) = a^2 - b^2 \quad \text{also} \quad (1+x)(1-x) = 1 - x^2$$

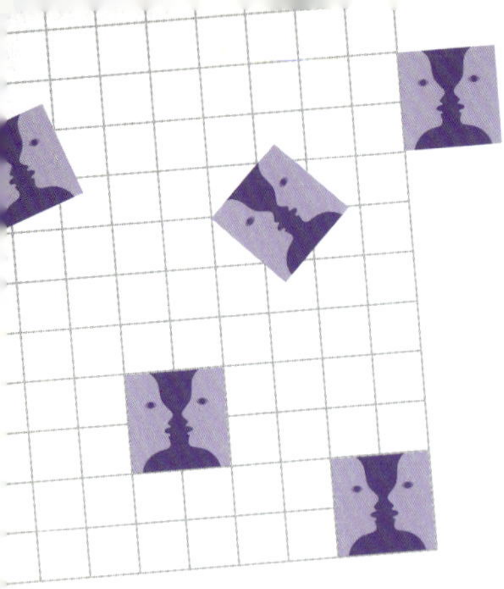

Was können Eltern noch tun?

○ *… offen für den rationalen Austausch sein*

Ganz unabhängig vom Begründen und Beweisen als Gegenstand des Mathematikunterrichts wünschen wir uns als Eltern natürlich, dass unsere Kinder sich argumentativ behaupten. Dazu gibt es im täglichen Familienleben weit mehr Gelegenheiten als nur den Austausch über den Mathematikunterricht. Wir hoffen dennoch, dass Sie in den letzten Kapiteln einige Anregungen gefunden haben, wie auch das Fach Mathematik Anlässe für den (all-)täglichen Diskurs in der Familie geben kann. Vielleicht entspinnen sich bei Ihnen auch gelegentlich lebhafte Dialoge wie dieser am Mittagstisch. Wieder ist hier die Frage „Warum ist das so?“ der Auslöser.

Jan (nachdem er einige Minuten das Essen vergessen hat):
Wieso sind die Gabel und der Löffel spiegelsymmetrisch, aber das Messer nicht?

Frau Müller: Na ja, Menschen sind ja auch symmetrisch! Dann sind es unsere Werkzeuge auch, denn sonst würden sie ja nicht funktionieren – Zum Beispiel das Fahrrad, bei dem ist ja auch links und rechts gleich …

Jan: Aber das ist ja Blödsinn. Dann müssten wir den Löffel doch von vorn in den Mund schieben.

Herr Müller: Vielleicht haben die Leute das früher so gemacht?

Jan: Wirklich?

Frau Müller: Unsinn, dein Vater weiß nur keinen Grund. Eine Soßenkelle ist ja auch eine Art Löffel und die ist nicht spiegelsymmetrisch!

Herr Müller: Könnte man das Messer nicht auch spiegelsymmetrisch machen?

Frau Müller: Du hast Ideen? Du meinst mit zwei Klingen?

Herr Müller: Na klar, das wäre doch praktisch – aber eigentlich unnötig.

Jan (hat inzwischen mit dem Besteck herumgespielt): Schau mal, das Messer ist doch spiegelsymmetrisch, man muss es nur richtig halten!

Frau Müller: Und warum ist der Löffel nicht spiegelsymmetrisch, wenn man ihn so hält?

Jan: Na, weil er dann nicht ausgebeult wäre, und keine Suppe drinbleibt.

Julian (der kleine Bruder meldet sich zu Wort): Aber die Gabel muss keine Suppe halten. Die könnte so und so spiegelsymmetrisch sein.

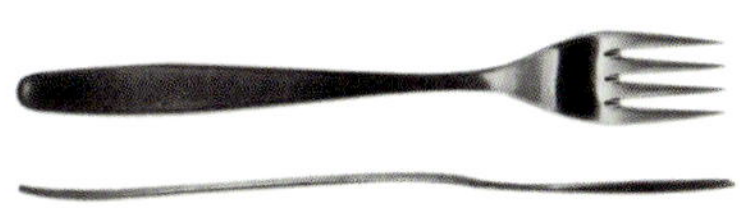

Es geht gar nicht darum, endgültige und korrekte Antworten auf alle Fragen zu finden. In der Mathematik muss alles genau definiert werden, aber am Mittagstisch dürfen offene Fragen und unterschiedliche Meinungen auch einmal stehenbleiben. Viel wichtiger ist es, das Interesse der Kinder für solche Fragestellungen zu wecken, ihre Aufmerksamkeit auf mathematische Zusammenhänge zu lenken und sie zum Argumentieren anzustacheln.

3 Über Mathe reden

3 x
9
10
WAVE

Über Mathe reden!

Drei Themen für Eltern-Schüler-Lehrer-Gespräche

Wenn Sie sich mit Ihrem Kind mit dem Thema Mathematik beschäftigen, sind Sie nicht allein. Sie können gar nicht verhindern, dass sich eine ganze Reihe anderer Menschen „einmischt“: Da sind zunächst die Lehrerinnen und Lehrer, die Ihr Kind fördern und fordern. Da sind die Mitschülerinnen und -schüler, deren Meinung für Ihr Kind oft wichtiger ist, als es das zugeben wird. Aber da sind auch Ihre eigenen Mathematiklehrer von früher und die Erfahrungen und Erlebnisse, die Sie mit ihnen verbinden – diese Personen stehen sozusagen unbemerkt hinter Ihnen und beeinflussen Ihr Denken und Handeln. Und dann sind da noch die anderen Eltern, von denen Sie sich fragen: „Denken die so wie ich? Oder machen sie es ganz anders?“ Und vielleicht geht Ihnen zusätzlich auch noch im Kopf herum, was Ihnen der Student, den Sie als Nachhilfelehrer vor der Klassenarbeit engagiert haben, über Ihr Kind gesagt hat.

Wie beschäftigt mitunter die ganze Familie mit dem mathematischen Wohl und Wehe ihrer Sprösslinge ist, zeigt eine Szene aus dem sehr empfehlenswerten Film „Sein und Haben“ über eine Zwergschule in der französischen Provinz. Ist es eine Hilfe oder eher eine Qual für Julien, dass sich Vater, Mutter, Bruder und Onkel darum kümmern, wie er die schriftliche Division meistert?

Sein und Haben (2002)
von Nicolas Philibert.

Auch wenn es so eine Schule in Deutschland wohl nur noch auf den friesischen Inseln gibt: Ein atemberaubender Einblick in den (Schul-)Alltag in der abgeschiedenen französischen Provinz und in den Arbeitsalltag eines Lehrers an einer Zwergschule.

FILM

In den vorigen Kapiteln des Buches haben Sie viele Anregungen und Hinweise dafür bekommen, wie Sie sich mit Ihrem Kind über Mathematik austauschen können. In diesem Kapitel nun möchten wir Sie darin unterstützen, das Gespräch mit denjenigen zu führen, die sich professionell um das Mathematiklernen Ihres Kindes kümmern. Das sind zunächst und vor allem die Mathematiklehrerin und der Mathematiklehrer, aber auch Nachhilfelehrer oder der Schulpsychologe.

All diese Menschen sind Profis für das schulische Lernen. Sie wissen etwas über den pädagogisch sinnvollen Umgang mit Lerngruppen und über mathematische Lernprozesse. Sie als Eltern sind aber Profi, wenn es um Ihr Kind geht – seine Geschichte als Lerner, seine Vorlieben und Abneigungen, seine Stärken und Schwächen und vor allem seine Potenziale. Niemand kennt Ihren Sohn oder Ihre Tochter so gut wie Sie. Genauso wie der Mathematiklehrer oder die Mathematiklehrerin haben Sie das Ziel, Ihrem Kind erfolgreiches Lernen zu ermöglichen. Nichts kann daher für Ihr Kind besser sein als eine gelungene Kommunikation zwischen allen Beteiligten.

In diesem Sinn möchten wir in diesem Kapitel auf die wichtigsten Fragen eingehen, die Sie beschäftigen, wenn Sie das Gespräch mit diesen Personen suchen. Wir möchten Sie auf die wichtigsten Entscheidungen und Argumente so weit einstimmen, dass Sie mit einer größeren Sicherheit auf die Lehrkraft, die Schulpsychologin oder den Studenten zugehen können. Dabei gibt es einige wichtige Themen, die immer wieder die Schnittstelle und den Anlass für solche Gespräche bilden:

Lernen und Üben zuhause

Was wird von mir erwartet? Was kann ich tun? Was sollte ich lassen?

Nachhilfe und Förderunterricht

Wann ist das sinnvoll? Woran erkenne ich einen guten Nachhilfelehrer?

Rechenschwäche und Hochbegabung

Wie kann ich sie erkennen? An wen kann ich mich wenden?

Lernen und Üben zuhause

Viele Eltern, die ihre Kinder bei den Hausaufgaben und dem Lernen für Klassenarbeiten unterstützen möchten, stoßen ab der fünften Klasse an ihre Grenzen. Das gilt nicht nur für Mathematik, sondern auch z. B. für Naturwissenschaften oder Fremdsprachen. Was können Eltern dennoch tun, um ihren Kindern zu helfen?

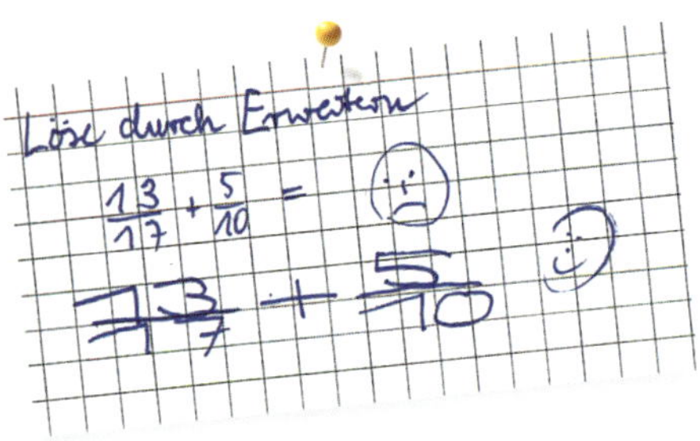

Hausaufgaben und häusliches Üben sind grundsätzlich schwierige Themen, vor allem in der Sekundarstufe. Nicht selten sind sie Streitpunkt Nummer Eins in der Familie, eine Situation, unter der Schüler und Eltern gleichermaßen leiden. In Ratgebern zum Thema Hausaufgaben finden sich viele gute Hinweise, wie man allgemein den häuslichen Umgang mit Hausaufgaben und Lernen verbessern kann. Patentrezepte gibt es jedoch nicht, und Bücher oder Elternkurse, die dies versprechen, sind sicherlich mit Vorsicht zu genießen. Dafür sind die Unterschiede zwischen Familien, Schulformen und Fächern einfach zu groß. Trotzdem wollen wir hier den Versuch unternehmen, einige Ratschläge und Hinweise zu formulieren, die sich in der Praxis bewährt haben. Bitte prüfen Sie aber in jedem Fall: Passt dieser Tipp zu mir und meiner Situation?

Haben Sie schon Elternratgeber zum Thema Hausaufgaben in der Hand gehabt? Haben Sie vielleicht schon im Internet dazu gegoogelt? Oder gehen Sie das so wie die meisten an – mit gesundem Menschenverstand und viel Austausch mit anderen Eltern? Unabhängig davon, woher die Ratschläge kommen, ist es manchmal schwierig, zwischen pauschaler Gute-Worte-Pädagogik und handfestem Wissen zu unterscheiden. Wir haben für Sie die seriöse Literatur zum Thema gesichtet und fassen das Wichtigste zusammen. Dabei möchten wir uns auf Herausforderungen und Lösungsansätze rund ums „heimische Üben“ auf das Fach Mathematik in der weiterführenden Schule ab der fünften Klasse konzentrieren.

Eltern als Lernbegleiter

„Wie soll ich meinem Kind beim Lernen helfen, wenn ich den Stoff selbst nicht verstehe?“ Das ist eine absolut berechtigte Frage. Viele Eltern lösen dieses Problem, indem sie ihr Kind zur Nachhilfe schicken (dazu in einem nachfolgenden Teil mehr, S. 162 ff.), doch das ändert nichts an der Frage nach dem Umgang mit den täglich anfallenden Hausaufgaben. Eltern sind keine Hilfslehrer. Es kann niemand erwarten, dass Sie sich eine Aufgabe im Schulbuch anschauen, die Mathematik dahinter sofort verstehen und eine didaktisch und pädagogisch ausgefeilte Erklärung an Ihr Kind richten. Wenn das so einfach wäre, bräuchten Lehrer keine Ausbildung! Hausaufgaben sollten daher im Allgemeinen so gestellt sein, dass die Schüler sie selbstständig und ohne Hilfe erledigen können. Dies entspricht jedoch leider nicht immer der Realität. Was also tun?

Eine typische Situation, wie sie sich bei den Hausaufgaben oder beim Üben für die Klassenarbeit abspielt, ist die Folgende:

Laura: Mama, Aufgabe 5 verstehe ich nicht!
Mutter: Lass mal sehen … Also, was gibt $3 + 4$?
Laura: … 7
Mutter: Und $5 + 6$?
Laura: … 11
Mutter: Dann rechne es mal aus!
Laura: Was denn?
Mutter: Na, ist doch klar, $7 \cdot 11$!
Laura: Ok … das ist 77.
Mutter: Gut, hast du es jetzt verstanden?

5 Berechne!
a) $(3+4) \cdot (5+6)$
b) $(5-4) \cdot (6+3)$

Es ist unwahrscheinlich, dass Laura verstanden hat, wie sie bei dieser Aufgabe vorgehen soll. Das zeigt sich z. B. daran, dass sie nach dem durch die Mutter angeleiteten Berechnen der beiden Klammern ($3 + 4$ und $5 + 6$) immer noch nicht weiß, was jetzt als Nächstes zu tun ist. Ihre Mutter hat ihr zwar vorgegeben, in welchen Schritten sie rechnen soll, aber sie konnte nicht verständlich machen, *warum* das so geht. Laura wird die weiteren Aufgaben auch nur mit Hilfe ihrer Mutter bearbeiten können. Wenn Eltern – wie Lauras Mutter – mathematisch mit der Aufgabe gut zurecht kommen, haben sie aber die Chance, ihren Kindern auch das Verstehen zu ermöglichen. Dafür ist es wichtig, dass die Kinder selber denken müssen, ihre Gedanken auch erklären, und dass nicht die Lösungswege durch die Eltern vorgegeben werden.

Hilfreich ist es hier, die Unterstützung bei den Hausaufgaben in Stufen zu gestalten: Anstelle zu früher Erklärungen gehen Eltern und Kinder die Aufgaben gemeinsam und schrittweise an. Das hat den Vorteil, dass man sich an den tatsächlichen Hilfebedarf des Schülers herantastet und nicht so schnell in Gefahr gerät, zu viel zu helfen. Umgekehrt hat man mehr Zeit und Ruhe, eine Aufgabe aus der Sicht des Kindes zu verstehen und dabei passendere Hilfen zu geben.

5 Berechne!
a) $(3+4) \cdot (5+6)$
b) $(5-4) \cdot (6+3)$

Mutter: Was würdest du denn zuerst machen?
Laura: Ich würde 4 mal 5 rechnen.
Aber der Lehrer hat gesagt, so darf man das nicht.
Das ist irgendwie falsch, ich weiß nicht wieso!
Mutter: Warum willst du denn 4 mal 5 rechnen?
Laura: Weil man doch immer „Punkt- vor Strichrechnung" machen muss.
Mutter: Und was ist mit den Klammern?
Wofür sind die gut?
Laura: Die muss man auch zuerst ausrechnen … Ich verstehe das nicht, welche Regel stimmt denn nun?

Jetzt sind Laura und ihre Mutter einen großen Schritt weiter: Lauras Gedanke, der Regel „Punkt- vor Strichrechnung" zu folgen, ist grundsätzlich nicht falsch. Sie hat nur nicht verstanden, wie sie das, was sie schon wusste, mit den neuen Regeln zum Umgang mit Klammern in Einklang bringen soll. Hätte ihre Mutter nicht so zurückhaltend gefragt, hätte sie die Ursache von Lauras Problem gar nicht bemerkt. Lauras Probleme sind nicht untypisch – Fehler bei Kindern sind meist nicht einfach nur auf mangelndes Wissen zurückzuführen, sondern folgen einer eigenen Logik: Für den Lernenden ist der Weg, den er einschlägt, meist aus gutem Grund plausibel. Er rechnet $(a+3)^2 = a^2 + 9$ nicht etwa, weil er die binomische Formel vergessen hat, sondern weil er noch nicht einsieht, warum das, was bei $2 \cdot (a+3) = 2a + 6$ klappte, nun nicht mehr gelten soll.
Lauras Mutter hat also gut daran getan, erst einmal zuzuhören. Nun kann sie versuchen, mit ihrer Tochter Erklärungen zu finden, oder sie kann ihre Beobachtung für den Lehrer aufschreiben, sodass dieser weiß, wo das Problem liegt.
Schülerinnen und Schülern mit ihren Lernprozessen so effektiv zu helfen, ist nicht immer so einfach und eindeutig wie im obigen Beispiel. Die folgenden Stufen der Hilfe können dabei als Orientierung dienen.

1 Von der Abneigung gegen die Hausaufgaben erzählen lassen

Es ist für Schülerinnen und Schüler schwierig, sich für Hausaufgaben zu motivieren, die zu langweilig oder zu umfangreich scheinen. Es kommt auch vor, dass ein demotivierendes Erlebnis in der zugehörigen Mathestunde zur fehlenden Bereitschaft beiträgt. Manchmal ist das Können also gar nicht das Problem, sondern es braucht nur etwas Zuhören, Zuwendung und ein paar aufmunternde Worte, damit die Hausaufgaben in Angriff genommen werden.

Falls die Hausaufgaben sehr umfangreich sind, haben Sie als Eltern durchaus das Recht zu entscheiden: „Wenn du erst mal nur dieses Eine geschafft hast, reicht es auch schon. Es ist mir wichtiger, dass du dich mit der einen Sache eine halbe Stunde ernsthaft beschäftigst, als wenn du alles fertigmachst.“ Häufig entsteht dann doch noch der Ehrgeiz, alles vollständig zu bearbeiten, wenn der Anfang erst einmal gemacht ist. Natürlich sollten Sie so etwas mit der Lehrerin oder dem Lehrer abgesprochen haben – Sie können aber davon ausgehen, dass die das ebenso sehen.

Tipp für Gespräche

Fragen Sie nach, wie lange aus Sicht der Lehrkraft die Mathehausaufgaben dauern sollten. Sprechen Sie mit ihr ab, was Sie tun sollen, wenn Ihr Kind viel länger braucht. Wenn Ihnen die Hausaufgaben häufig zu umfangreich erscheinen, melden Sie das zurück.

2 Das Problem erklären lassen

Es ist in jedem Fall sinnvoller, das Kind selbst nach seinen Schwierigkeiten zu fragen, so wie es Lauras Mutter in der zweiten Variante getan hat, als auf der Basis eigener, vielleicht unzutreffender Vermutungen eine Erklärung zu formulieren. „Kinder denken anders“ und haben oft unerwartete Schwierigkeiten oder auch Lösungswege parat, die selbst erfahrene Lehrkräfte überraschen.

BUCH

Der Ausspruch „Kinder denken anders" ist übernommen aus dem sehr lesenswerten und leicht verständlichen Buch „Kinder & Mathematik: Was Erwachsene wissen sollten" von Hartmut Spiegel und Christoph Selter. Es bezieht sich zwar auf die Grundschule, ist aber für Eltern aller Mathematikschülerinnen und -schüler spannend zu lesen. Vielleicht haben Sie auch noch jüngere Kinder?

Es ist also sehr wichtig, dass Schülerinnen und Schüler selbst erklären, warum sie einen bestimmten Lösungsweg gewählt haben (oder warum sie keinen finden). Etwas so zu formulieren, dass jemand anders es versteht, hilft dem Lernenden auch dabei, die eigenen Gedanken zu ordnen. Schon bei der Erklärung für die Mutter oder den Vater geschieht es manchmal, dass dem Schüler klar wird, wie er an die Aufgaben herangehen soll, oder zumindest, wo genau das Problem liegt. Aus „das kann ich irgendwie nicht" wird dann z. B. „dieses Wort kenne ich nicht" oder „dazu fehlt mir die Formel". Bei Laura wurde so deutlich, dass sie zwei Regeln nicht in Einklang bringen kann, die sich zu widersprechen scheinen.

Besondere Übung für die Eltern verlangt dabei das „aktive Zuhören ohne Helfen": Versuchen Sie, nur die Aussagen Ihres Kindes zu spiegeln oder nur Fragen zu stellen, aber keine Antworten oder Hinweise zu geben. Allzu schnell spielt sich ansonsten eine Gesprächsform ein, bei der Ihr Kind Sie als „Vorsager" benutzt und mehr damit beschäftigt ist, Ihnen Hinweise zu entlocken als selbst nachzudenken.

Tipp für Zuhause

Gute Fragen für das aktive Zuhören sind:

- Hast du eine Idee, wie man anfangen könnte?
- Kannst du mir die Aufgabenstellung mit eigenen Worten erklären?
- Warum willst du es so machen?
- Ich hab noch nicht ganz kapiert, wie du das meinst.
- Erklärst du es mir noch einmal?
- Kennst du eine Rechenregel, die dir hier weiterhelfen könnte?

3 Aufgabenschwierigkeiten herausfinden

Um wie viel Prozent ist der Banderolenverbrauch bei Einzelverpackung höher als für ein Gebinde aus vier Kerzen in quadratischer Anordnung, wenn diese
a) einen Durchmesser von 5 cm und eine Höhe von 12 cm haben
b) den beliebigen Durchmesser d haben
c) Wie verändert sich das Ergebnis von a) wenn man für die Klebefläche jeweils 3 cm dazurechnen muss?

Wenn das Kind selbst nicht angeben kann, wo genau das Problem liegt, können Eltern versuchen, die Schwierigkeiten einzugrenzen. Dabei sollte zunächst die Formulierung der Aufgabenstellung betrachtet werden.

Hilfsfrage „Gibt es schwierige Worte?"

In der Beispielaufgabe sind es vielleicht die Worte „Gebinde" und „Banderole", die Probleme bereiten.
Gebinde: Sammelpackung mit vier Kerzen
Banderole: gelber Papierstreifen

Hilfsfrage „Ist die Formulierung zu kompliziert?"

Wenn die Sätze zu lang sind oder zu viele Verneinungen enthalten, kann das Textverständnis leiden. Vielleicht können Sie zusammen mit Ihrem Kind versuchen, die Aufgabe umzuformulieren: Man kann um vier Kerzen zusammen eine Banderole machen. Man kann aber auch um jede Kerze einzeln eine Banderole machen (wozu eigentlich?). Dann verbraucht man wahrscheinlich mehr. Wie viel braucht man jeweils? Wie viel Prozent sind das mehr?

Es kann natürlich auch sein, dass etwas Grundlegendes aus dem Unterricht nicht verstanden wurde („Ich weiß gar nicht, wie ich die Prozent da ausrechnen soll. Muss ich da ‚minus' oder ‚durch' rechnen?"). Wenn Sie auf Verständnisschwierigkeiten stoßen, die Sie nicht beseitigen können, können Sie eine Notiz an die Lehrkraft in das Heft schreiben. Dadurch wird belegt, dass die Hausaufgaben nicht einfach unvollständig erledigt wurden, sondern dass Ihr Kind sich bemüht hat. Die Lehrkraft erfährt so auch, dass der Inhalt der Stunde nicht bei allen Schülern angekommen ist. Die meisten Lehrerinnen und Lehrer betrachten solche Informationen als wertvoll und erwarten gar nicht, dass immer alles vollständig und richtig ist. Wenn Eltern dagegen ihren Kindern die Hausaufgaben in die Hand diktieren, erfährt die Lehrkraft gar nicht erst, wo noch Schwierigkeiten vorhanden sind. Anders formuliert: Aufgabe der Eltern ist es nicht, dafür zu sorgen, dass die Hausaufgaben immer richtig sind, sondern dass die Schüler sich bemühen und sich eine ausreichend lange Zeit damit auseinandersetzen.

Tipp für Gespräche

Fragen Sie bei der Lehrerin oder beim Lehrer gezielt nach, was Sie tun sollen, wenn Ihr Kind die Hausaufgaben wegen Verständnisschwierigkeiten nicht erledigen kann. Sie können zu einem Gespräch auch eine Hausaufgabe mitnehmen, bei der es Probleme gab, und sich an diesem Beispiel erklären lassen, was die Lehrkraft in diesem Fall von Ihnen und Ihrem Kind erwartet.

4 Hilfe beim Anfangen geben

Wenn die Aufgabe verstanden ist, folgt die Frage, was man alles wissen muss, um sie zu lösen. Oft fangen Schüler gar nicht erst an, weil ihnen der Lösungsweg noch nicht klar genug ist. Beim Problemlösen (s. S. 102 ff.) ist das aber ein ganz normaler Zustand: Man muss zunächst ein paar Beispiele rechnen, eine Zeichnung machen oder einen möglichen Lösungsansatz ausprobieren. Fehler und Umwege sind dabei ganz normal. Eltern können ihren Kindern das vermitteln und sie ermutigen, etwas auszuprobieren. Genau diese Problemlösehaltung ist ein wesentliches Ziel des Mathematikunterrichts – ganz jenseits des aktuell zu lernenden Stoffes.

Ein häufiges Problem in diesem Zusammenhang sind Textaufgaben. Sie dienen dem Zweck, die Mathematik mit der Realität zu verknüpfen, damit die Inhalte besser verstanden werden und die Schüler lernen, Gelerntes im Alltag auch anzuwenden. Leider funktioniert das nicht immer. Ganz wichtig ist es dann, herauszufinden, was in dieser Aufgabe „gesucht" ist. Was sollen die Schüler herausfinden? Genauso wichtig ist es, sich aufzuschreiben, was „gegeben" ist, d. h. welche Werte vorgegeben werden und welche Formeln vorhanden sind, die möglicherweise anzuwenden sind.

Hilfsfragen „Was ist alles bei der Aufgabe gegeben? Wie kann man das nutzen?"

Bei den allermeisten Aufgaben sind die Angaben so, dass man jede der Angaben auch verwenden muss. Nur bei manchen Modellierungsaufgaben (s. S. 116 ff.) sind auch mal Angaben unnötig oder es fehlen Angaben, die man dann schätzen muss.

Bei der „Kerzenaufgabe" (s. S. 153) könnte Ihr Kind z. B. notieren:

Gegeben:
Kerzendurchmesser: 5 cm
Kerzenhöhe: 12 cm

Dass die Kerzenhöhe für die Lösung gar nicht benötigt wird, merkt es vielleicht erst später. Hier gibt es keinen Grund, schon einzugreifen.

Hilfsfragen „Was ist genau gesucht?
Was braucht man, um das herauszubekommen?"

Diese Herangehensweise nennt man auch „Rückwärtsdenken". Bei manchen Aufgaben ist der letzte Schritt der wichtigste: Wenn man verstanden hat, was man z. B. braucht, um ein Volumen zu berechnen, sieht man auch sogleich was einem noch fehlt und ist auf der richtigen Spur.

Pia: Gesucht ist, wie viel mehr man bei vier Banderolen braucht. In Prozent.
Mutter: Und was brauchst du, um das herauszubekommen?
Pia: Na, die Längen der Banderolen in beiden Fällen.
Mutter: Also?
Pia: Bei einer Kerze ist das $\pi \cdot 5\,\text{cm} = \ldots$ (tippt in den Rechner)
Mutter: Schön, und jetzt?
Pia: Aber es sind doch vier Kerzen.
Mutter: Also …?
Pia: Bei vier Kerzen sind es $4 \cdot \pi \cdot 5\,\text{cm}$ ... (tippt mal 4)
Mutter: Und jetzt?
Pia: Weiß nicht.
Mutter: Was brauchst du noch?
Pia: Die Banderole um die vier Kerzen.
Mutter: (schweigt)
Pia: Also nochmal mal vier …? (blickt unsicher)
Mutter: (schweigt)
Pia: Aber die große Banderole ist ja gar nicht rund.
Mutter: Was brauchst du also, um die auszurechnen?
Pia: Weiß nicht, ich hab da keine Formel.
Mutter: Was kannst du tun, wenn du nicht weiter weißt?
Pia: Vielleicht eine Zeichnung machen?

Hilfsfrage „Wo hat man etwas Ähnliches schon gemacht oder gesehen?“

Was wurde beispielsweise in der letzten Stunde behandelt? Was hat das mit der Aufgabe zu tun? Die gemeinsame Suche nach einer Stelle im Schulbuch oder im Heft, die mit der Aufgabe am meisten zu tun hat, hilft oft nicht nur bei der konkreten Lösung, sondern ist auch ein erster Schritt, das Gelernte noch einmal im Zusammenhang zu betrachten. So könnte man z. B. gemeinsam eine ähnliche Aufgabe oder die passende Formel im Schulbuch oder Heft suchen. Vielleicht haben Sie als Eltern auch schon eine eigene Idee, wie man die Aufgabe lösen könnte. Damit sollten Sie sich aber zurückhalten, denn der Lösungsweg, den Ihr Kind in der Schule gelernt hat, sieht möglicherweise ganz anders aus!

Vielleicht haben Sie bemerkt, dass diese „Hilfsfragen“ alle so ähnlich bereits beim Thema „Problemlösen“ beschrieben wurden. Es handelt sich um nichts anderes als ganz wesentliche Problemlösestrategien, in diesem Fall eingesetzt beim Hausaufgabenlösen.

5 Bei der Lösung begleiten

Natürlich können Sie Ihrem Kind auch etwas erklären und weitergehende Hilfen zur Lösung geben, wenn die vorangegangenen Schritte nicht helfen.
Bei vielen gleichartigen Aufgaben kann es durchaus sinnvoll sein, wenn Eltern die erste Aufgabe als „Musteraufgabe“ mit dem Kind gemeinsam lösen. Lauras Mutter war damit allerdings zunächst gescheitert. Nachdem sie verstanden hat, was Lauras Problem ist, kann sie ihr nun aber erklären, dass die Klammern immer Vorrang vor „Punkt- vor Strichrechnung“ haben, und die erste Aufgabe mit ihr lösen. Danach sollte Laura die restlichen Aufgaben selbstständig bearbeiten. Insgesamt ist es sehr wichtig, dass Schüler ihre Hausaufgaben weitgehend allein erledigen. Nur so bekommt die Lehrkraft einen Eindruck vom Wissen und Können ihrer Schützlinge und der Übungseffekt für die Schülerinnen und Schüler ist wesentlich größer. Gerade in Mathematik ist es außerdem besonders wichtig, dass sie nicht den Eindruck gewinnen: „Das kann ich nur mit Hilfe.“

Sich zurückzuhalten, ist gar nicht so einfach! Eltern (und mitunter auch Lehrkräfte) werden manchmal ungeduldig und erklären schnell etwas, das die Schülerinnen und Schüler auch selber hätten herausfinden können. Das sollte möglichst selten geschehen. Wenn Kinder und Jugendliche beim Lernen und Üben nicht dazu kommen, selbst Lösungen zu finden, entwickeln sie nicht das Selbstvertrauen, dies auch in der Klassenarbeit (und im weiteren Leben!) zu schaffen. Aber noch viel wichtiger ist, dass man Mathematik nicht lernt, indem man jemand anderen beim Lösen beobachtet. Das ist durchaus vergleichbar mit dem Lernen eines Musikinstruments oder einer Sportart – das funktioniert auch nicht als Zuschauer, man muss es selbst tun.

Wenn Sie selbst nicht wissen, wie die Aufgabe zu lösen ist, dann können Sie sich gemeinsam mit Ihrem Kind auf die Suche machen. Damit zeigen Sie, dass Sie die Aufgabe für lösbar halten und die Mathematik nicht für „zu schwierig". Die Vorschläge aus dem Kapitel „Problemlösen" und die Hilfsfragen aus Stufe 3 und 4 in diesem Kapitel können hier wiederum sehr nützlich sein. Am besten ist es, wenn Eltern solche Situationen ganz offen behandeln und zugeben, dass sie auch nicht weiter wissen – aber nicht mit den Worten „Mathe ist mir eh zu schwer", sondern mit dem ehrlichen Bemühen, eine Lösung zu finden.

Kinder und Jugendliche sollten spüren, dass sie in dieser Situation gleichberechtigte Partner sind. Sie können gemeinsam mit ihren Eltern Ideen entwickeln, wieder verwerfen und sich über Erfolge freuen. Bevor die Eltern jedoch mit ihren eigenen Ideen herausplatzen, sollten sie sich anhören, was die Kinder vorschlagen. Gleichberechtigt heißt nämlich selbstverständlich auch, dass die Schülerinnen und Schüler die „Pflicht", sich an der Aufgabenlösung zu beteiligen, nicht an die Eltern abgeben dürfen. Vielleicht ist die Idee des Kindes genauso gut oder sogar besser als die der Eltern. Kinder sind in einer solchen Situation die Experten für das, was im Unterricht geschehen ist. Wenn es sich um einen Irrweg handelt, ist das auch nicht schlimm: Solche „Fehler" sind oft wesentlich lehrreicher als das Nachvollziehen einer richtigen, aber vorgegebenen Lösung.

Insgesamt lässt sich diese Situation so zusammenfassen: Eltern, die ihren Kindern bei den Hausaufgaben helfen wollen, sollten sich als Begleiter verstehen. Sie können motivieren, ermutigen, loben, aber Lösungsweg und Lösung sollten, so weit es irgendwie möglich ist, den Schülern überlassen bleiben.

Hausaufgaben kontrollieren: Mit Fehlern umgehen

Auch wenn es im vorigen Abschnitt um das gemeinsame Lösen von Problemen ging: Im Normalfall sollten Schülerinnen und Schüler in der Sekundarstufe ihre Hausaufgaben allein erledigen. Wenn Eltern ständig daneben sitzen und kommentieren, werden sie schnell selbst zum Störfaktor.

Die Kinder und Jugendlichen fühlen sich kontrolliert oder verunsichert, was zu Denkblockaden führen kann, oder Eltern unterbrechen durch meist gut gemeintes, aber verfrühtes Eingreifen (Du hast das Minus vergessen!) die Denkprozesse und verhindern den selbstständigen Umgang mit Fehlern. In der Klassenarbeit oder dem Einstellungstest sitzen die Jugendlichen schließlich auch allein. Fehler begegnen Eltern deshalb vor allem beim Nachschauen der fertigen Aufgaben oder wenn das Kind um Hilfe bittet, weil es nicht weiterkommt. Wie geht man damit um?

Es gibt im Wesentlichen zwei Arten von Fehlern:
Flüchtigkeitsfehler und *Verständnisfehler*.
Lauras Fehler, in der Aufgabe $(3+4) \cdot (5+6)$ zuerst $4 \cdot 5$ zu rechnen, ist ein Verständnisfehler. Es ist gut, dass ihre Mutter durch Nachfragen festgestellt hat, wo das Problem liegt, denn sonst hätte Laura noch sehr viele weitere Fehler gemacht, wann immer „Punkt- vor Strichrechnung“ und Klammerregeln kollidieren.
Flüchtigkeitsfehler, also z. B. das Verwechseln von Vorzeichen oder einfache Rechenfehler sind manchmal (für die Eltern) offensichtlich: Wenn bei der Kerzenaufgabe ein Unterschied von mehr als 200 % herauskommt, kann das schon von der Anschauung her nicht stimmen. Vielleicht ist ein Zahlendreher oder ein verrutschtes Komma die Ursache. Vor allem, wenn Flüchtigkeitsfehler häufiger vorkommen, sollten Sie Ihr Kind zur Kontrolle der Rechnung auffordern („Kann das sein? Kannst du dir das als Bild vorstellen?“), aber nicht direkt auf den Fehler hinweisen.

Dabei ist es wichtig, die Kontrollen nicht nur bei falschen, sondern auch bei richtigen Ergebnissen einzufordern, damit sich der Schüler oder die Schülerin daran gewöhnt, die Plausibilität von Ergebnissen zu überprüfen.

Tipp für Gespräche

Fragen Sie bei der Mathematiklehrerin oder dem Mathematiklehrer nach, wie Sie mit Fehlern umgehen sollen. Auch hier ist es hilfreich, einige Beispiele mitzubringen, bei denen Sie unsicher waren, ob Sie eingreifen sollten oder die Fehler besser so stehen lassen. Manche Eltern haben Angst, als Rabeneltern abgestempelt zu werden, wenn die Kinder häufiger mit fehlerhaften oder unvollständigen Hausaufgaben zur Schule kommen. Je mehr Sie mit der Lehrkraft darüber sprechen, desto besser wissen Sie, was im konkreten Fall richtig ist – und die Lehrkraft weiß, dass Sie sich tatsächlich um die schulischen Leistungen kümmern, aber die Fehler bewusst stehen lassen.

Manchmal sind Flüchtigkeitsfehler auch in einer langen Termumformung versteckt und sehr mühsam zu finden. Ob Sie die Suche gemeinsam mit Ihrem Kind in Angriff nehmen oder lieber der Mathelehrerin oder dem Mathelehrer überlassen, hängt von Ihren eigenen Fähigkeiten, dem Zeitbudget und der Geduld ab. Wenn der Schüler noch nicht lange an den Hausaufgaben sitzt, kann es auch genügen, ihn mit ein paar ermutigenden Worten zurück an den Schreibtisch zu schicken.

In jedem Fall kann es helfen, wenn Ihr Sohn oder Ihre Tochter nicht zu viele Schritte im Kopf durchführt. Es ist besser, Nebengedanken und Nebenrechnungen immer aufzuschreiben und den Denkprozess zu verlangsamen. In manchen Klassen gilt es als Zeichen von Begabung, möglichst viele Schritte im Kopf durchzuführen. Häufig steckt auch der Wunsch dahinter, wenig Schreibarbeit zu haben – aber das funktioniert nur, wenn man es wirklich gut beherrscht. Ausführliche Nebenrechnungen werden in Klassenarbeiten nicht mit schlechten Noten bedacht, viele Fehler schon.
Passieren Flüchtigkeitsfehler öfter, können Eltern mit ihren Kindern auf Ursachensuche gehen: Liegt es an der unruhigen Umgebung, der lauten Musik? Ist der Schüler zur Hausaufgabenzeit immer müde? Flüchtigkeitsfehler sind Konzentrationsfehler, also müssen die Konzentrationshindernisse aus dem Weg geräumt werden. Neben dem Lernen für die Schule haben Kinder auch andere Bedürfnisse, die mindestens ebenso wichtig sind. Dazu gehören genügend Schlaf, Bewegung, gesundes Essen, aber auch genügend Zuwendung und freie Zeit. In welchem Maß dies jeweils für einzelne Schüler wichtig ist, hängt natürlich von Persönlichkeit und Alter ab. Folgende Tipps kann man dabei beherzigen:

Essen: Ein leichtes Mittagessen kann (im Vergleich zu Pommes oder Burger) zu einer deutlichen Leistungssteigerung führen, wenn die Hausaufgaben direkt danach erledigt werden sollen. Während der Hausaufgaben können z. B. Obst oder Nüsse gegessen werden.

Zeitpunkt: Ein fester Zeitpunkt am Tag ist sehr hilfreich. Das Mittagstief zu vermeiden, ist dabei sicher ein guter Hinweis, aber oft schwierig umzusetzen. Für viele Familien passt es einfach besser, direkt nach dem Mittagessen oder der Schule anzufangen.

Arbeitsplatz: Der ideale Arbeitsplatz ist ruhig, gut ausgeleuchtet, rückenfreundlich und aufgeräumt. Inwieweit das in einzelnen Familien möglich ist, kann variieren. Grundsätzlich sollten aber Störfaktoren wie kleine Geschwister, chaotische Schreibtische, klingelnde Handys oder laute Musik (vor allem mit Text) vermieden werden. Aber hier gilt wie immer: Auch das Gegenteil kann stimmen. Wenn sich Ihre Tochter bei Musik besser konzentrieren kann und länger durchhält, sollten sie es nicht besserwisserisch verbieten.

Üben vor Klassenarbeiten

Vor einer anstehenden Klassenarbeit bekommt das heimische Üben einen besonders brisanten Charakter. Die Kinder und Jugendlichen sind schon wegen der Zensuren meist durchaus motiviert, etwas zu tun, und freuen sich über Hilfe. (Manche Schüler reagieren allerdings eher mit Verdrängung – wenn Ihr Kind versucht, schlechte Leistungen zu bewältigen, indem es sie vertuscht, sind die Probleme schon bedenklich angewachsen und nicht nur fachlicher Art!)

Kurz vor der Arbeit wird es aber besonders schwierig: Der Stoff ist angewachsen, die Einschätzung der eigenen Fähigkeiten und Lücken ist nicht einfach. Was kann man noch nicht? Welche Schwierigkeiten sind unbedenklich, was muss man unbedingt noch lernen? Was kann man noch sinnvoll üben? Auch hier gilt wieder: Eltern sind keine Hilfslehrer und Kinder müssen lernen, solche Situationen selbst zu bewältigen. Was für die Eltern also zu tun bleibt, ist ihr Kind in diesen Überlegungen und in der Planung seiner Übungen zu unterstützen. Eine konkrete Hilfe hierfür stellen sogenannte Checklisten dar, die man immer häufiger in Schulbüchern findet.

Checkliste **Meine Klasse und ich – Zahlenangaben sammeln und vergleichen**

Ich kann … *Ich kenne …*	*So gut kann ich das …*	*Hier kann ich üben …*
Ich kann Informationen aus Diagrammen ablesen. Was kommt in den folgenden Diagrammen jeweils am häufigsten vor? Was kommt am seltensten vor? Was kommt genau 4-mal vor? 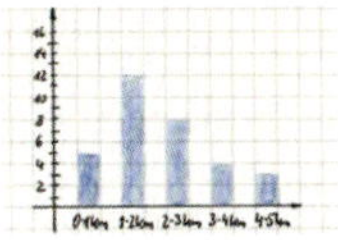 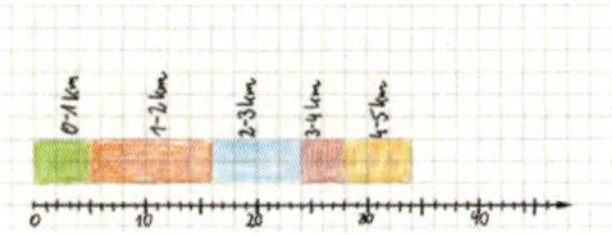		S. 22 Nr. 2c S. 22 Nr. 3a–c S. 23 Nr. 4a, 5
Ich kann den Durchschnitt zu gegebenen Daten bestimmen. Bestimme zu den Daten 13, 17, 19, 12, 15 den Durchschnitt.		S. 24 Nr. 6, 8 S. 25 Nr. 9, 11 S. 26 Nr. 14

Die Checkliste kann man mit seinem Sohn oder seiner Tochter schrittweise durchgehen und klären: Wo habt ihr das bearbeitet oder geübt? Wie schätzt du dich ein? Kannst du eine Beispielaufgabe bearbeiten?

Tipp für Gespräche

Zum Üben vor Klassenarbeiten können Sie auch das Gespräch mit dem Lehrer oder der Lehrerin suchen:
Wie kann ich vor einer Klassenarbeit herausfinden, woran ich mit meinem Kind noch üben kann? Welche Hilfen können Sie den Schülerinnen und Schülern bzw. ihren Eltern vor der Klassenarbeit jeweils mit nach Hause geben?

Noch ein Wort zum Schluss:
Eltern sind keine Hilfslehrer …

In der Sorge um die Leistungen der Kinder vergisst man manchmal, dass die Eltern zuallererst die Funktion haben, ihrem Kind vorbehaltlos Zuwendung und Unterstützung zu geben. Das klingt nach einer Binsenweisheit, hat aber weitreichende Konsequenzen. Diese Vorbehaltlosigkeit bedeutet, dass sich der Sohn oder die Tochter ganz unabhängig von den schulischen Leistungen unterstützt und wertgeschätzt

fühlt. Aus dieser Perspektive ist es wichtig, nicht ständig auf Defizite zu schauen, oder Vergleiche mit anderen, besseren Schülern anzustellen. Wenn es in Mathematik (oder einem anderen Hauptfach) größere Probleme gibt, hat das Auswirkungen auf das Selbstbewusstsein der Schülerinnen und Schüler, und es hilft niemandem, wenn Eltern hier noch zusätzlich Druck ausüben – Angst und Stress sind ein großes Lernhindernis. Im Gegenteil: Eltern können ihre Kinder stützen, indem sie auch außerschulische Leistungen wertschätzen und bewusst loben (z. B. im Sport, am Computer, bei der Hilfe im Haushalt). Bei der Bewertung der schulischen Leistungen sollten nicht nur die Noten Beachtung finden, sondern auch die Mühe, die sich der Schüler gegeben hat. Grundsätzlich sollten Eltern sich fragen, inwieweit sie auch ihr eigenes Selbstwertgefühl von den Noten ihrer Kinder abhängig machen. Dies wäre eine ungünstige Voraussetzung für ein harmonisches Miteinander.

… aber Eltern sind Vorbilder

Wenn man Kindern und Jugendlichen die Bedeutung des Lernens vermitteln möchte, so hilft es wenig, Strafen für schlechte Noten einzuführen. Viel entscheidender ist das Vorbild der Eltern. Sie können Ihrem Kind Lernfreude vermitteln, indem Sie Interesse für den Wissenserwerb zeigen, z. B. durch Bücher, die Sie lesen, Museen, die Sie mit ihm besuchen, oder auch durch eine Wissenssendung im Fernsehen, die gemeinsam geschaut wird. Für den Mathematikunterricht ist es besonders wichtig, nicht in den Chor derer einzustimmen, die sagen: „In Mathe war ich auch immer schon schlecht“, oder: „Das brauchst du nie wieder“. Mathematik ist interessant und wichtig, das haben Sie hoffentlich in den vorangegangenen Kapiteln erfahren (wenn Sie es nicht schon wussten) und können es auch Ihrem Kind vermitteln, indem Sie einige der Tipps für zu Hause in Ihren Alltag einbinden.

Nachhilfe und Förderunterricht

Etwa ein Viertel aller Schülerinnen und Schüler in Deutschland nehmen zu irgendeinem Zeitpunkt in ihrer Schullaufbahn Nachhilfe, meist in der Sekundarstufe I. Mathematik ist dabei das am häufigsten nachgefragte Fach. Möglicherweise haben Sie auch schon Erfahrungen damit gemacht, oder zumindest schon darüber nachgedacht.

Nicht wenige Lernende bekommen im Laufe ihrer Schullaufbahn mit einem oder mehreren Fächern Schwierigkeiten. Die Ursachen dafür sind vielfältig. Das Verpassen von Unterricht durch eine längere Krankheit kann genauso Probleme erzeugen wie fehlende Motivation, Schulangst oder ungeeigneter Unterricht.

In diesem Kapitel möchten wir Hinweise dazu geben, wann Nachhilfe förderlich sein kann und wie man herausfindet, ob im konkreten Fall das Geld der Eltern und die Freizeit der Schülerinnen und Schüler auch tatsächlich sinnvoll eingesetzt werden.

In welchen Situationen kann Nachhilfe nützlich sein? Üblicherweise kommt sie dann zum Einsatz, wenn die Versetzung gefährdet ist, eine deutliche Leistungsverschlechterung zu verzeichnen ist oder wenn eine Prüfung ansteht, in der Bestehen oder gute Noten, z. B. für die Suche nach einem Ausbildungsplatz, von Bedeutung sind.

Als Eltern könnten Sie aber auch über Nachhilfe nachdenken,
- wenn Sie bemerken, dass Ihr Kind regelmäßig Schwierigkeiten mit den Hausaufgaben hat, bei denen Sie als Eltern nicht wirksam helfen können,
- wenn Sie bemerken, dass Ihr Kind immer dann mit Angst in die Schule geht, wenn Mathematikunterricht auf dem Plan steht,
- wenn Ihr (eher schon älteres) Kind von sich aus den Wunsch äußert, Nachhilfe zu bekommen,
- wenn z. B. eine längere Krankheit den Schulbesuch verhindert hat und größere Wissenslücken entstanden sind, die später nicht mehr aufgeholt werden können. (Manche Themen im Mathematikunterricht sind problematischer als andere – genauere Auskunft kann Ihnen der Lehrer oder die Lehrerin geben.)

Damit wollen wir gar nicht sagen, dass in all diesen Fällen Nachhilfe dringend notwendig ist. Prinzipiell sollte der schulische Mathematikunterricht so gestaltet sein, dass alle Schüler *ohne* zusätzliche Unterstützung die wesentlichen Inhalte lernen können. Wenn Schülerinnen und Schüler Schwierigkeiten haben, sollte für sie **die Lehrerin oder der Lehrer die erste Anlaufstelle sein**. In der Praxis gelingt eine ausgleichende Förderung im Unterricht aus sehr unterschiedlichen Gründen aber nicht immer. Daher wollen wir das Thema Nachhilfe nicht ausklammern.
In jedem Fall gilt für Nachhilfe: Je rechtzeitiger, desto besser. Im besten Fall können es schon wenige Stunden Nachhilfe ermöglichen, Unverstandenes nachzuho-

len. Abzuraten ist von Nachhilfe dagegen, wenn eine Rechenschwäche besteht (dazu mehr im nachfolgenden Abschnitt auf S. 173 ff.). In diesem Fall ist unbedingt eine qualifizierte Lerntherapie erforderlich, Nachhilfe kann das nicht leisten.

Wohin wendet man sich, wenn man Nachhilfeangebote sucht? Man kann grundsätzlich zwei Formen von Nachhilfe unterscheiden:

Nachhilfe in kommerziellen Instituten findet häufig in Kleingruppen statt. Vorteile sind die Planungssicherheit (steht eine Nachhilfelehrkraft nicht mehr zur Verfügung, übernimmt jemand anderes die Gruppe) und die in der Regel sichergestellte Qualifikation der Nachhilfelehrkräfte. Allerdings unterliegen die Institute keiner staatlichen Aufsicht, die Qualität wird also von keiner offiziellen Stelle überprüft. Diese Form der Nachhilfe wird von etwa 30 % der Schülerinnen und Schüler in Anspruch genommen.

Private Nachhilfelehrerinnen und -lehrer kommen zum Teil ins Haus oder empfangen die Schülerinnen und Schüler bei sich zuhause. Meist handelt es sich um Einzelunterricht, ein großer Vorteil dieser Variante. Zudem ist sie flexibler, weil oft keine Verträge geschlossen werden und die Nachhilfe stärker dem Bedarf angepasst werden kann (z. B. nur vor Klassenarbeiten). Die Qualifikation der anbietenden Personen schwankt dagegen stark.

Wie findet man gute Nachhilfe?
Bevor Sie sich für ein Institut oder eine Privatperson entscheiden, können Sie die folgenden Hinweise in Betracht ziehen. Viele Aspekte sind für beide Wege relevant.

1 Qualifikationen

Mathematisches Fachwissen und Interesse für das Fach sind absolut erforderlich. Mindestens ebenso wichtig wie die fachliche ist aber die didaktische Qualifikation, also die Fähigkeit, mathematisches Wissen zu diagnostizieren und zu vermitteln.

Verschiedene Gruppen von Personen bieten Nachhilfe an. Wen würden Sie als Nachhilfelehrer einstellen?

- Herr Gruber, pensionierter Mathematiklehrer
- Julia, studiert Diplom-Mathematik
- Johannes, studiert Lehramt Mathematik
- Karina, Oberstufenschülerin

Pensionierte Mathematiklehrerinnen und -lehrer profitieren von ihrer großen Erfahrung und haben mit Sicherheit das notwendige mathematische Fachwissen. Möglicherweise sind sie aber nicht immer bereit, sich auf neue Unterichtsmethoden und Unterrichtsinhalte einzustellen

Tipp für Gespräche

Fragen Sie, warum der Lehrer oder die Lehrerin sich entschieden hat, Nachhilfe anzubieten (meist sind es keine finanziellen Gründe). Interessant ist auch, an welcher Schulform er oder sie unterrichtet hat, und wie lange das her ist.

Mathematikstudierende haben mit großer Wahrscheinlichkeit Interesse am Fach und beherrschen die schulischen Inhalte. Gutes Fachwissen ist allerdings noch keine Garantie für guten Nachhilfeunterricht – gerade die guten Mathematiker haben manchmal Schwierigkeiten, sich auf das Niveau von Schülerinnen und Schülern einzustellen.

Tipp für Gespräche

Fragen Sie, welche Art von Nachhilfeerfahrung bereits besteht.

Lehramtsstudierende mit Unterrichtsfach Mathematik haben sich für den Lehrerberuf entschieden, interessieren sich also für die Lernwege der Kinder und für das Fach. Zudem haben sie an der Universität bereits Wissen über Schülerschwierigkeiten erworben und erste Praxiserfahrungen gesammelt.

Tipp für Gespräche

Fragen Sie, wie viel Fachdidaktik-Veranstaltungen und Praktika bereits absolviert wurden. Besonders, wenn sie das Lehramt Realschule oder Hauptschule studieren, bringen diese Studierenden einiges mit. Manche Lehramtsstudierende für das Gymnasium lernen an der Universität allerdings erst die Fachwissenschaft und machen Schulerfahrungen erst nach dem Studium im Referendariat. Solche Lehramtsanwärter oder Referendare haben mitunter Leerlaufzeiten vor einer Einstellung in den Beruf, die sie nutzen, indem sie Nachhilfe anbieten.

Schülerinnen und Schüler höherer Klassen haben für die Nachhilfe den Vorteil, dass sie „nahe dran" sind, vielleicht sogar die Mathematiklehrkraft und das Schulbuch ihrer Schüler kennen. Zudem verlangen sie meist weniger Geld als die anderen Gruppen. Sie können aber kein didaktisches Wissen vorweisen.

Tipp für Gespräche

Fragen Sie nach den aktuellen Noten in Mathematik und nach Erfahrung: Wie lange bieten sie schon Nachhilfe an? Interessant ist auch der Berufswunsch: Wird ein Beruf angestrebt, der mit Unterricht oder mit Mathematik zu tun hat? Daran können Sie ablesen, welche Interessen der Schüler oder die Schülerin hat.

Wir sind der Ansicht, dass Lehramtsstudierende am besten geeignet sind. Es ist aber natürlich schwierig, eine pauschale Aussage darüber zu machen, wer am besten geeignet ist, weil auch viel von der Persönlichkeit des Lehrers oder der Lehrerin abhängt. Sie sollten also auch Ihren eigenen Eindruck und die Erfahrungen anderer Eltern in Ihre Entscheidung einbeziehen.
Wie sieht es aber aus, wenn Sie die Personen selbst nicht zu Gesicht bekommen? Wenn Ihnen ein kommerzielles Institut zur Qualifikation der Lehrkräfte keine genauen Angaben machen kann oder will, ist Vorsicht geboten. Besonders förderlich ist es, wenn die Schule im Nachmittagsbereich mit Förder- und Nachhilfeangeboten kooperiert und sich Lehrkräfte und Nachhilfelehrer im Rahmen eines gemeinsamen Konzeptes austauschen.

2 Kosten und Konditionen

Eltern, die ihre Kinder zu kommerziellen Anbietern schicken, investieren im Durchschnitt etwa 150 € pro Monat. Die Preise von privater Nachhilfe schwanken, liegen aber meist darunter. Als Richtwert kann ein Stundenlohn von 10 € dienen. Meist werden ein bis zwei Stunden Nachhilfe pro Woche vereinbart.

Bei kommerziellen Instituten ist wichtig, welche Bedingungen der Vertrag vorsieht: Wie schnell kann man aus dem Vertrag aussteigen, wenn die Nachhilfe nicht mehr benötigt wird oder man nicht zufrieden ist? Können vor Vertragsabschluss Probestunden in Anspruch genommen werden?
Für manche Eltern ist es schwierig, Nachhilfe zu finanzieren. Das ist ein politisch brisantes Thema in Deutschland, denn es trägt zur Bildungsungerechtigkeit bei – Kinder, deren Eltern sich die zusätzliche Förderung leisten können, haben möglicherweise höhere Chancen auf einen besseren Abschluss. Wenn Sie gern Nachhilfe für Ihr Kind hätten, aber die Kosten nicht so leicht aufbringen können, finden sich eventuell andere Möglichkeiten. Hören Sie sich im Bekanntenkreis und der Nachbarschaft um – gibt es vielleicht eine pensionierte Lehrerin, der sie im Garten helfen können, statt sie zu bezahlen? Oder einen Lehramtsstudenten, der im Gegenzug Betreuung für seine kleinen Kinder braucht, um Zeit für das Studium zu finden? Möglicherweise findet sich auch jemand, der bereit ist, umsonst zu helfen. Auch das Arbeits- oder Sozialamt unterstützt durch sogenannte „Bildungsgutscheine“, die für Nachhilfe eingelöst werden können.

3 Lehrkonzept

Nachhilfe sollte mit dem Ziel durchgeführt werden, die Schülerinnen und Schüler unabhängig und selbstständig werden zu lassen – sie sollte sich also gewissermaßen selbst irgendwann überflüssig machen. Nach der Lektüre des Kapitels 2 ist Ihnen sicher klar, dass das Auswendiglernen und Beherrschen von Rechenverfahren kein gutes Lernziel ist. Unverstandene Regeln und Lösungswege bleiben gerade bis zur nächsten Klassenarbeit im Gedächtnis (manchmal nicht einmal das). Da in Mathematik viele Inhalte in höheren Klassen wieder gebraucht werden, reicht das eben nicht aus! Nachhilfe, die nur Verfahren trainiert, kann zwar kurzfristig zu guten Noten in der Klassenarbeit verhelfen, ist aber langfristig eher schädlich. Sie macht abhängig, denn das unverstandene Wissen kann sich nicht festigen und verknüpfen. So bleibt das Grundproblem – fehlendes Verständnis – bestehen und damit auch der Nachhilfebedarf.

Wie aber erkennt man, ob ein Nachhilfelehrer oder ein Nachhilfeinstitut ein didaktisches Konzept hat, das auf Verstehen und nicht auf Auswendiglernen angelegt ist?

Viele Nachhilfeinstitute werben damit, dass zusätzlich allgemeine Hinweise zum effektiven Lernen vermittelt werden (Methoden zum Auswendiglernen, zur Motivation und Konzentration, zur Zeitplanung ...). Das schadet sicher nicht, doch die Entwicklung mathematischen Verständnisses ist wesentlich wichtiger. Ein Nachteil kommerzieller Institute ist, dass sie zum Teil mit vorgefertigten Arbeitsblättern arbeiten, die nur das Auswendiglernen von Rechenverfahren fördern und wenig auf die konkreten Probleme einzelner Kinder eingehen. Das „Konzept" besteht darin, noch mehr Aufgaben zu rechnen, die denen in der Schule gleichen.

Brüche erweitern und kürzen!

Man erweitert einen Bruch, indem man den Zähler und den Nenner mit derselben von Null verschiedenen Zahl multipliziert.

Beide Brüche stellen dieselbe Bruchzahl dar:

$\frac{7}{8} = \frac{7 \cdot 5}{8 \cdot 5} = \frac{35}{40}$

1) Erweitere den Bruch mit der angegebenen Zahl. Rechne wie im Beispiel.

$\frac{2}{3}$ mit 6 erweitern Kopfrechnen: $\frac{2}{3} = \frac{2 \cdot 6}{3 \cdot 6} = \frac{12}{18}$ $\frac{2}{3} = \frac{12}{18}$

a) mit 3	b) mit 4	c) mit 7	d) mit 9
$\frac{3}{7} =$	$\frac{2}{5} =$	$\frac{4}{6} =$	$\frac{6}{7} =$
$\frac{3}{4} =$	$\frac{5}{9} =$	$\frac{5}{8} =$	$\frac{7}{12} =$
$\frac{5}{25} =$	$\frac{6}{20} =$	$\frac{12}{15} =$	$\frac{10}{11} =$

Ein Ausschnitt aus einem typischen Übungsbuch eines Nachhilfeinstituts. Hier werden nur Verfahrensschritte beschrieben und ausgeführt, das Verständnis bleibt auf der Strecke!

Besser wären anschauliche Erklärungen.

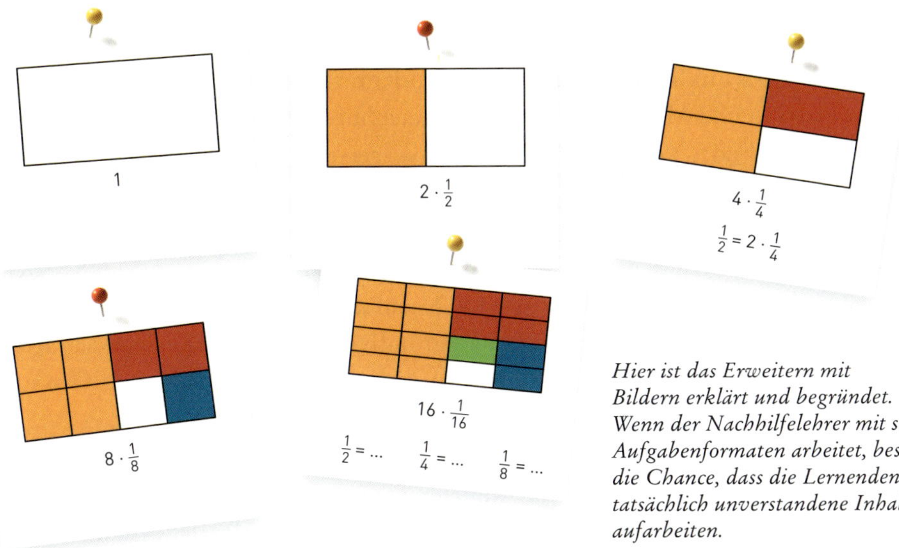

Hier ist das Erweitern mit Bildern erklärt und begründet. Wenn der Nachhilfelehrer mit solchen Aufgabenformaten arbeitet, besteht die Chance, dass die Lernenden tatsächlich unverstandene Inhalte aufarbeiten.

Gute Nachhilfe besteht außerdem nicht nur im Lösen von Aufgaben. Vielmehr sollte der Lehrkraft bewusst sein, was an dem jeweiligen Thema wichtig ist und verstanden werden muss. Dann kann sie gezielt danach fragen:

- Kannst du diesen Bruch auch in Prozent ausdrücken (oder als Bild darstellen)?
- Wie stellst du dir negative Zahlen vor?
- Warum hast du hier gerade schriftlich gerechnet?
- Kann das Ergebnis stimmen? Kontrolliere es mit Schätzen!
- Woher kommt die 3. binomische Formel? Warum stimmt sie?
- Welche Zahlen könnte man denn für „x" einsetzen?

So wird das Verstehen angeregt und die Nachhilfelehrkraft erhält außerdem Informationen über die individuellen Stärken und Schwächen eines Schülers oder einer Schülerin.

Tipp für Gespräche

Bleiben Sie einmal bei einer Nachhilfestunde dabei und beobachten Sie, ob solche Fragen gestellt werden.

4 Unterrichtsbedingungen

Ruhige, helle Räumlichkeiten sind wichtig, denn sie haben großen Einfluss auf Konzentration und Motivation. Wenn die Nachhilfe privat erfolgt und bei Ihnen zu Hause stattfindet, können Sie selbst dafür sorgen und haben zusätzlich den Vorteil, dass für die Anfahrt kein zusätzlicher Aufwand notwendig ist.

Kommerzielle Institute bieten Nachhilfe oft für Kleingruppen von 3–5 Schülerinnen und Schülern an, während private Nachhilfe meist Einzelunterricht ist. Je größer die Gruppe, desto weniger kann auf individuelle Bedürfnisse und Fragen eingegangen werden. Das gilt vor allem auch dann, wenn innerhalb der Gruppe verschiedene Klassenstufen oder Fächer unterrichtet werden.

Achtung: Leider gibt es auch einige Anbieter, die Sekten oder extremistischen Parteien nahestehen, z. B. Scientology („Applied Scholastics") oder der NPD. Hier ist Vorsicht geboten.

Wie begleitet man die Nachhilfe der Kinder?

Zuallererst sollten Sie sich einer Falle bewusst sein, die mit Nachhilfe verbunden ist: Schülerinnen und Schüler und ihre Eltern neigen dazu, von der Nachhilfe zu erwarten, dass sie die bestehenden Probleme allein behebt. Das ist gefährlich, weil dann z. B. Hausaufgaben weniger intensiv gemacht werden oder weniger für Klassenarbeiten geübt wird. Wie bereits oben gesagt: Nachhilfe soll selbstständig machen, nicht abhängig. Das ist nur möglich, wenn die Bemühungen um Verstehen und bessere Leistungen auch außerhalb von Schulunterricht und Nachhilfe bestehen bleiben.

Die tatsächliche Qualität der Nachhilfe können Sie nach einigen Nachhilfestunden besser einschätzen – möglicherweise können Sie Probestunden vereinbaren. Haben Sie den Eindruck, dass Ihr Kind sich entlastet und unterstützt fühlt? Vielleicht geht es etwas motivierter oder weniger ängstlich in die Schule und an die Hausaufgaben. Nach einigen Monaten ist dann auch überprüfbar, ob sich langfristiger Erfolg einstellt. Das ist natürlich zunächst an den Noten in Klassenarbeiten und auf dem Zeugnis festzumachen, aber auch ein Gespräch mit der Mathematiklehrkraft in der Schule kann Klarheit schaffen.

Wenn sich kein Erfolg einstellt, gehen Eltern häufig davon aus, dass ihre Kinder nicht genug geübt haben, das zeigen Befragungen. Sie suchen die Schuld an der Wirkungslosigkeit also eher bei den Schülerinnen und Schülern. Es ist aber sicherlich angebracht, auch die Qualität der Nachhilfe in Frage zu stellen.

Um die Wirkung der Nachhilfe abzusichern, um nötigenfalls einzugreifen und einseitige Verantwortungszuweisungen zu vermeiden, ist es sehr wichtig, mit allen Beteiligten im Gespräch zu bleiben. Die Mathematiklehrkraft in der Schule sollte darüber informiert werden, dass Nachhilfe stattfindet.

Tipp für Gespräche

In Gesprächen können Sie die Lehrkraft Folgendes fragen:
- Hält die Lehrkraft Nachhilfe bei Ihrem Kind für sinnvoll?
- Sind im Unterricht Auswirkungen zu spüren?
- Welche Inhalte sollten aus Sicht der Lehrkraft in der Nachhilfe behandelt werden?
- Gibt es Lücken aus früheren Zeiten, die in der Nachhilfe thematisiert werden sollten?

Achten Sie darauf, dass der Lehrer oder die Lehrerin dies nicht als Vorwurf an ihren Unterricht auffasst (auch wenn Sie das möglicherweise denken). Damit wäre niemandem geholfen, am allerwenigsten Ihrem Kind. Viele allgemeine Hinweise zur Gestaltung der Kommunikation zwischen Eltern und Lehrkräften finden Sie in dem Buch „Warum Lehrer gar nicht so blöd sind – und was kluge Eltern tun können, wenn die Verständigung nicht klappt“ von Heidemarie Brosche (diese und weitere Literatur auf S. 192).

Auch die Kommunikation mit der Nachhilfelehrkraft ist wichtig. Seriöse Nachhilfeinstitute bieten eine ausführliche und kostenlose Eingangsberatung an. Aber auch bei privat organisierter Nachhilfe sollte ein Gespräch über Gründe und Zielsetzungen für die Nachhilfe stattfinden. Das ist nicht unbedingt üblich, Sie können es aber einfordern. Das Institut oder der private Nachhilfelehrer sollte sich in diesem ersten Gespräch auch für Leistungen, Wissenslücken und Zielsetzungen Ihres Kindes interessieren. Dafür können Sie Hefte und die letzte Klassenarbeit mitbringen.

Tipp für Gespräche

Während der Nachhilfephase sollten Sie hin und wieder mit der Nachhilfelehrkraft sprechen. Sie können fragen,
- ob Ihr Kind Fortschritte macht,
- wo er oder sie besondere Probleme hat, und wo die Stärken liegen,
- ob die Lehrkraft einen Tipp für das Lernen zu Hause hat,
- ob Sie der Lehrerin oder dem Lehrer in der Schule etwas weitergeben sollen.

Bei privater Nachhilfe können Eltern stärker auf den Ablauf einwirken: Achten Sie darauf, dass immer die aktuellen Schulbücher und Hefte zur Verfügung stehen, damit an Materialien und Lösungswegen gearbeitet werden kann, die bereits vertraut sind. Sie können der Nachhilfelehrkraft auch Bücher zur Verfügung stellen, z. B. dieses Buch „Mathe können“.

Vorbereitend (vor der Eingangsberatung) können Sie mit Ihrem Kind darüber sprechen, was von der Nachhilfe erwartet wird: Welche Wissenslücken gibt es? Ist auch in früheren Klassen einiges unklar geblieben, das jetzt aber gebraucht wird? Gibt es Prüfungsangst, oder Angstgefühle im normalen Unterricht? Gleichen Sie Ihre Ziele mit denen Ihres Kindes ab. Die klare Formulierung von Zielen dient nicht nur der Vorbereitung auf Beratungsgespräch und Nachhilfe, sondern wirkt auch motivierend.
Bleiben Sie auch danach im Gespräch. Kinder erzählen oft nicht viel aus der Schule oder Nachhilfe, sodass Ihnen mögliche Probleme vielleicht erst zu Ohren kommen, wenn die erhoffte Wirkung ausbleibt.

Tipp für Gespräche

Fragen Sie Ihr Kind:
- Wie oft wechselt die Lehrperson (bei Instituten)?
- Wie wird in einer Nachhilfestunde entschieden, was heute Thema sein soll?
- Wird auf konkrete Fragen (z. B. aus den Hausaufgaben) eingegangen, oder werden Arbeitsblätter abgearbeitet?
- Werden Veranschaulichungen eingesetzt, oder wird nur „gerechnet“?

Lassen Sie sich von Ihrem Kind zeigen, was in der letzten Stunde gemacht wurde. Fragen Sie nach, ob er oder sie erklären kann, warum eine bestimmte Formel eingesetzt werden kann oder was eine bestimmte Darstellung bedeutet.

All diese Gespräche sind vor allem auch deshalb wichtig, weil in der Nachhilfe oft eine ganz besondere Dynamik herrscht. Dass dort häufig eher mechanisches Wissen ohne Verständnis geübt wird, hat nicht nur mit der z. T. geringen Qualifikation der Lehrkräfte zu tun. Die Nachhilfelehrerinnen und -lehrer stehen nämlich ihrerseits unter Zugzwang: Schülerinnen und Schüler (und häufig auch ihre Eltern) erwarten, dass die Hausaufgaben erledigt werden und dass die Aufgabentypen für die nächste Klassenarbeit trainiert werden. Hausaufgaben und Klassenarbeiten beinhalten aber leider häufig genau diese Art des Trainings, die dem eigentlichen Verstehen nicht zuträglich ist. Besonders wichtig ist es deshalb, sowohl mit Ihrem Kind als auch mit der Nachhilfelehrkraft darüber zu sprechen, dass es nicht nur um das Trainieren von Verfahren gehen darf, sondern darum, dass der Stoff vom Schüler verstanden wird. Wenn dies allen klar ist, ist schon sehr viel gewonnen.

Rechenschwäche und Hochbegabung

Mathematik ist ein Fach, das stark polarisiert: Für manche ist es die ganze Schulzeit lang ein Problemfach, für andere ist es ein Fach, das ihnen leichtfällt oder in dem sie sich so richtig austoben können. Im Volksmund spricht man gern von (ausgeprägter oder fehlender) „mathematischer Begabung“. Dahinter steht der Glaube, Begabung sei angeboren und jeder müsse halt mit seiner „natürlichen Ausstattung“ durchkommen.

Die Situation ist aber viel komplizierter. Natürlich kommen Kinder mit unterschiedlichen geistigen Voraussetzungen in den Mathematikunterricht. Diese sind aber oft schon durch ihre **Vorerfahrungen** geprägt, z. B. dadurch, dass sie verschieden intensiv und verschieden gern bereits im Kindergarten oder daheim gezählt, gerechnet, Muster gelegt oder gebastelt haben. Dann treffen sie auf einen Unterricht, der ihre Voraussetzungen mehr oder weniger gut trifft und der ihr Potenzial mehr oder weniger gut fördert. So geht es weiter durch die Jahrgangsstufen, und dabei verfestigen sich Selbstbilder und Interessen der Kinder. Aber auch **Wissens- und Könnenslücken** können aufreißen, die es immer schwieriger machen, den Anschluss zu halten. Mathematik ist sehr systematisch aufgebaut – Inhalte aus früheren Klassen werden später häufig wieder gebraucht, um den aktuellen Stoff überhaupt verstehen zu können. Leider bilden sich mitunter auch **Mathematikängste** heraus, die die Situation verschlimmern, denn Angst behindert das Lernen zusätzlich. Andererseits gibt es aber auch viele Fälle, in denen ein Schüler oder eine Schülerin ihre mathematischen Neigungen und Stärken erst am Ende der Mittelstufe oder in der Oberstufe entdeckt.

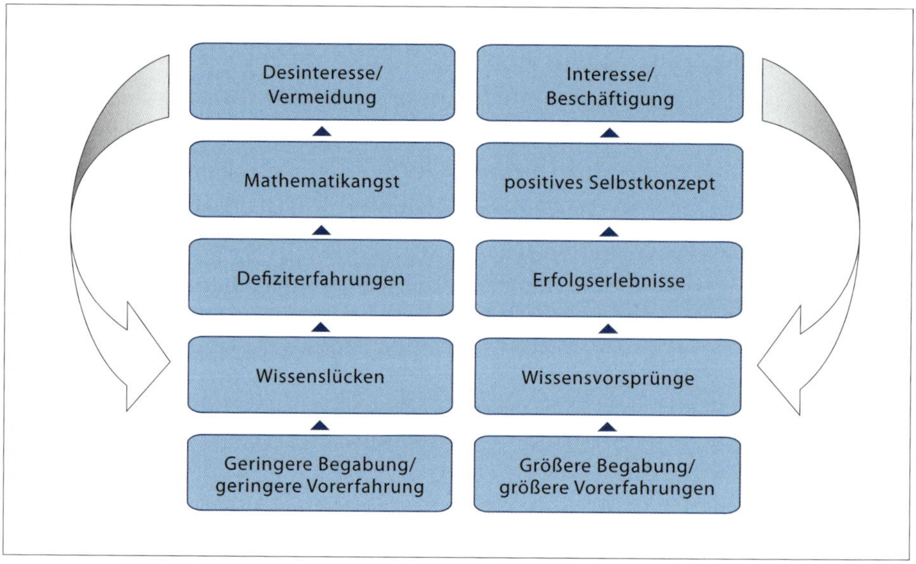

Diese Kreisläufe **können** zum Entstehen großer Leistungsunterschiede führen. Eltern und Lehrkräfte haben aber an jedem Punkt die Möglichkeit, einzugreifen.

Eine Schulklasse besteht in der Regel aus dreißig Individuen, die alle unterschiedliche Lernvoraussetzungen haben, und daran ändert sich auch nichts dadurch, dass wir in Deutschland Kinder sehr früh in verschiedene Schulformen „sortieren“. In jeder Hauptschul-, Realschul- oder Gymnasialklasse sind die Leistungsunterschiede so groß, dass die stärkeren Schüler der einen Schulform die schwächeren der „höheren" Schulform in der Regel weit übertreffen. Darüber hinaus bevorzugen verschiedene Schülerinnen und Schüler auch verschiedene Zugangsweisen (z. B. visuell, handelnd, verbal) und bringen unterschiedliches Vorwissen und unterschiedliche Vorerfahrungen mit in die Schule. Mit dieser Vielfalt – im pädagogischen Jargon spricht man von „Heterogenität" – müssen Lehrkräfte täglich umgehen. Sie versuchen, ihre Lernangebote so zu gestalten, dass alle Lernenden etwas davon haben – das wird didaktisch mit dem viel verwendeten Begriff „Differenzieren" bezeichnet. Das bedeutet nicht, dass alle auf denselben Stand kommen, sondern dass jeder seinem Potenzial entsprechend dazulernen kann.

Schülerinnen und Schüler an den äußeren Enden des Leistungsspektrums, also sowohl besonders leistungsstarke als auch besonders leistungsschwache, sind dabei eine besondere Herausforderung für Lehrkräfte, aber auch für ihre Eltern. Hier kann es mitunter sein, dass die Förderung, die sie im normalen Unterricht erhalten, nicht mehr zu ihren Bedürfnissen passt. Aber woran kann man das feststellen? Leistungsabfälle und Schulunlust sind nur zwei äußere Anzeichen, die interessanterweise in *beiden* Gruppen, den Über- und den Unterforderten festzustellen sind. Was aber sind die Ursachen? Wie kann man sie angehen? Wen kann man dabei um Rat fragen oder um konkrete Hilfe bitten? Zu diesen Fragen wollen wir Ihnen einige Anregungen geben und dabei einbeziehen, was aus der Forschung zu den beiden Phänomenen „Hochbegabung" und „Rechenschwäche" bekannt ist. Die Situation ist komplizierter als man zunächst annimmt – es gibt aber dennoch viel, was man auch als Eltern tun kann.

Rechenschwäche erkennen

Ob so etwas wie Rechenschwäche (auch als Dyskalkulie bezeichnet) tatsächlich vorliegt, kann man nicht feststellen, ohne genau zu wissen, was das ist. Hier sind nicht nur Eltern, sondern auch die meisten Lehrkräfte überfordert, wenn sie keine besondere Ausbildung besitzen. Daher sollte Rechenschwäche durch Fachleute diagnostiziert werden, z. B. Psychologinnen, Lerntherapeuten oder besonders ausgebildete Mathematiklehrkräfte, die sich mit diesem Thema gut auskennen. Aber bevor man so eine Person aufsucht, können auch Lehrkräfte und Eltern ein paar Anzeichen erkennen. Dazu wollen wir im Folgenden einige Tipps geben.

Bei Rechenschwäche geht es grundsätzlich immer um Schwierigkeiten mit Inhalten der Grundschulmathematik. Wenn Ihr Kind Probleme mit der Bruchrechnung oder beim Lösen von Gleichungen hat, dann kann es einfach daran liegen, dass Brüche eine schwierige Sache sind oder dass im Unterricht etwas nicht verstanden wurde. Als Rechenschwäche bezeichnet man hingegen grundlegendere Probleme, wie das folgende Beispiel deutlich macht.

Karin ist in der 10. Klasse der Hauptschule. Sie bekommt die Aufgabe: „Anna gibt 16 € aus und hat jetzt noch 58 € übrig. Wie viel Geld hatte sie vorher?" Im Interview erklärt sie ihr Vorgehen wie folgt:

Karin: Die gibt ja was aus, und dann hat sie weniger. Vorher hatte sie aber mehr, also plus. (…) Die hatte vorher 74 Euro.
Lehrerin: Genau richtig. Die hatte vorher 74 Euro. Und wie hast du das gerechnet, 58 + 16?
Karin: Ich hab mir das irgendwie so vorgestellt, untereinander also.
Lehrerin: Und wie hast du dann weiter gerechnet? Kannst du das genauer beschreiben?
Karin: Hab ich dann 8 + 6, das sind 14, hab ich dann die 1 mir gemerkt und zu 5, also 6 dazu getan. 74 ist dann das Ergebnis.
Lehrerin: Ja, so kann man das machen. 8 und 6 sind 14. Wie hast du das herausbekommen?
Karin: Also, das wusste ich. Eben schnell mit den Fingern: 9, 10, 11, 12, 13, 14 (zählt sechs Finger ab).

Zunächst sieht man: Karin kann die Rechnung auf den ersten Blick korrekt durchführen. Erst wenn man ihr näher zuhört, stellt man fest, dass sie ein grundlegendes Problem hat und in vielen anderen Fällen scheitern wird. Sie löst die Aufgabe 58 + 16 so, als ob sie eine schriftliche Rechnung mit übereinanderstehenden Zahlen durchführt, allerdings im Kopf („irgendwie so vorgestellt, untereinander also"). Sie könnte aber wahrscheinlich nicht erklären, warum dieses Rechenverfahren funktioniert, und vor allem könnte sie vermutlich keinen anderen Lösungsweg finden.

Wie hätte eine Schülerin ohne Rechenschwäche die Aufgabe gelöst? Zum Beispiel so: „58 + 10 = 68, und 68 + 6 = 74", oder: „58 ist fast 60. 60 + 16 = 76, dass sind 2 zu viel; also 76 – 2 = 74". Diese Aufgabe ist also recht gut im Kopf zu lösen, ohne dass man schriftliche Rechenverfahren braucht. Karin geht vermutlich deshalb so vor, weil der Ablauf der schriftlichen Addition auswendig gelernt werden kann, auch wenn man ihn nicht versteht. Die anderen Lösungswege dagegen erfordern ein grundlegendes Verständnis. Möglicherweise ist ihr nicht klar, was die beiden Ziffern in „58“ bedeuten, nämlich 5 Zehner und 8 Einer. In der Fachdidaktik wird dies als **Stellenwertverständnis** bezeichnet.

Im weiteren Gespräch zeigt sich, dass Karin die Teilaufgabe 8 + 6 gelöst hat, indem sie mithilfe der Finger von der acht um sechs aufwärts zählt. Kinder lernen in der Grundschule in der Regel, Zahlen flexibel zu zerlegen und zusammenzusetzen, also etwa so:
„8 + 6, das ist erstmal 8 + 2 =10 und dann noch die übrigen 4, also 14.“
Einige Kinder „verpassen“ diesen Schritt aber und arbeiten immer weiter mit einem Vorgehen, das man auch als **zählendes Rechnen** bezeichnet:
„8 + 6 ist 8, 9, 10, 11, 12, 13, 14 – also 14.“

Zum Teil benutzen sie dabei wie Karin ihre Finger. Zählendes Rechnen ist für Schulanfänger ganz normal, später aber ist es ein Hauptmerkmal von Rechenschwäche. Bei größeren Zahlen und beim Malnehmen und Teilen funktioniert es nicht mehr gut. Wann immer Sie einen älteren Grundschüler oder Schüler aus der weiterführenden Schule mit Fingern zählen sehen, ist das *ein* Hinweis darauf, dass er in den nachfolgenden Jahren Schwierigkeiten mit Rechenaufgaben haben wird.

Ein dritter Bereich, der bei vielen Schülerinnen und Schülern mit Rechenschwäche auffällig ist, ist das **Operationsverständnis**, also das Verständnis der Grundrechenarten. Kinder, die z. B. die Multiplikation verstanden haben, sollten nicht nur Malaufgaben mit Zahlen lösen können (4 mal 5), sondern auch verstehen, wann und warum man multipliziert:

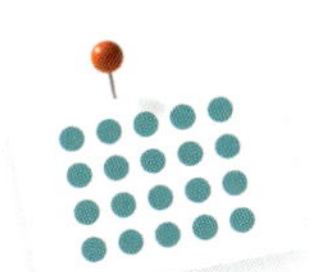

„Da sehe ich vier mal fünf. Das ist so, als ob ich vier mal in den Keller gehe und jedes Mal 5 Flaschen hole.“

Im folgenden Beispiel wird Denise, eine Fünftklässlerin in der Hauptschule, zu ihrem Operationsverständnis befragt:

Lehrerin: Kannst du mir denn das auch wieder mit Material zeigen, 5-mal 4? Wie kann man das rechnen?

Denise: Da nehme ich 5, dann will ich wissen, wie viel das Ergebnis ist, dann (Pause) dann zähl' ich, 5, 6, 7, 8, 9. Dann (Pause) äh, gibt es das Ergebnis raus, 9.

Lehrerin: Ja, was hast du denn jetzt gerechnet?

Denise: Fast wie plus.

Lehrerin: Ja, welche Plusaufgabe hast du denn gerechnet?

Denise: 5 + 4.

Lehrerin: Kannst du auch 5 mal 4 so zeigen?

Denise: (Pause) Nein, da weiß ich grad nichts.

Lehrerin: Kannst du mir denn eine Geschichte erzählen, die zur Rechnung passt, zu 5 · 4? (...)

Denise: Dass ein Mann mir jetzt erzählt, wenn ich jetzt arbeite, dann sagt er: „Wie viele Bäume hast du schon umgeschoben?". Dann sag ich „Fünf". Dann sagt er: „Du müsstest aber neun." Dann rechne ich, wie viele noch fehlen.

Lehrerin: Und zu welcher Rechnung passt deine Geschichte?

Denise: Plus.

Lehrerin: Zu „plus". Ja. Findest du auch eine, die zu „mal" passt?

Denise: (Pause) Keine Ahnung.

Auch Denise rechnet zählend. Viel schwerwiegender ist aber, dass sie die Aufgabe „4 mal 5" gar nicht lösen kann, weil sie sich nicht vorstellen kann, was „mal" bedeutet. Stattdessen rechnet sie „plus".

Drei Kennzeichen von Rechenschwäche

Bei Kindern und Jugendlichen mit Rechenschwäche kann man häufig beobachten,

- dass sie bei Rechenaufgaben zählen, mit oder ohne Finger,
- dass sie nicht wissen, wann sie „Mal" und wann sie „Plus" rechnen sollten,
- dass sie eine Zahl wie 68 nicht als 6 Zehner und 8 Einer deuten können.

Nicht immer gibt es dabei in allen drei Bereichen gleichzeitig Probleme: Karin (im ersten Beispiel) hatte keine Schwierigkeiten, aus der Sachaufgabe zum Einkaufen die passende Rechenoperation abzuleiten.

Rechenschwäche ist (meistens) keine Krankheit

In unserem Gehirn gibt es Bereiche, die große Bedeutung für den Umgang mit Zahlen haben. Es gibt seltene Fälle, in denen tatsächlich eine kleine Schädigung im Gehirn nachweisbar ist, die zu Rechenstörungen führt. Dies sind oft sehr schwere Störungen, die früh und deutlich auffallen. Bei dem größten Teil der betroffenen Schülerinnen und Schüler hat aber eher ein ungünstiges Zusammentreffen verschiedener Risikofaktoren zu dieser Entwicklung geführt. Diese Risikofaktoren können in drei Bereichen angesiedelt sein: (1) Individuelle Schwierigkeiten beim Denken, die das Rechnenlernen behindern, (2) Probleme im vorschulischen und außerschulischen Bereich (Alltag zu Hause) und (3) Probleme, die auf unzureichende Förderung im Unterricht zurückgehen.

Individuelle Schwierigkeiten z. B.	
Rechts-Links-Unterscheidung	**Sprache**
- Zahlen spiegelverkehrt schreiben - 78 und 87 verwechseln	- Mehrsprachigkeit - Schwerhörigkeit
Alltag z. B.	
Fehlende Anregungen	**Seelische Belastungen**
- Hoher Fernsehkonsum - Zahlen und Rechnen kommen im Alltag nicht vor	- Zu hoher Leistungsdruck - Vernachlässigung - Streit oder Krankheiten der Eltern - Mobbing in der Schule
Unzureichende Förderung z. B.	
Fehlende individuelle Förderung	**Fehlende Ausrichtung auf Verstehen**
- Häufige Lehrerwechsel - Unterricht ohne differenzierende Angebote	- Training von Verfahren und Auswendiglernen statt Verständnis - Zu wenig Anschauungsmaterial im Schulbuch oder Unterricht

Bevor Sie sich jetzt aber Sorgen machen: Die meisten Kinder mit solchen Schwierigkeiten oder in solchen Situationen finden Wege, damit zurechtzukommen und entwickeln sich im Mathematikunterricht normal. Erst wenn mehrere Risikofaktoren zusammenkommen, begünstigt das die Entwicklung einer Rechenschwäche.

Bei Rechenschwäche helfen

Wenn Sie vermuten, dass Ihr Kind von einer Rechenschwäche betroffen ist, ist die erste Anlaufstelle die Mathematiklehrkraft. Sammeln Sie die Hinweise, die Sie zu dieser Meinung geführt haben, damit Sie Ihre Vermutung mit Beispielen untermauern können.

Wenn der Verdacht auf eine Rechenschwäche besteht, werden häufig zunächst die Möglichkeiten ausgeschöpft, die innerhalb des Schulsystems bestehen: Förderunterricht, Wiederholung einer Klasse oder ein Schulwechsel.

Förderunterricht ist vor allem dann hilfreich, wenn individuell auf die Bedürfnisse der einzelnen Schülerinnen und Schüler eingegangen wird. Dabei kann es sinnvoll sein, Stoff zu wiederholen, der schon vor längerer Zeit, auch in der Grundschule, behandelt wurde. Das Üben am aktuellen Unterrichtsinhalt hilft nur den Schülern, die alles Vorherige zumindest in den Grundzügen verstanden haben. Das ist bei rechenschwachen Lernenden in der Sekundarstufe normalerweise nicht zutreffend.

Bei der **Wiederholung einer Klasse** kann das Problem entstehen, dass der Schüler sich in den anderen Fächern, in denen er gute Leistungen gebracht hat, langweilt. Das wiederholte Jahr kann allerdings auch Freiraum für notwendige Förderung bringen und dem Schüler den Anschluss an die Klasse ermöglichen. Grundsätzlich gilt: Je früher, desto besser – d. h. bei Entwicklung einer Rechenschwäche sollte das Wiederholen am besten in der Grundschule stattfinden.

Ein **Schulwechsel** (z. B. vom Gymnasium zur Realschule) kann entlastend sein, vor allem, wenn auch in anderen Fächern Probleme auftreten. Damit wird aber das eigentliche Problem nicht beseitigt, das betroffene Kind benötigt dennoch spezielle Förderung. Denkbar wäre auch der Wechsel zu einer alternativen Schulform, wenn diese Schule verstärkt individuelle Förderung anbietet (z. B. Montessorischulen) oder wenn die leistungsgemäße Förderung auch in den nicht betroffenen Fächern so sichergestellt werden kann (z. B. Gesamtschulen, Gemeinschaftsschulen).

Viele Lehrerinnen und Lehrer haben schon Erfahrung mit diesem Thema und können Ihnen einen Ansprechpartner vermitteln oder werden die notwendigen Schritte sogar selbst in die Wege leiten. Sie können sich auch an das örtliche Schulamt wenden, wo es meist Ansprechpersonen zu diesem Thema gibt. Eine weitere mögliche Anlaufstelle sind Hochschulen mit Lehrerausbildung, wo es zum Teil in den Abteilungen für Mathematikdidaktik Forscherinnen und Forscher gibt, die sich mit Rechenschwäche beschäftigen.

In den meisten größeren Städten gibt es auch kommerzielle Institute und selbstständig arbeitende Lerntherapeuten, die Unterstützung bei Rechenschwäche anbieten. Leider existiert keine Regelung, die festlegt, welche Qualifikationen die

Therapeuten mitbringen müssen, um in diesem Bereich arbeiten zu dürfen. Eltern und Lehrkräfte müssen daher selbst sicherstellen, dass die Therapie zielgerichtet durchgeführt wird. Im Anhang finden Sie einige vertrauenswürdige, weiterführende Links.

Woran erkennt man, ob man kompetente und seriöse Förderung bekommt? Zunächst können Sie fragen, ob der Therapeut bzw, die Therapeutin über psychologisches **und** mathematikdidaktisches Wissen verfügt. Welche Ausbildung, welche Abschlüsse kann er oder sie vorweisen?

Tipp für Gespräche

Bitten Sie den Therapeuten, Ihnen zu erklären, was er mit Ihrem Kind tun will, um ihm zu helfen. Dabei sollten die folgenden Punkte deutlich werden (wenn nicht, fragen Sie nach):

- Ist er oder sie bereit, mit Eltern und Schule eng zusammenzuarbeiten?
- Wird jedes Kind individuell gefördert? (Oder werden nur vorgefertigte Arbeitsblätter abgearbeitet?)
- Konzentriert sich die Förderung auf das Verständnis der mathematischen Inhalte, die dem betreffenden Kind fehlen? (Oder werden nur Übungen durchgeführt, die allgemein z. B. auf verbesserte visuelle Wahrnehmung abzielen?)
- Werden beim Lernen und Üben Veranschaulichungen verwendet und Aufgaben gestellt, die auf Verstehen abzielen, nicht auf das Trainieren von Verfahren? (Oder gibt es nur viele gleichartige Rechenübungen?)

Es bleibt die Frage, was die Eltern selbst tun können, um ihrem Kind zu helfen. Manchmal bekommen sie Tipps aus der Lerntherapie für Übungen zu Hause. Vor allem aber sollten sie Sorge tragen, dass Rechenschwäche außerhalb von Schule und Lerntherapie nicht auch noch zu Hause zum ständigen Thema wird. Kinder mit Rechenschwäche entwickeln überdurchschnittlich oft eine Verweigerungshaltung und Schulangst, deshalb ist es wichtig, auch die Persönlichkeitsentwicklung im Blick zu behalten. Eltern können ihren Kindern vermitteln, dass sie zum einen mithilfe von Förderung eine Chance haben, ihre Kompetenzen zu verbessern, und zum anderen jenseits von Mathematik auch andere Qualitäten aufweisen, die sie zu wertvollen Menschen machen.

Mathematische Hochbegabung

Am anderen Ende des Leistungsspektrums im Mathematikunterricht befinden sich die Schüler, die besondere Fähigkeiten im Fach Mathematik zeigen. Man könnte sie „besonders leistungsstark und interessiert“ nennen, oft werden sie als „mathematisch hochbegabt“ bezeichnet. Was aber ist mathematische Hochbegabung und wie erkennt man sie? Hierfür gibt es keine einfachen Tests, die einen „Mathe-IQ“ von z. B. 150 auswerfen. Mathematische Begabung geht zwar oft einher mit hoher Intelligenz, kann aber auch unabhängig davon auftreten.

In den Medien findet man immer wieder Berichte über „Mathe-Genies“, dabei geht es aber häufig um Menschen, die besonders schnell komplizierte Rechnungen im Kopf ausführen können. Diese Fähigkeit *kann* auf außerordentlicher mathematischer Begabung beruhen, muss es aber nicht – sie ist prinzipiell trainierbar und beruht zu einem nicht geringen Teil auf der Verwendung von erlernbaren Rechentricks.

BUCH

Einen schönen Einblick in die Denkweise eines Rechenkünstlers (und auch in seine Lerngeschichte) gibt Arthur Benjamin. Er berichtet über seine Methoden des schnellen Rechnens und verrät dabei – anders als man das von Magiern kennt – alle „Tricks“. Der Autor berichtet, wie er als Kind – als hyperaktiv abgestempelt – eigenständig die Welt des Zahlenrechnens erkundete und die Gesetze der Arithmetik auf eigenen Wegen (wieder) erfand.

Mathematische Begabung ist allerdings meist nicht das, was die Rechenkünstler zeigen – Mathematik ist ja auch viel mehr als Rechnen, das haben Sie in diesem Buch schon vielfach gesehen. Heute hat sich eine Auffassung von mathematischer Begabung durchgesetzt, die etwa so lautet:

Bei Kindern und Jugendlichen mit besonderer mathematischer Begabung kann man häufig beobachten,

- dass sie sich für Situationen mit Mustern (ob geometrisch oder mit Zahlen) interessieren,
- dass sie in solchen Situationen selbstständig nach Regelmäßigkeiten und Strukturen Ausschau halten, kreative Ideen entwickeln und Probleme lösen,
- dass sie auch mit abstrakten und nicht auf die konkrete Realität bezogenen Sachverhalten etwas anfangen können und sich gern damit beschäftigen.

Wie äußert sich das? Hier einige Beispiele:

Melanie schaut jedes Mal, wenn sie aus der Schule kommt, auf die Digitaluhr am Herd und erklärt ihrer Mutter, wie die gerade angezeigten Ziffern der Uhrzeit zusammenhängen: Um 12:36 Uhr sagt sie „36 ist ja drei mal 12! Und 1+2+3 gibt 6!“

Hannes will seinen Eltern erklären: „Ihr sagt zwar das ist ein Quadrat, aber ich finde, das ist ein Rechteck und ich habe auch recht!“ (s. S. 50).

Maja schiebt ihre Centstücke über den Tisch und ordnet sie zu Mustern. Nach einer Weile sagt sie: „Schau mal, erst 1, dann 6, dann 12. Das ist wie bei uns in der Garageneinfahrt!“ Auf Nachfrage der Eltern erklärt sie, dass sie die Anzahl der Centstücke von innen nach außen in Ringen bestimmt hat und dass solche Ringe auch bei der Pflasterung entstehen.

Von Carl Friedrich Gauß, einem berühmten Mathematiker des 18. Jahrhunderts, wird berichtet, dass er als Neunjähriger eine kreative Strukturierungsidee hatte. Die Geschichte ist durch Wolfgang Sartorius von Waltershausen überliefert:

Der junge Gauss war kaum in die Rechenclasse eingetreten, als Büttner die Summation einer arithmetischen Reihe aufgab. Die Aufgabe war indess kaum ausgesprochen als Gauss die Tafel mit den im niedern Braunschweiger Dialekt gesprochenen Worten auf den Tisch wirft: »Ligget se'.« (Da liegt sie.)

Oft wird erzählt, dass es sich um eine Rechnung wie diese handelt: 1+2+3+4+ …+100. Während also alle rechneten: 1+2 = 3, 3+3 = 6, 6+4 = 10, 10+5 = 15, 15+6 = 21, … dachte Gauß angeblich so: 1+100 = 101, 2+99 = 101, 3+98 = 101, … 50+51 = 101, also 50 mal 101 = 5 050. Seine Begabung bestand also darin, eine besondere Struktur in einer Rechenaufgabe zu erkennen und sie so direkt zu lösen. Hätte er nicht mit hundert anderen Kindern im damals typischen Rechenunterricht gesessen, sondern in einer heutigen Grundschule, so hätte die Aufgabe auch wie nebenstehend lauten können:

Wie viele Münzen hat eine Treppe mit 10 Stufen?

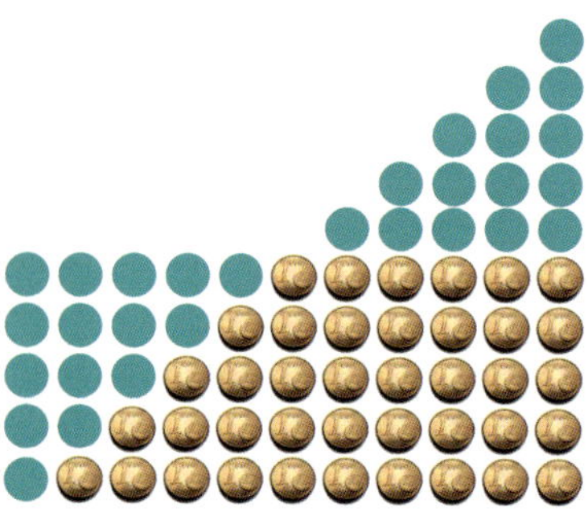

Gauß hätte dann womöglich erkannt, dass ein Teil der Stufen umgeklappt werden kann, und so wird aus 1+2+3+ … einfach 5 · 11.
Mathematisch begabte Kinder entwickeln früh und selbstständig solche Fähigkeiten, aber natürlich können alle Schülerinnen und Schüler lernen, auf kreative Weise Probleme zu lösen. Wie das in der Schule gefördert wird, können sie im Abschnitt zum Problemlösen, S. 102 ff., nachlesen.

Tipp für Zuhause

Können Sie auch Rechenaufgaben vereinfachen? Probieren Sie, ob Sie oder Ihre Kinder auf den Spuren von Gauß Strukturen erkennen können.

1 + 12 + 23 + 34 + … + 89

2 + 4 + 6 + 8 + 10 + … + 100

1 + 2 + 4 + 8 + 16 + 32 + 64 + … + 512

$1 - \frac{1}{2} - \frac{1}{4} - \frac{1}{8} - \frac{1}{16} - \frac{1}{32} - \frac{1}{64} - \dots - \frac{1}{512}$

1 + 3 + 5 + 7 + 9 + 11 + 13 + 15 + 17 + 19 + + 25

10101 + 10108 + 10115 + 10122 + … + 10808

(So sah die Aufgabe, die der kleine Gauß bekommen hat, übrigens eher aus!)

Tipp für Gespräche

Wenn Sie vermuten, dass Ihr Kind mathematisch hochbegabt ist, sollten Sie zunächst Ihre Beobachtungen sammeln, die das große Interesse an Mustern, Zahlen und abstrakten Problemen belegen. Manche Lehrerinnen und Lehrer reagieren sehr vorsichtig oder sogar ablehnend, wenn Eltern mit so einer Vermutung zu ihnen kommen, weil es eben auch immer wieder Eltern gibt, die ihre Kinder grundsätzlich durch die „rosafarbene Brille" betrachten. Am besten ist es, beim Elternsprechtag z. B. die gesammelten Beispiele zu erläutern und die Lehrkraft ganz offen um ihre Einschätzung zu bitten, ohne gleich mit dem vorurteilsbelasteten Wort „Hochbegabung" in das Gespräch einzusteigen. Die Eltern können erwarten, dass Lehrerinnen und Lehrer offen für ihre Beobachtungen und Vermutungen sind. Lehrkräfte können im Gegenzug erwarten, dass Eltern ihre Einschätzung ähnlich offen aufnehmen.

Das Interesse an Mustern und die Fähigkeit, Strukturen in die Welt hineinzusehen, sind die Basis für die Fähigkeit, viele mathematische Probleme auf kreative Weise zu lösen. Es fließen also Bereiche ein, die über das schnelle und fehlerlose Beherrschen von Rechenverfahren weit hinausgehen. In einem Unterricht, in dem solche Kompetenzen (Problemlösen, Modellieren, …) eine große Rolle spielen, gehören begabte Schüler zu den Leistungsträgern.
Leider liegt in vielen Schulbüchern aber noch immer ein starker Schwerpunkt auf dem Verwenden von auswendig gelernten Verfahren, die alle Schüler zur selben Zeit auf dieselbe Weise bearbeiten müssen. Häufig sind hochbegabte Schüler mit diesem Lernen im Gleichschritt so unterfordert, dass sie das Interesse verlieren, gedanklich abschweifen und dem Unterricht nicht mehr folgen. Im schlimmsten Fall entwickeln sie sogar eine Abneigung gegen das Fach und die Leistungen liegen weit unter den Möglichkeiten, die aufgrund der Begabung vorhanden wären. Diese Schüler werden gern mit dem englischen Begriff „**underachiever**" – „Untererreicher" bezeichnet.

Kinder mit mathematischer Hochbegabung brauchen also herausfordernde Aufgaben, die ihnen helfen, ihre Fähigkeiten zu erweitern. Wie alle anderen Kinder müssen sie lernen, bei Hindernissen nicht gleich aufzugeben und Anstrengungsbereitschaft zu entwickeln, und das ist bei ständiger Unterforderung kaum möglich. Hochbegabte Schülerinnen und Schüler werden daher keineswegs automatisch zu hochleistenden Jugendlichen und Erwachsenen, sondern benötigen sogar häufig besondere Aufmerksamkeit und Unterstützung – eben weil der Unterricht, der sich am mittleren Leistungsstand der Klasse orientiert, ihren Bedürfnissen nicht angemessen ist.

Mathematische Begabung fördern

Es gibt im Wesentlichen zwei Möglichkeiten, hochbegabte Lernende zu fördern, und diese werden mit den – wiederum – englischen Begriffen „enrichment" (Anreicherung) und „acceleration" (Beschleunigung) beschrieben.

Beschleunigung meint das schnellere Durchlaufen der Schulstufen, in Deutschland also hauptsächlich das Überspringen von Klassen; das ist natürlich nur dann sinnvoll, wenn die Leistungen in anderen Fächern auch überdurchschnittlich sind. Wenn mehrfach Klassen übersprungen werden, ergeben sich dabei durch den Altersunterschied Schwierigkeiten bei der sozialen Einbindung in die Klassengemeinschaft, sodass dieser Schritt nicht in allen Fällen sinnvoll ist – hier muss in jedem Einzelfall genau abgewogen werden. Darüberhinaus muss natürlich sichergestellt sein, dass der Schüler oder die Schülerin den Stoff der übersprungenen Klasse tatsächlich schon beherrscht oder sich mit relativ wenig Zeitaufwand aneignen kann. Mathematische Hochbegabung bedeutet ja nicht, dass diese Lernenden von selbst z. B. die Prozent- und Zinsrechnung erfinden, ohne jemals Unterricht dazu erhalten zu haben.

Anreicherung meint die Ergänzung des Unterrichts mit weiteren Inhalten, um das schnellere Lern- und Arbeitstempo hochbegabter Lernender auszugleichen. Häufig sind dabei zwei Varianten:

(1) Die Kinder erhalten Zusatzaufgaben, die sie beschäftigen, aber mit dem aktuellen Unterrichtsthema nicht direkt zu tun haben. Das können Denksportaufgaben sein, wie z. B. Sudokus, bei denen durchaus Problemlösefähigkeiten und das Mustererkennen gefordert und gefördert werden.
(2) Die Kinder bekommen zusätzliche Übungsaufgaben, die im Wesentlichen denen der übrigen Kinder gleichen. Solche Aufgaben sind aber eher dazu gedacht, durch vielfältige Wiederholung den sicheren Umgang mit Rechenverfahren zu trainieren, und dies unterfordert begabte Schülerinnen und Schüler.
(3) Die Kinder arbeiten mit „produktiven Übungsaufgaben", die sich inzwischen in vielen Schulbüchern finden. Dabei wird Üben mit Problemlösen oder dem Erkennen von Mustern verbunden (Beispiele dafür auf S. 115). Bei solchen

Aufgaben kommt das Üben, Wiederholen und Einschleifen nicht zu kurz, aber die Schüler bekommen auch Impulse, eigene Entdeckungen zu machen. Die Aufgaben sind offen für kreative, eigene Lernwege und eine vertiefte Beschäftigung.

Was können Eltern tun?

- Eltern können ihrem Kind helfen, indem sie Kontakte zu Personen aus dem Umfeld vermitteln, die sich ebenfalls für Mathematik interessieren oder auch in einem mathematiknahen Beruf tätig sind.
- Eine weitere Möglichkeit ist in vielen Städten die Kinder-Uni oder Schüler-Uni, die es begabten und interessierten Schülern ermöglicht, auch vor dem Schulabschluss schon Seminare an der Universität zu besuchen.
- Sie können auch nach Kursen Ausschau halten, die mathematische Inhalte haben, z. B. zur Astronomie oder Informatik, je nach Interessen des Kindes (Anbieter können Volkshochschulen oder entsprechende Vereine sein).
- Regelmäßig werden in Deutschland Wettbewerbe ausgetragen, z. B. die Mathematik-Olympiade. Darüber können Sie sich bei der Mathematiklehrkraft informieren.

Es gibt außerdem viele gute Bücher, die für Eltern und mathematisch interessierte Schülerinnen und Schüler nützlich sind. Einige davon stellen wir Ihnen hier vor, weitere finden Sie im Anhang.

Der erste Typ von Büchern zeichnet sich dadurch aus, dass es weniger um mathematischen Stoff, als um mathematische Denkweise geht. Hier erfährt man viel über die Kunst des Problemlösens und der Entdeckung von Mustern und Strukturen. Für Eltern gibt es viele Anregungen, wie sie Kinder bei mathematischen Beschäftigungen begleiten und fördern können. Die Bücher eignen sich aber auch für ältere Schüler (je nach mathematischen Fähigkeiten ab Klasse 7 bis 10). Vielleicht haben Sie Lust, sich gemeinsam mit den Problemen darin zu beschäftigen!

Die **Schule des Denkens** von George Pólya ist ein Klassiker der Literatur zum Thema mathematisches Problemlösen (Erstveröffentlichung 1944!), der schon Generationen von Mathematikinteressierten gezeigt hat, wie man knifflige Aufgaben angehen kann.

Das Buch **Mathematisch Denken** von Mason, Burton und Stacey ist neueren Datums und ähnlich empfehlenswert. Es zeigt auch, wie man selbstständig mathematische Entdeckungen machen kann.

Eltern, die etwas niedriger einsteigen möchten, könnten an dem Buch **Zahlen, Spiralen und magische Quadrate** von Kristin Dahl Freude haben. Es enthält viele anregende Ideen für mathematische Entdeckungen, Basteleien und Spiele und eignet sich schon für mathematisch interessierte Fünftklässler. Illustrator ist Sven Nordqvist, der vielen Eltern und Kindern aus den Kinderbüchern über „Petterson und Findus bekannt ist.

Das folgende Buch gehört bereits zu einem zweiten Typ von Büchern, die mathematische Inhalte eher in die Form von witzigen oder spannenden **Erzählungen** einbetten.

Der Zahlenteufel von Hans Magnus Enzensberger setzt kaum mathematisches Wissen voraus und erklärt auf (wirklich!) vergnügliche Art einige spannende mathematische Zusammenhänge.

Mathematricks ist ein witziges Buch, das sich schon für Fünftklässler eignet, aber trotzdem auch Eltern und Lehrkräfte zum Nachdenken bringt.

Das Geheimnis des kürzesten Weges von Peter Gritzmann und Rene Brandenberg ist eine gelungene Mischung aus Sachbuch und Roman, die sich für Jugendliche ab etwa 14 Jahren eignet. Hier erfährt man, welche Mathematik hinter der Suche nach kürzesten Wegen steckt, z. B. bei einem Navigationssystem oder der Optimierung der Tour eines Postboten.

Viele mathematisch interessierte Kinder und Jugendliche freuen sich auch, wenn sie **populärwissenschaftliche Bücher über Mathematik** zum Selberlesen bekommen. Wenn Sie wissen wollen, was für Ihr Kind geeignet ist, gehen Sie am besten gemeinsam in die Buchhandlung oder Bibliothek und finden heraus, welche Bücher Ihr Kind am ansprechendsten findet. Die Abteilungen für populärwissenschaftlich aufbereitete Fachliteratur sind in den letzten Jahren enorm angewachsen. Zwei Bücher seien beispielhaft genannt:

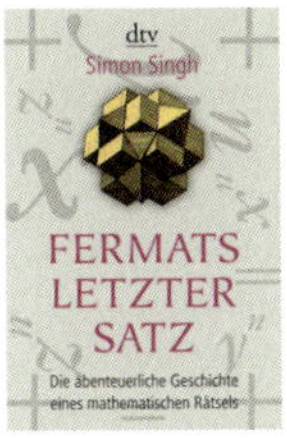

Simon Singhs Bestseller **Fermats letzter Satz** erzählt auf sehr spannende Weise die wahre Geschichte eines des größten Rätsel der Mathematik, das zwar jeder sofort verstehen kann, das aber nach über 300 Jahren erst 1995 gelöst wurde.

Apostolos Doxiadis erzählt in seinem sehr spannenden Roman **Onkel Petros und die Goldbach'sche Vermutung**, wie ein griechischer Junge seinen verschrobenen, schafehütenden Onkel näher kennenlernt und erfährt, wie dieser einmal ein großer Mathematiker war, der an diesem Problem mathematisch und menschlich gescheitert ist. Das Buch spricht Jugendliche und Erwachsene gleichermaßen an.

Schließlich gibt es natürlich noch fachlich geschriebene Bücher über mathematische Themen für fast jedes Niveau. Bestimmte Themen sind erst nach der Oberstufe zugänglich, andere können auch schon in der Sekundarstufe I verstanden werden. Hier lassen Sie sich aber besser von jemandem beraten, der Ihr Kind und die Mathematik gleichermaßen kennt.

Bei allem Bemühen um zusätzliche Anregungen von außen: Nicht zuletzt ist es auch wichtig, die Interessen des Kindes mitzutragen – wenn Ihr Sohn oder Ihre Tochter also mit einer mathematischen Idee kommt und Ihnen davon berichten will, wäre es schade, wenn Sie darauf antworten: „Das verstehe ich sowieso nicht!“ – hören Sie zu, fragen Sie nach! So fördern Sie nicht nur Ihre eigenen mathematischen Fähigkeiten, sondern auch das Selbstwertgefühl und die kommunikativen Fähigkeiten Ihres Kindes.

Quellenverzeichnis

Cover: © Doro Siermantowski | **S. 1 und weitere:** © iStockphoto.com/kyoshino | **S. 7:** © Doro Siermantowski | **S. 8:** © Bundesministerium für Bildung und Forschung/Büro Wissenschaftsjahre | **S. 9:** © Christian Schwier - Fotolia.com | **S. 10:** © Pictures4you - Fotolia.com; © mathewerkstatt. Cornelsen Verlag | **S. 23:** Doro Siermantowski | **S. 24:** © clafouti/photocase.com | **S. 26:** © Doro Siermantowski © contrastwerkstatt - Fotolia.com | **S. 29:** © Mit freundlicher Genehmigung von Bartscher GmbH | **S. 32:** © Juliane Leuders | **S. 33:** © Doro Siermantowski; © Picture-Factory - Fotolia.com | **S. 38:** © sashpictures - Fotolia.com; © dario - Fotolia.com | **S. 39:** Norderneyer Badezeitung, zitiert nach „Der Spiegel", Nr. 41/1991 | **S. 40:** © viktor88 - Fotolia.com | **S. 43:** © Juliane Leuders | **S. 45:** © Juliane Leuders; © www.werkelbox.de | **S. 48:** © babimu - Fotolia.com; © by-studio - Fotolia.com; © PRILL Mediendesign - Fotolia.com; © mallivan - Fotolia.com; © Natalya Bidyukova - Fotolia.com; © bpstocks - Fotolia.com; © Bergfee - Fotolia.com; © dlognord - Fotolia.com | **S. 49:** © lom123 - Fotolia.com; © makeitdoubleplz - Fotolia.com; © Tristan3D - Fotolia.com; © WoGi - Fotolia.com | **S. 52:** © Allianz Arena/B. Ducke | **S. 53:** © Juliane Leuders; © gradt - Fotolia.com; © Juliane Leuders | **S. 54:** © Juliane Leuders | **S. 55:** © Juliane Leuders | **S. 56:** © VRD - Fotolia.com; © Norwin Gartner - Fotolia.com | **S. 57:** © Olbermic - Fotolia.com; © Arnim Schulz - Fotolia.com; © Janina Weinand | **S. 58:** © Juliane Leuders | **S. 59:** © Juliane Leuders. Mit freundlicher Genehmigung des KOSMOS Verlag. Entnommen aus: © 2005 UBONGO Franckh-KOSMOS Verlags GmbH & Co. KG, Stuttgart | **S. 60:** © Juliane Leuders, © Andreas Büchter | **S. 64:** © Doro Siermantowski, © contrastwerkstatt - Fotolia.com | **S. 65:** © contrastwerkstatt - Fotolia.com; © contrastwerkstatt - Fotolia.com | **S. 67:** © Katja Sucker - Fotolia.com | **S. 68:** © mathewerkstatt. Cornelsen Verlag | **S. 69:** © Juliane Leuders | **S. 74:** © Joao Virissimo - Shutterstock.com | **S. 75:** nach: Malcolm Swan/Shell Centre Team: The Language of Functions and Graphs. Shell Centre & Joint Matriculation Board 1985. | **S. 76:** © Zina Seletskaya - Fotolia.com | **S. 77:** © Presse- und Informationsamt der Bundesregierung „Antworten zur agenda 2010" (2003) | **S. 79, 80:** nach © Presse- und Informationsamt der Bundesregierung „Antworten zur agenda 2010" (2003) | **S. 81:** © Deutsches Tiefkühlinstitut e.V. | **S. 83:** Karsten Polke-Majewski: „Klagen nicht nachvollziehbar" © www.zeit.de vom 18.01.2006, www.zeit.de/online/2006/03/aerzteproteste_lauterbach | **S. 84:** © Picture-Factory - Fotolia.com; Daten der Kassenärztlichen Bundesvereinigung KBV (Quelle: http://kbv.de/daris.asp) | **S. 88:** © Bodo Kühle | **S. 90:** © Doro Siermantowski | **S. 98:** © DOC RABE Media - Fotolia.com | **S. 99:** © AlzaiL - Fotolia.com; © Juliane Leuders; © Maria Adelaide Silva - Fotolia.com; © Mit freundlicher Genehmigung von Hail Lehrmittel/Mehrseitenwürfel, www.hail.de | **S. 100:** © Doro Siermantowski; © Gorilla - Fotolia.com | **S. 102, 124, 135 und 161:** nicht lustig: Joscha Sauer, Nicht lustig 2 © Carlsen Verlag GmbH, Hamburg 2004 | **S. 106:** Aufgabe nach Beat Wälti: Problemlösen macht Schule. Anregungen zum Mathematikunterricht auf der Sekundarstufe. Zug: Klett und Balmer 2001 | **S. 110:** „Problem lösen in mehreren Runden" nach Vicky Hopton: Vorlesung: Teaching Mathematics in the Primary/Junior Division, York University Toronto 2004/2005. | **S. 112:** © Kieffer Bros., LLC | **S. 116:** © Reinhold Haug | **S. 117:** © picture alliance/dpa/Julian Stratenschulte; © Doro Siermantowski © Picture-Factory - Fotolia.com | **S. 118:** © Doro Siermantowski © Picture-Factory - Fotolia.com | **S. 121:** © Juliane Leuders | **S. 123:** © picture alliance/akg-images; | **S. 126:** © Oleksandr Kalinichenko/Shutterstock.com | **S. 127:** © Doro Siermantowski; © electriceye - Fotolia.com | **S. 129:** © bpstocks - Fotolia.com; Brief und Anzeige abgedruckt in: Praxis der Mathematik, Heft 3, Juni 2005, 47. Jg. | **S. 130:** © Doro Siermantowski | **S. 132:** © Woodapple - Fotolia.com | **S. 139:** © Robert Kneschke - Fotolia.com | **S. 145:** © Doro Siermantowski | **S. 148:** © runzelkorn - Fotolia.com | **S. 157:** © Frank Speth – www.kunstsam.de | **S. 158:** © Uli Stein/Catprint Media GmbH | **S. 160:** © Ingo Bartussek - Fotolia.com | **S. 161:** © mathewerkstatt. Cornelsen Verlag | **S. 162:** © shootingankauf - Fotolia.com | **S. 165:** © Janina Dierks - Fotolia.com; © contrastwerkstatt - Fotolia.com; © Patrizia Tilly - Fotolia.com | **S. 166:** © contrastwerkstatt - Fotolia.com | **S. 167:** © Freimut Woessner - www.f-woessner.de | **S. 174:** © DN - Fotolia.com | **S. 176:** Interview aus Annemarie Fritz/Siegbert Schmitt (Hrsg.), Fördernder Mathematikunterricht in der Sek. I. © 2009 Beltz Verlag, Weinheim/Basel | **S. 183:** © Juliane Leuders; © Violetta - Fotolia.com;

Literatur und Links

Kapitel „Mathe können? Mathe können!"

- Informationsseiten zum Jahr der Mathematik: www.du-kannst-mathe.de
- Mathe zum Anfassen im Mathematikum Gießen: www.mathematikum.de
- Leuders, T., Hefendehl-Hebeker, L. & Weigand, H. G. (Hrsg.) (2009): Mathemagische Momente. Berlin: Cornelsen. (www.mathemagische-momente.de)
- Bildungsstandards der Kultusministerkonferenz (KMK) unter www.kmk.org/bildung-schule/qualitaetssicherung-in-schulen/bildungsstandards/dokumente.html

Kapitel „Zahlen beherrschen"

- Barrow, J. D. (2005): Ein Himmel voller Zahlen. Auf den Spuren mathematischer Wahrheit. Reinbek bei Hamburg: Rowohlt.
- Benjamin, A. (2011): Mathe-Magie. Verblüffende Tricks für blitzschnelles Kopfrechnen und ein phänomenales Zahlengedächtnis. München: Heyne.
- Enzensberger, H. M. (2009): Der Zahlenteufel. Ein Kopfkissenbuch für alle, die Angst vor der Mathematik haben. München: Dt. Taschenbuch-Verl.
- Singh, S. (1998): Fermats letzter Satz. München: Hanser.
- Leuders, T. (2010): Erlebnis Arithmetik. Zum aktiven Entdecken und selbstständigen Erarbeiten. Heidelberg, Neckar: Spektrum Akad. Verl.

Kapitel „Raum und Form erfassen"

- Dahl, K. & Nordqvist, S. (2009): Zahlen, Spiralen und magische Quadrate. Mathe für jeden. Hamburg: Oetinger.
- Internetseiten zum Geocaching: www.geocaching.de, www.geocaching.com
- Kasahara, K. (2000): Origami – figürlich und geometrisch. München: Augustus-Verl. (leider vergriffen)
- Schattschneider, D., Walker, W. & Escher, M. C. (1987): M. C. Escher. Kaleidozyklen. Berlin: TACO. (leider vergriffen)
- Ein Spiel zur Förderung der räumlichen Wahrnehmung: www.maclife.de/appstore/tests/spiele/percepto
- Weber, C. (2010): Mathematische Vorstellungsübungen im Unterricht. Ein Handbuch für das Gymnasium. Seelze-Velber: Kallmeyer [u. a.].

Kapitel „Abhängigkeiten verstehen"

- Leuders, T., & Prediger, S. (2005). Funktioniert's? – Denken in Funktionen. PM : Praxis der Mathematik in der Schule, 47(2), 1–7.
- Swan, M. (1985): The Language of Functions and Graphs. Nottingham, UK: Shell Centre for Mathematical Education.
- Barzel, B., Hußmann, S., Leuders, T., Prediger, S. (Hrsg.) (2012): mathewerkstatt 5. Berlin: Cornelsen. (Weitere Bände Klasse 6–10 in anderer Herausgeberreihenfolge)
- Heymann, H. W. (1996). Allgemeinbildung und Mathematik. Weinheim: Beltz.
- Die Tankschiffaufgabe verdanken wir Wilfried Herget.

Kapitel „Daten verstehen"

- Krämer, W. (2010). Statistik verstehen: eine Gebrauchsanweisung. München [u.a.]: Piper.
- Eichler, A. (2007). Geld weg – Arzt weg. Was ist dran am Ärzteprotest? Praxis der Mathematik (2), 20–26.
- Dieses Kapitel (und auch einige andere) enthält viele Ideen von Jos Bertemes (Luxemburg), der zu Beginn des Buchprojektes vielfältige Anregungen zur Struktur und zu Inhalten des Buches gegeben hat. Er ist mitverantwortlich für die Mathematik-Bildungsstandards, die ein gelungenes Beispiel für diese neue Form von Lehrplänen sind.
- Die Aufgabe zur Statistik der Ärzteeinkommen verdanken wir Andreas Eichler.

Kapitel „Problemlösen"

- Die Schülerbeispiele stammen aus einem Unterrichtsprojekt von Martin Lacher (Luzern), der Schülerinnen und Schülern aller Leistungsstufen auf inspirierende Weise an das mathematische Problemlösen heranführt.

Kapitel „Modellieren"

- Büchter, A., Herget, W., Leuders, T. & Müller, J. (2007): Fermi-Box. Stuttgart: Klett.
- Benesch, T. (2008): Mathematik im Alltag. München [u. a.]: Oldenbourg.
- Die Unterrichtsidee zum Bartwuchs stammt von Heinz Laakmann (Münster).

Kapitel „Argumentieren"

- Leuders, T. (2009): Intelligent üben und Mathematik erleben. Mathemagische Momente. Leuders, T., Hefendehl-Hebeker, L. & Weigand, H. G. (Hrsg.). Berlin: Cornelsen, 131–143.

Kapitel „Lernen und Üben zu Hause"

- Brosche, H. (2010). Warum Lehrer gar nicht so blöd sind – und was kluge Eltern tun können, wenn die Verständigung nicht klappt. Tipps aus der Praxis. München: Kösel.
- Spiegel, H. & Selter, C. (2003): Kinder & Mathematik: Was Erwachsene wissen sollten. Seelze-Velber: Kallmeyer.
- Viele Informationen zum Mathematikunterricht: www.kira.tu-dortmund.de und www.pikas.tu-dortmund.de

Kapitel „Nachhilfe und Förderunterricht"
Zur Nachhilfe:

- Dohmen, D., Erbes, A., Fuchs, K. & Günzel, J. (2008): Was wissen wir über Nachhilfe? – Sachstand und Auswertung der Forschungsliteratur zu Angebot, Nachfrage und Wirkungen. Berlin: Forschungsinstitut für Bildungs- und Sozialökonomie.
- Oster, C. (1999): Schülersichtweisen zum Problem defizitärer Lernsituationen und Nachhilfeunterricht im Fach Mathematik. Dissertation, Universität Duisburg
- Sieber, K. (2006): Charakteristiken idealtypischer Bilder von Nachhilfeunterricht in Dependenz schulischen Mathematikunterrichts. Dissertation, Universität Duisburg-Essen.
- Hohoff, S. (2002): Mathe auf Rezept. Eine Interaktionsanalyse von Nachhilfeunterricht in Mathematik. Journal für Mathematik-Didaktik 23(1), 3–27.

Kapitel „Rechenschwäche und Hochbegabung"
Zur Rechenschwäche:

- Gaidoschik, M. (2010): Rechenschwäche – Dyskalkulie. Eine unterrichtspraktische Einführung für LehrerInnen und Eltern. Buxtehude: Persen.
- Ein umfassender Elternratgeber zu Rechenschwäche: www.rechenschwaecheinstitut-volxheim.de
- Schipper, W. (2002): Thesen und Empfehlungen zum schulischen und außerschulischen Umgang mit Rechenstörungen. Journal für Mathematik-Didaktik 23(3/4): 243-261.
- Das Interview mit Karin stammt aus: Humbach, M. (2009): Arithmetisches Basiswissen in der Jahrgangsstufe 10. In: Fritz, A. & Schmidt, S.: Fördernder Mathematikunterricht in der Sek. I. Weinheim: Beltz, 58–72.
- Das Interview mit Denise stammt aus: Schäfer, J. (2005): Rechenschwäche in der Eingangsstufe der Hauptschule: Lernstand, Einstellungen und Wahrnehmungsleistungen. Eine empirische Studie. Dissertation. Hamburg: Kovac.
- Schipper, W. (2002): Thesen und Empfehlungen zum schulischen und außerschulischen Umgang mit Rechenstörungen. Journal für Mathematikdidaktik 23(3/4), 243–261. (www.uni-bielefeld.de/idm/serv/empfehlungen.pdf)

Zur Hochbegabung:

- Abbott, E. A. (1990): Flächenland. Bad Salzdetfurth: Franzbecker.
- Stewart, I. (1995): Die Reise nach Pentagonien : 16 mathematische Kurzgeschichten. Berlin [u. a.]: Spektrum Akad. Verl.
- Stewart, I. (2004): Flacherland : die unglaubliche Reise der Vikki Line durch Raum und Zeit. Reinbek bei Hamburg: Rowohlt Taschenbuch Verl.
- Stewart, I. (2008): Warum (gerade) Mathematik? : Eine Antwort in Briefen. Heidelberg: Spektrum.
- Vorderman, C. & Pattinson, D. (2008): Spannende Welt der Mathematik : [über 100 verblüffende Experimente, Spiele und Tricks]. München: Dorling Kindersley.
- Ziegler, A. (2008): Hochbegabung. München: Reinhardt.
- Viele mathematische Anregungen auf unterschiedlichen Niveaus: www.matheprisma.uni-wuppertal.de
- Informationen und Aufgaben zur Mathematik-Olympiade: www.mathematik-olympiaden.de

Lösungshilfen zu den „Tipps für Zuhause" erhalten Sie als Download unter

www.friedrich-verlag.de,

wenn Sie den Titel des Buches im Suchfeld eingeben.

